U0493941

# 三锹人的文化调适

## 农林复合系统的生态人类学考察

周红果　著

社会科学文献出版社
SOCIAL SCIENCES ACADEMIC PRESS (CHINA)

# 序

我常说，人类学民族学最有魅力的事就是背上行囊，到自己的田野点发呆。在这个时代，能够找到一个地方发呆，已经是很奢侈的事了。中国的大学都办在城里，甚至是按照城市的大小来配置与设计，大学与中国社会的体制匹配。我来自农村，进入城市已经 40 年了，但仍然不喜欢城市的生活。看到高楼大厦，我就头晕。总担心那些高楼什么时候会坍塌，即使不坍塌，一旦房屋的设施陈旧，又怎么修复，这些担心我总是难以释怀。所以，我在城里生活了 40 年也总是住在不需要电梯的房屋里。也许正是这样，我一有时间，都会去乡里。不是去我自己的老家，就是去田野点。不论在老家，还是在田野点，我都可以在那里发呆。发呆地看着蓝天白云，发呆地听着风声雨声，发呆地听那鸟叫蝉鸣，发呆地听行人的交流，甚至还发呆地专心地听鸡鸣狗吠声，还有那鸭、鹅的叫声……不仅如此，在那里还可以吃到真正的时令蔬菜，诸如蕨菜、笋子、鸭脚板、野芹菜、折耳根、山野薯、地木耳、椿芽，还有很多的野果，以及蚂蚱、打屁虫、竹蛹、松蛹、蝉蛹、蜂蛹等，当然还有很多当地的特色佳肴。这些都是当地老百姓在数代人的尝试中建立起来的“食谱”。这样的“食谱”不会出现在城市人的餐桌上，因为城市人的快节奏生活，菜谱被快餐、外卖、速食食品等占据了大量空间。我依然还是排斥这些东西，总还迷恋着那些乡野“菜谱”。

而让我更加着迷的还是乡间的歌舞，虽然并不是所有乡村百姓一生下来就会唱歌、一生下来就会跳舞，但他们唱歌跳舞从不娇气做作，也从不故作姿态，都是自然而然的，到了该唱歌的时候就唱歌，到了该跳舞的时候就跳舞，也不需要做任何准备，不需要化妆，不需要换装，随时随地都可以唱歌跳舞，但也是很有规矩的，所唱的歌、所跳的舞都是有所指的，都是分“场合”而来的。因而，在田野点可以随时听到这样的歌声，随时看到这样的舞蹈。

我猜也许是这样的缘由，周红果在博士研究生期间，一到周末和假期，她都会开上自己的车，前往她的田野点。一来二往，田野点的人她都熟悉了，结交了很多朋友，有的是公务员，有的是村干部，有的是歌手，有的是生产能手，有乡土文人，也有店铺老板，等等，不一而足。田野点的乡民已经把她当“自己人”，而她也把自己当“村里人”。她告诉我，在田野点拓碑时，乡民都会主动前来帮忙。也许正是她的真诚，她在田野点收集到了自己研究的第一手资料。这部呈现在读者面前的《三锹人的文化调适：农林复合系统的生态人类学考察》，就是在这样的背景下完成的。

这部著作，是以湖南靖州三锹地区农林复合系统为研究对象，探讨了三锹人的文化调适。三锹地区属于亚热带低山丘陵地区，在这一区域内生活着一个特殊群体——三锹人，他们原是苗族的一个支系。由于对他们认识的片面性，外界对他们的称谓也不同，有的称之为“锹苗”，有的称之为“草苗”。三锹人于此生息已有五百余年，与汉族、侗族、瑶族、壮族等民族长期合居共处，从事以农林复合系统为载体而衍生的传统产业。随着历史的发展，受自然环境与社会环境的双重影响，农林复合系统从萌芽繁荣走向衰落，其原因在于在文化与生态偏离与回归的过程中，对本地资源的认识和利用程度不同，与之相适应的民族文化也发生一定的变迁。

在文化与农林复合系统的调适过程中，三锹人以特有的文化来应对，特定文化在应对其自然环境与社会环境时，总会凝结起特定的文化事实。这些文化事实包括独具特色的营林技术，人们的知识、观念、习俗、信仰、道德、伦理等，贯穿三锹人的生产与生活，各文化事实相互关联，联结成为一个有机的整体，共同维系着农林复合系统的良性运转。这样的文化事实可视为三锹人文化与农林复合系统调适、适应的结果。

围绕农林复合系统分析三锹人的文化事实，主要从几个维度进行。从历史维度看，在社会环境的影响下，农林复合系统外在表现形式的变化以及人们观念的变化，对复合系统的认识历程等。从区域空间维度看，涉及湖南靖州与贵州锦屏、黎平、天柱交界地带的汉族、苗族、侗族、瑶族、壮族等民族地区。从案例维度看，分析农林复合系统的变迁对民族传统文化的影响，继而分析对三锹人经济生活的影响。从资料维度看，以访谈资料为主，结合林业契约、碑刻材料等资料，分析农林复合系统的文化内涵，揭示在不同社会环境下，农林复合系统变迁对文化融合与冲突的影响，以期分析区域经济的发展与文化建构的内在联系。

以农林复合系统为载体，探讨三锹人的各项文化事实，体现出一种活态性、整体性的知识体系，包含了文化多样性与生态多样性等多种内涵。在这个系统中，人们形成了对资源认知与利用的不同方式，建构起特定生态系统下的地方性本土知识与生计方式。农林复合系统是多物种的复合体系，各生物相互共生共存，生物多样性增加，能够推动生态文明建设。以农林复合系统为载体，探讨多功能农业的发展模式，对中国南方的山地民族地区具有重要的示范价值，能够促进乡村振兴。

至于该书的内容，在这里不用多言，读者可以慢慢去阅读。而且还想告诉读者的是，我们可以从该书的字里行间闻到乡村的气息，可以感受到田野的学术生命。我还是那句话：田野，是人类学民族学的安身立业之本。为了我们的学术生命，我们需要迈入田野，去那里完成自己的人类学民族学的“成丁礼”。

罗康隆于三泉书院

2023 年 12 月 25 日

# 目　录

# 绪 论

三锹不是一个固定的寨子，而是一个区域。本书通过梳理三锹的地理空间，结合当时的历史背景分析，探讨三锹地区农林复合系统的演变过程，以农林复合系统为载体探讨民族文化的调适；依据生态民族学基本理论，在农林复合系统这一文化生态耦合体内探讨文化与物的关系。

## 一 研究缘起与意义

### （一）研究缘起

在国家实施乡村振兴战略背景下，聚焦特定民族区域内的民族群体，探讨独特的民族文化对区域内资源的认知与利用，以及由此衍生出的传统产业和与之相适应的民族文化。

#### 1. 乡村振兴的战略背景

我国正处于乡村振兴战略实施期，如何深化与巩固脱贫攻坚成效，是助推乡村振兴的前提。贫困是一个长期性问题，目前，绝对贫困已被消除，但相对贫困还将长期存在。随着绝对贫困的消除，国家战略的重点将转向巩固脱贫攻坚成果，统筹推进脱贫攻坚与乡村振兴的有效衔接，激发乡村活力，实现乡村振兴。

乡村振兴首要的是产业振兴，而产业振兴则需依托在地的自然资源与人文资源，因地制宜发展乡村产业，推动乡村经济的发展。中国地大物博，各地自然资源与人文资源有所差别，这就势必造成拥有不同自然资源与人文资源的区域产业发展也有所不同。可见，要实现全国范围内的乡村振兴，需要针对各自特点展开系统的研究，产业兴旺方能落到实处。鉴于这一问题具有高度的复杂性、系统性和广博性，全面揭示其间的差异难以办到，但选取其中的代表做出创新探索是可能的，这就是本书的使命。

2. 文化多元的三锹人

本书聚焦湖南靖州、绥宁、通道县与贵州锦屏、黎平、天柱交界地带的"三锹地区"。三锹是由该地居民被称为"三锹人"而得名。从文化谱系上看，"三锹人"是我国苗族的一个支系，有的文献又称为"锹苗"。康熙二十三年（1684 年）的官方典籍有关于锹苗的记载："新抚州三锹苗民吴乔元等丈报田壹拾玖顷肆亩玖分叁厘。"[①] 这在我们的田野调查中也得以印证，吴乔元为康头寨三江溪的苗民。由此可以推知，"三锹人"在明代中后期已基本形成。但近代民族学研究的结果，则用另一个名称来称呼三锹人，即当地汉族称谓的"草苗"，[②] 取"锹"（qiāo）与"草"（cǎo）的谐音。[③] 据考察，草苗的名称是从"三锹人"移民衍化过来的，但他们实际上是苗族的一个支系。

由于三锹人与侗族、瑶族、壮族、汉族等民族长期合居共处，在历史进程中，各民族间交往交流交融，吸收了其他民族的文化要素，形成的三锹人文化具有多元化的典型特征。这些特征可以通过语言特点、民间歌舞、文化等形式体现出来。在语言特点上，三锹人会讲四种语言：苗语、侗语、汉语、酸汤话；在民间歌舞上，既有区别于侗族大歌的苗族歌鼟，也有跳芦笙舞的习俗等；在文化的表现形式上，既有苗族、侗族的文化特点，也吸纳了部分汉文化特质，是不同民族文化相互交融与共享的结果。各民族在交往交流交融过程中，形成一个有机的整体，不仅融合了族群关系，某种层面上也有利于铸牢中华民族共同体意识。

① 靖州苗族侗族自治县史志办公室整理．(清)康熙靖州志［M］．影印版，卷二，2016：106.

② 石林．湘黔桂边区的三个族群方言岛：草苗－那溪人－本地人语言文化调查研究［M］．北京：中国社会科学出版社，2015：3.

③ 根据锹苗迁徙的路线，一支迁徙到湘黔桂交界处的三省坡，称为草苗。

3. 产业的多元化

随着社会与科学技术的不断发展，农产品的生产越来越呈现工业化的发展态势。工业化的发展使越来越多的传统生态农产品被工业产品所取代，最突出的表现是农产品的产量有所提高，但是种类却呈现单一化的发展趋势。在这种发展趋势的影响下，一些农产品慢慢淡出人们的视野，甚至最后消失。而在当下，有一种普遍认识认为工业化模式下生产的农产品虽然产量提高，但是就生态性而言，不如传统的农产品。基于这样的认识，生态农产品愈来愈受到人们的关注与喜爱。由森林生态系统产出的森林产品，不仅种类多样，而且生态性突出，是高端的生态产品，受到人们的青睐，也迎合了人们追求高质量生活的需求。

三锹地区为亚热带低山丘陵地区，森林资源丰富，可供人们利用的资源种类多样。既有可食用的木本作物，也有用于制作器具的木本作物；既有可供狩猎、渔猎的动物资源，也有可供采集食用或药用的植物资源，还有一些昆虫类资源及菌类资源等。这些都是人们可资利用的对象。这些资源是发展传统产业的基础，以传统产业为依托助推乡村振兴，是一种可行的路径。这样的传统产业既包括林产业，也包括农产业，甚至包括一些林下产业，呈现多元化的特征。三锹人从事以农林复合系统为载体而衍生的产业，就是这种传统产业的代表。

在我国众多的传统产业中，位于亚热带低山丘陵一带，以农林复合系统为载体而衍生的产业分布面广，从事这一传统产业的民族众多，代表性强，深入对这一传统产业进行研究，可以起到举一反三的作用。加上对此复合系统的前期研究成果比较丰富，笔者研究方向又与这一产业高度关联，因而选取这一产业展开相应探讨和研究不仅具有必要性，也具有可行性。

4. 对农业内涵的理解

从近 300 年来现代社会的进程看，也就是说从 18 世纪产业革命奠定的生产基础至今，在人们的意识中存在一种“二元对立”的思维模式，那就是工业取代农业，城市是先进的、乡村是落后的，城市是文明的、乡村是野蛮的。这种“二元对立”的思维模式阻碍了乡村的发展。当前我国确立了乡村振兴战略，但在社会各界，甚至在学术界，对乡村振兴的认识仍然存在分歧，主要表现在两个方面：其一，以中国最具代表性的传统农业为基础推动农业现代化；其二，照搬西方的集约农业推进乡村现代化。不论哪种路径，都面临一个共性问题，那就是农业的内涵是什么。对农业内涵的理解，仁者见仁、智者见智。时下容易被接受的理解是，栽培种植一年生或隔年生的草本农作物，以获取产品的产业才算是真正意义上的农业。其依据在于，这样的规模性草本粮食作物种植，时间跨度是以草本植物的生理机制为限度，而且能够确保我国粮食的基本安全。但问题在于，这样去认识和理解农业，与中国的实际国情相去甚远。目前，很多农产品不是来自成熟的大片农业，而是来自传统产业。笔者从传统农业的特征出发，认为粮食是广义农业的产出物，不仅包括农产品、林产品，也包括林副产品。这样的传统产业也是农业生产的一部分。

在三锹人的传统产业中，乡民自己认定的产业，包括农业、林业、畜牧业，甚至狩猎、采集也在其中，由此产出各种综合性的产品，以满足人们生活上的多种需要。面对这样的产业，要正面回答农业的内涵估计是一个学理难题。如何对农业进行认知？以农林复合系统为载体而衍生的传统产业算不算农业？如果是农业，其实质和内涵又是什么？在当代社会，存在什么样的创新空间？这些问题是值得探讨的。

5. 田野点选择的缘起

2017 年 7 月 21 日，笔者首次到地笋苗寨调研。地笋苗寨属于中锹，为花衣苗的聚居区。刚接触田野点时，笔者对这里的特色饮食、独特建筑、苗族歌鼟、酸汤话等文化事实充满好奇心。尤其是特色饮食油茶，给笔者留下了深刻的印象，也是笔者喜欢的食物之一，因此每次去地笋苗寨，雷打不动的早餐就是三碗油茶。地笋苗寨木质结构的房屋、风雨桥、鼓楼等建筑，歌鼟、新娘担水等民间歌舞也给笔者留下了深刻印象。第一次调研的主题集中在林业方面。三锹地区林业资源丰富，杉树居多，但是林业经济并未充分发展，当地的经济来源主要靠外出打工。地笋苗寨是一个旅游景点，旅游产业也能带来部分收入。在为期半个月的调查后，笔者完成题为《林业产权的变动对经济发展的影响——以三锹乡地笋村为例》的调查报告，思考林业产权的变动与经济发展之间的关系。在当时，只知道三锹地区有上面提到的文化事实，在脑海里留下关于这些文化事实的印象，但是不知道文化事实和林业生产之间存在什么样的联系。这给笔者留下困惑。为进一步思考这些文化事实是如何形成的，在好奇心的驱使下，笔者萌发了进一步了解三锹的想法。

此后，笔者多次深入三锹地区，逐步了解三锹人的文化。起初，因为不熟悉山路，在向导的带领下，去了上锹的藕团、康头、新街、牛筋岭款场等地方，也到过下锹的元贞凤冲、皂隶、杨家湾等地。发现这些寨子分散在不同区域，但在地理位置上相对集中。后来，同那里的乡民建立了良好关系，也熟悉了不同寨子的分布，开始独自一人驱车穿梭在不同的寨子中间。在调研过程中，和访谈人聊天，寻找碑刻，了解碑刻背后的故事。逐渐了解到上锹、中锹、下锹是同一个族群，也就是现在的内三锹。随着历史的发展，三锹族群慢慢从一个地方扩散到贵州锦屏、天柱、黎平等地，形成外三锹。有了这样的概念后，笔者开始探索内外三锹形成的背景及其与林业生产之间的联系，这也奠定了选择三锹为田野点的基础。

本书选取三锹人作为研究对象，其长期从事以农林复合系统为载体而衍生的传统产业。系统研究其所从事的产业，从而实现大范围内的系统认知，并可以借此助推相关地区传统产业的当代创新利用，为生态文明建设、乡村振兴做出有益的贡献和参考。

（二）研究意义

农林复合系统是在人为作用下，利用不同生物间的相互关系，趋利避害，借助人工的力量，提高能量的循环效率、物质转化率，建立多物种共栖、多层次配置、多时序交错、多级能量利用的循环体系，实现资源的最佳利用，以挖掘该复合系统蕴含的潜在的生态价值、经济价值与文化价值。从这样的认知出发，农林复合系统对改善林区居民的生计、促进区域经济发展发挥着重要作用，对于其他类似生态区域的民族也具有借鉴意义。

历史上，农林复合系统这一传统生计方式既生产了粮食作物，又促进了林业的发展，产生了发达的林业贸易，实现了综合效益。立足于人类的未来发展考虑，面对当今粮食生产安全、资源不断枯竭、土壤不断恶化等问题，探索如何使农林复合系统这一古老而有效的方法重获新生，在现代科学技术的帮助下加以改造创新，以适应新的发展形势，不断创造出更多的类型。更重要的是，这样的农林复合系统构建起的生态屏障，不仅有利于保护该区域的生态环境，对筑牢我国少数民族地区的生态屏障也有特殊价值和借鉴意义。

文化多元的三锹族群，融合了不同民族的文化，对铸牢中华民族共同体意识也具有重要作用。三锹人所从事的产业也具有多元化特征，充分利用各种自然资源，对发展中国生态农业具有参照作用。

## 二　研究综述

在民族学视野下聚焦农林复合系统，以农林复合系统为载体探讨民族文化的调适、变迁，思考农林复合系统的当代价值以及存续意义。为探讨这一问题，本书涉及以下几个方面的内容：文化与植物的文化“化”，对农林复合系统的研究，对锹人及其文化的研究。以问题研究为导向，针对要研究的问题进行文献梳理。

### （一）文化与植物的文化“化”

在民族学视野下，以农林复合系统为载体探讨特定民族的文化，会涉及文化与植物的文化“化”，可以从文化人类学及生态民族学的理论中找到依据。

1. 文化的演化

摩尔根的《古代社会》以一种进化论的学说阐述了人类社会的发展过程。在探讨人类生存的技术时，把人类的食物资源分为五种：天然食物、鱼类食物、淀粉食物、肉类和乳类食物、通过田野农业而获得的无穷食物。将创造与利用这些食物的方法称为技术。[①]这些技术每隔一段时间进行革新，顺序上相承，是一个发展的过程，这样的发展过程也即文化的演化过程。东西半球天然资源不等，衍生出不同类型的生计方式。东半球出产适宜饲养动物的作物，因而饲养家畜能保证肉类及乳类食物的供应；西半球仅有一种适宜种植的谷物（玉蜀黍），除了骆马以外别无其他动物。[②]正是因为天然资源的不等，文化对资源的认知与利用方式有差异，从而对社会发展进程产生重要影响。这就是早期文化对植物的认识，也是文化演化的雏形。

弗雷泽的《金枝》则拓展了文化演化的内容，从宗教、巫术、土地崇拜、树木崇拜、禁忌习俗等方面对文化的演化做了进一步的阐述。例如，在“树神崇拜”一章中提到：“在日耳曼，如有剥去活树皮的行为则会受到严厉惩罚，法律规定将犯人的肚脐挖出来钉在树上他剥去树皮的地方……”[③]这样的做法可以理解为“一命偿一命”，即把树木的命等同于人的命，将人与人的关系应用拓展到人与植物的关系层面。在禁忌方面规定：“做礼拜的人们在树神前聚集，由祭司、祝祠祭司献祭的牺牲就放在树根旁边，神树的树枝当作布道的神坛。不许在林中锯断树木或砍折树枝，妇女禁止入内。”[④]这样的崇拜、禁忌是对某种习俗的解释，也就是《金枝》一书的初始目的：“阐释有关继续阿里奇亚狄安娜祭司职位的奇特

---

① 〔美〕路易斯·亨利·摩尔根．古代社会：上册［M］．杨东莼等，译．北京：商务印书馆，1995：18.

② 〔美〕路易斯·亨利·摩尔根．古代社会：上册［M］．杨东莼等，译．北京：商务印书馆，1995：21–24.

③ 〔英〕J.G. 弗雷泽．金枝：上册［M］．汪培基等，译．北京：商务印书馆，2017：190.

④ 〔英〕J.G. 弗雷泽．金枝：上册［M］．汪培基等，译．北京：商务印书馆，2017：191–192.

规定。”[①] 即为了继承狄安娜女神神庙祭司的职位，需要预先破坏前任祭司所保护的橡树树枝，杀死前任祭司。正是为了阐明这一奇特习俗，弗雷泽收集各种宗教信仰和仪式资料，并做出了详细的解释，通过各种信仰、崇拜、禁忌等解释狄安娜女神神庙祭司职位的继承惯例。这样的研究从文化解释的角度阐述人类智力发展的连续性和进步性理论，文化演化得以进一步深化。

关于文化的演化，文化传播学派在反对进化论学说的基础上提出了文化是靠传播的观点。这一学派理论的创立者为拉策尔，他认为迁徙和接触是各地文化相似的主要原因，文化要素是伴随民族迁徙而扩散开的。[②] 拉策尔的学生弗里贝纽斯首先提出“文化圈”概念，并认为在地理环境相同的条件下会产生相同的文化，人是文化的体现者和搬运工，[③] 说明“文化没有脚”，但是“文化会走路”，人是文化移动的载体。格雷布内尔则对“文化圈”做出系统的论述，发现“文化圈”在空间上部分是相互重叠的，形成“文化层”，[④] 进一步阐述了“文化圈”和“文化层”概念。施密特在继承格雷布内尔“文化圈”理论的基础上，提出“文化圈进化论”观点：“文化圈的顺序反映的已不是它们在这个或那个地理区域内出现的顺序，而是世界历史发展的依次阶段，从狩猎、采集到园艺种植、畜牧，再到农业文化，完整的一幅进化论图式。”[⑤] 传播主义只是解释文化现象的一种方法，[⑥] 不是所有的文化现象都可以用传播主义去解释，但是这样的思想对文化的涵化、变迁产生了一定的影响。

摩尔根和弗雷泽的研究都包含文化进化主义的思想，这些思想体系大多是以传教士、商人、殖民地官员提供的资料为根据，通过比较并进行

① 〔英〕J.G. 弗雷泽 . 金枝：上册［M］. 汪培基等，译 . 北京：商务印书馆，2017：1.

② 夏建中 . 文化人类学理论学派：文化研究的历史［M］. 北京：中国人民大学出版社，1997：55.

③ 夏建中 . 文化人类学理论学派：文化研究的历史［M］. 北京：中国人民大学出版社，1997：56–58.

④ 夏建中 . 文化人类学理论学派：文化研究的历史［M］. 北京：中国人民大学出版社，1997：59.

⑤ 夏建中 . 文化人类学理论学派：文化研究的历史［M］. 北京：中国人民大学出版社，1997：62.

⑥ 黄淑娉，龚佩华 . 文化人类学理论方法研究［M］. 广州：广东高等教育出版社，2013：75.

归纳而构建的，认为所有人在实质上都类似，从原始水平经过各种进化阶段逐渐发展。马林诺夫斯基则开创了田野调查法的先例，亲赴现场参与观察，通过特罗布里恩群岛上一种简单的商业交易而阐明一种交换制度——库拉。[①]事实上，库拉是个简单的交换行为，交换的物品并无实际用途，但是这些物品却代表着一种功能与象征意义。因为库拉交换形式根植于神话，由传统规则支持，还与巫术仪式紧密关联。这个简单的行为在某种程度上成为一个大型部落间制度的基础，并连接着那么多其他活动。神话、巫术和传统共同为它建立了明确的仪式和典礼形式。[②]弗雷泽在此书的序言中也提到，库拉活动本身绝非单纯的商业交易，是满足更高一级的情感和审美需求。库拉是一种制度类型，巫术在该制度中发挥重要作用。[③]马林诺夫斯基重视实地调查，通过特定物的文化功能，从总体上理解构成文化的每个要素，并将每个要素在社会中所起的作用称为“功能”。这样的研究推进了文化演化的深入发展，因为“功能”在某种意义上也体现了物的一种象征意义，而文化的诸要素中包括各种物。

关于物象征意义的研究，马林诺夫斯基的学生利奇继承了功能论的思想，拓展了象征体系的研究。利奇研究的象征体系包括神话、巫术和宗教。首先对符号与象征做了区分：“符号表达了一种内在关系，它与它所表达的事物同属于一个文化背景；象征则代表了属于不同文化背景下的事物。”[④]例如，在《圣经》故事里，蛇是邪恶的象征，这是一种隐喻；皇冠在特定情境中才代表王权，强调不同文化背景下的情境因素，是一种转喻。利奇的这种思想实际上是对弗雷泽关于“交感巫术”[⑤]思想的发展。

① 库拉是一种部落间的交换形式，进行库拉的社区分布在区域内的岛屿上，这些岛屿形成一个封闭的圈。交换的物品有两种：臂镯和项链。项链沿顺时针方向移动，臂镯沿逆时针方向移动，两种物品沿着各自的方向在封闭的圈内不断移动。收到物品的人保留一小段时间再传下去，任何人都不会长期占有任何一件物品，臂镯和项链构成了库拉的主要行为。

② 〔英〕马林诺夫斯基．西太平洋上的航海者［M］．弓秀英，译．北京：商务印书馆，2017：130–131.

③ 〔英〕马林诺夫斯基．西太平洋上的航海者［M］．弓秀英，译．北京：商务印书馆，2017：4–5.

④ 夏建中．文化人类学理论学派：文化研究的历史［M］．北京：中国人民大学出版社，1997：293.

⑤ 〔英〕J.G. 弗雷泽．金枝：上册［M］．汪培基等，译．北京：商务印书馆，2017：26.

利奇强调，“象征不可能在孤立的条件下得到理解，象征总是潜在地具有多种解释，只有当象征作为一整套文化的组成部分并与其他象征进行比较时，它们才产生含义”。[①] 基于这样的思想，在理解象征主题时，需要详细了解该象征所在的文化背景，在特定的文化背景下理解某一物所蕴含的象征意义。维克多·特纳的《象征之林：恩登布人仪式散论》则讨论了恩登布人的象征符号和仪式过程，探讨了象征和仪式的相关理论。恩登布人看到刮开穆迪树枝干后所渗出的白色汁液，以此来解释穆迪树的象征意义，把穆迪树当作“奶树”，代表“乳房”和“母乳”。[②] 除此象征意义之外，还把奶树想象成一个统一体，甚至是单一性的力量，把奶树比作弥漫在社会和自然界中的女性或母性原则，[③] 把狩猎比作男人的阳刚之气，把狩猎看作一项宗教活动。[④] 在仪式中使用的每种植物都代表着恩登布人社会生活或信仰的某些侧面。[⑤] 在特纳看来，仪式是调整社会冲突的一种手段，具有多种社会功能。通过具体物或仪式来阐释文化现象，特纳认为阐释可以描述文化，展现社会事实。这种阐释包括本土的阐释与客位的分析，[⑥] 并试图在本土阐释与客位分析之间寻求一种平衡。

格尔兹则推动了文化阐释的研究，其代表性著作是《文化的解释》《地方性知识》。《文化的解释》一书确立了阐释人类学方法，即阐释他人的理解。其中举例提到生理性的眨眼与示意性的眨眼，用“深描”法来解释示意性眨眼背后的一种文化。[⑦] 格尔兹的深描就是理解他人的理解，站

① 夏建中．文化人类学理论学派：文化研究的历史［M］．北京：中国人民大学出版社，1997：295.

② 〔英〕维克多·特纳．象征之林：恩登布人仪式散论［M］．赵玉燕等，译．北京：商务印书馆，2006：51.

③ 〔英〕维克多·特纳．象征之林：恩登布人仪式散论［M］．赵玉燕等，译．北京：商务印书馆，2006：53.

④ 〔英〕维克多·特纳．象征之林：恩登布人仪式散论［M］．赵玉燕等，译．北京：商务印书馆，2006：287.

⑤ 〔英〕维克多·特纳．象征之林：恩登布人仪式散论［M］．赵玉燕等，译．北京：商务印书馆，2006：129.

⑥ 本土阐释即当地人的解释，客位分析即人类学家的分析。

⑦ 〔美〕克利福德·格尔兹．文化的解释［M］．纳日碧力戈等，译．上海：上海人民出版社，1999：6-7.

在“异文化”的角度体验人类学家自身的“本文化”①。格尔兹的解释人类学是对异文化中深潜的象征、意义的探究，是把文化视为一个文本加以解读。《地方性知识》是一部阐释人类学论文集，地方性知识的寻求和后现代意识共生，即地方性——求异，②格尔兹把这种思想应用到阐释人类学的实践中。总体而言，格尔兹是以深描和地方性知识为武器，去阐释文化持有者的内部眼界。③格尔兹的思想在于从客位与主位的角度重新确立田野工作的认识价值，提出对地方性知识的重视，确立深描的审察意义。这样的认识将文化的演化提升到一个更高的层次。

对文化演化过程进行梳理，可以得出文化演化的脉络，从文化的进化到传播再到某一物所蕴含的功能，由此解释物所具有的文化功能，继而探讨在特定情境下，某一物、符号、仪式等文化要素所蕴含的象征意义，并对这些象征意义做出解释，阐述一种文化现象。解释人类学正在实验一种不同文化之间的对话，通过异文化研究，或者发人内省，或者引起文化的批评，推动研究的深入。收集到的田野资料是文本，笔者对于文本的研究就是通过一种异文化来阐释。聚焦农林复合系统中的文化与物的演化关系，力图说明在文化与物的关系演化中物是如何被文化“化”的。

2. 文化的变迁

巴尼特的《创新：文化变迁的基础》（1953）被认为是研究文化变迁的基本著作。其中得出创新是所有文化变迁的基础这一结论：“创新应被界定为任何在实质上不同于固有形式的新思想、新行为和新事物。严格来说，每一个创新是一种或一群观念；但有些创新仅存于心理组织中，而有些则有明显的和有形的表现形式。”④依据这样的逻辑推理，创新包括进

① 这里的“本文化”是针对人类学家而言的。

② 〔美〕克利福德·格尔兹．地方性知识：阐释人类学论文集［M］．王海龙，张家瑄，译．北京：中央编译出版社，2000：19.

③ 〔美〕克利福德·格尔兹．地方性知识：阐释人类学论文集［M］．王海龙，张家瑄，译．北京：中央编译出版社，2000：70.

④ 转引自黄淑娉，龚佩华．文化人类学理论方法研究［M］．广州：广东高等教育出版社，2013：219.

化、传播或者借用。可见，文化的进化、传播是文化变迁的过程。文化变迁的发生有内外两方面的原因：一是内部的，由社会内部的变化引起；二是外部的，由自然环境的变化及社会环境的变化引起。[①]这里的社会环境变化包括一个民族迁徙过程中与其他民族接触、交往、交流，或者政治制度变革等，当环境发生变化时，人们就以新的方式来应对，从而逐渐以新的方式适应了新的环境，就可以认为文化发生了变迁。

涵化[②]是文化变迁的一种，是由两个或两个以上自立的文化系统相连接而发生的文化变迁。[③]涵化至少要有两个文化系统而且相互接触，是一种变迁过程。在涵化过程中，新的文化特质逐渐形成，两种文化系统要么被整合，要么一种文化系统被另一种文化系统所替代、融合和同化。“融合是两个不同文化系统的特质融合在一个模式中，成为不同于原来的两个文化的第三种文化系统。”[④]“同化是文化接触后一个群体的原有文化完全被另一种文化所代替。”[⑤]基于这样的理解，三锹人的文化系统以苗族文化为基底，吸收了侗族、汉族、瑶族等民族的文化因子，形成了自己特有的文化特征。例如，在语言上就形成了“酸汤话”。[⑥]这就是在涵化过程中，与不同文化系统相互接触造成的。不同的文化系统不断接触、传播甚至部分吸收、融合，各民族相互学习对方的文化要素如习俗、语言、宗教信仰等，最后达到交融。有研究表明，“杂居、山坝间的共生关系、政治条件、民间的自然交往、教育、族际通婚、语言、经济文化发展水平”[⑦]是交融的条件，具备这些条件的民族在交往交流过程中，为了某种目标而

① 黄淑娉，龚佩华 . 文化人类学理论方法研究［M］. 广州：广东高等教育出版社，2013：219.

② “涵化”，美国人类学家称为“acculturation”，英国人类学家使用“culture contact”，既可翻译为文化接触、文化传播，也可翻译为文化移入或文化触动。涵化是不同民族的接触而引起文化变迁的过程。

③ 黄淑娉，龚佩华 . 文化人类学理论方法研究［M］. 广州：广东高等教育出版社，2013：226-227.

④ 黄淑娉，龚佩华 . 文化人类学理论方法研究［M］. 广州：广东高等教育出版社，2013：231.

⑤ 黄淑娉，龚佩华 . 文化人类学理论方法研究［M］. 广州：广东高等教育出版社，2013：233.

⑥ 酸汤话是融合了苗语、侗语、汉语的一种汉语方言。

⑦ 黄淑娉，龚佩华 . 试以黔东南民族文化变迁论民族文化交融的过程和条件［J］. 广西民族研究，1992（04）：58-63.

自愿交融，以他人之长补自己之短。这些交融的条件在三锹人中也得以体现，诸如杂居、族际通婚、语言都是显而易见的。三锹人接受了汉文化的一些文化因子，纳入三锹人的文化系统中，丰富了三锹人的文化体系。这一文化体系的形成，还与当时的自然环境与社会环境密切相关。

在文化进化过程中，有一法则被称为“进化潜势法则，即一个物种在既定进化等级中愈是专化和适应，那么，其走向更高等级的潜势就愈小”。[①]这是一般的进化，专化了的文化稳定性较高，在一般进化的道路上潜力越来越小，以致最后走向衰落。若从另一个角度考虑，特殊的进化过程与一般的进化潜势是一种逆反的关系。[②]因而，新的进化总是出现在还未专化的文化中，[③]那么文化发生突变（跃迁）的可能性很大。文化发生跃迁的前提是“一个发达了的物种不会必然导致下一个发展等级，下一个等级是在不同的族系中发生的”。[④]这说明文化发生突变的潜势民族，不是发达民族的直系后裔，而是发达民族的旁系后裔，即潜势民族“在发达发展形成之前，已经与该民族走上了不同的发展道路”。[⑤]潜势民族在文化特性上，与之前的民族有某种共同的渊源，却又有分歧，这样的分歧可理解为文化的变迁。

文化的变迁与社会环境和自然环境相关联。变迁一般是由社会文化环境或自然环境的改变引起的，社会文化环境指人、文化和社会，自然环境指某一特征的天然或人造的生态环境。[⑥]这两方面的因素都可以使文化发生变迁，文化变迁与技术和生态适应有关。[⑦]斯图尔德的《文化变迁

① 〔美〕托马斯·哈定等．文化与进化［M］．韩建军，商戈令，译．杭州：浙江人民出版社，1987：78.

② 〔美〕托马斯·哈定等．文化与进化［M］．韩建军，商戈令，译．杭州：浙江人民出版社，1987：78.

③ 罗康隆．文化人类学论纲［M］．昆明：云南大学出版社，2005：139.

④ 〔美〕托马斯·哈定等．文化与进化［M］．韩建军，商戈令，译．杭州：浙江人民出版社，1987：79.

⑤ 罗康隆．文化人类学论纲［M］．昆明：云南大学出版社，2005：141.

⑥ 〔美〕克莱德·M. 伍兹．文化变迁［M］．何瑞福，译．石家庄：河北人民出版社，1989：22.

⑦ 〔美〕克莱德·M. 伍兹．文化变迁［M］．何瑞福，译．石家庄：河北人民出版社，1989：40-43.

论》是此方面研究的代表性著作之一。斯图尔德立足于20世纪的生态问题，以“文化生态”作为一个研究实体探讨文化的变迁，开创了生态民族学的先河。这里的“文化生态”是特定民族文化与所处自然生态系统之间，经过长期互动磨合而形成的实体（文化生态共同体）。这需要一个历史过程，而且要关注“环境”与“文化”的因素，因为“文化差异不可以直接归因于环境差异，当然更不是生物的或种族的差异，只能说是代表文化在历史上经历过的分化式演化”。[①]于是，变迁的过程就必然要关注“历史”“环境”“文化”三个维度，反映了不同社会以不同方式所呈现的发展趋势。《文化变迁论》一书提出社会文化整合层次的概念，这一概念是关于文化变迁的一种论述。[②]有关这一概念的探讨，关涉族际关系问题，关于社会文化整合的讨论，对我国民族政策的调整有一定的参考价值。

另一部代表性著作是《民族文化与生境》，该书阐述了生境的含义：生境不是纯客观的自然环境，而是社会模塑的有交流的人为体系。[③]这一阐述拓展了生境的意涵，一个民族的生境包括自然环境与社会环境，二者结合构成民族的生存环境。民族—文化—生境构成一个连环套，[④]中间环节是文化。这一思想的提出拓展了关于文化变迁的理解，文化变迁与自然环境和社会环境相关。文化的变迁是一个从调适到适应的过程，在这一过程中，会出现文化的稳态延续，这种延续不是按简单的方式去实现，而是一种制衡过程，称为“文化制衡”。[⑤]多元文化的并存是文化制衡存在的前提，文化制衡会导致层次分化，致使任何一种文化不断地适应其所处的生态位，并且有能力适应改变了的生态环境，文化制衡以并存文化的存亡

① 〔美〕朱利安·斯图尔德．文化变迁论［M］．谭卫华，罗康隆，译，杨庭硕，校译．贵阳：贵州人民出版社，2013：24.

② 〔美〕朱利安·斯图尔德．文化变迁论［M］．谭卫华，罗康隆，译，杨庭硕，校译．贵阳：贵州人民出版社，2013：49.

③ 杨庭硕，罗康隆，潘盛之．民族文化与生境［M］．贵阳：贵州人民出版社，1992：77.

④ 杨庭硕，罗康隆，潘盛之．民族文化与生境［M］．贵阳：贵州人民出版社，1992：2.

⑤ 罗康隆．文化适应与文化制衡［M］．北京：民族出版社，2007：191.

为代价。[①] 因而，文化的更替不断出现，文化的变迁就存在可能。这样的变迁与生态环境密切相关，当原有的环境发生改变时，就需要相关的文化去重新调适与适应，以达到与所处自然环境之间的平衡。当然，这种调整与适应也需要关注社会环境的变化。

梳理文化变迁相关理论，可以得出这样一种认识，文化的进化、传播是文化变迁的一种形式，文化在变迁过程中，与特定民族所处的自然环境和社会环境分不开。这样的思想为研究文化的调适与适应提供了清晰的思路，即关注文化的变迁，不仅要关注一个民族内部的自然环境，更要关注民族外部的社会环境，社会环境往往对文化的变迁起到重要作用。

3. 文化的调适

文化的演化与变迁是一个发展的过程，在这一发展过程中，生态环境与社会环境存在变化的可能，在环境变化时，就需要文化做出相应的调适以适应新的环境。文化调适是文化变迁过程中的一个阶段。

在文化与生态环境关系方面，有观点认为“生态环境的改变会引起文化的改变，反过来文化对环境的调适又影响生态环境”，[②] 文化与生态二者相互影响。也有学者以婚姻为载体，研究在适应生态环境的过程中，人们做出策略性选择与文化调适，促进社会内部的均衡发展。[③] 在文化与社会环境关系方面，有学者以生态移民的文化适应为个案，从物质文化、制度文化、精神文化三个维度研究文化的调适与变迁，从服饰、饮食结构、居住空间、婚俗制度、语言以及价值观等文化事实方面加以探讨。[④] 这样的研究是以特定的文化事实为载体探讨文化调适的过程。除了以文化事实为载体进行研究外，也有学者以具体“物”为载体探讨文化的调适。颜宁

---

① 罗康隆. 文化适应与文化制衡［M］. 北京：民族出版社，2007：193.

② 罗柳宁. 生态环境变迁与文化调适：以广西矮山村壮族为例［J］. 广西民族学院学报（哲学社会科学版），2004（S1）：8-12.

③ 吴声军. 南岭走廊平桂瑶族的婚姻形态与文化调适——基于婚姻文书为中心的考察［J］. 河池学院学报，2020，40（03）：22-28.

④ 韦仁忠. 草原生态移民的文化变迁和文化调适研究——以三江源生态移民为例［J］. 西南民族大学学报（人文社会科学版），2013，34（04）：50-54.

以茶叶为载体，通过茶叶经济的兴衰探讨文化的调适，认为“市场经济背景下文化的调适是文化机制的内部潜能与市场外部环境需求之间的相互作用而达成动态平衡的过程”。[①] 由此说明，市场经济的衰退或繁荣都需要文化调适。周大鸣、田絮崖则以某一特殊群体为例，从文化调适角度探讨“台干”在大陆的适应性问题，[②] 把文化调适与群体认同研究结合起来。

游牧文化与定居文化是两个不同的文化类型，需要不同的文化策略来应对。有学者研究游牧文化受到冲击后转为定居文化的问题，认为牧民创造了一种新的文化模式，在这个新文化模式里，游牧文化与定居文化并存。[③] 研究表明，当一种文化类型受到外在环境的影响发生改变时，就需要转变文化策略，文化会做出相应的调整以适应新的环境，这就是文化调适的一种表现。也有学者从生产生活方式、自然资源管理机制以及婚姻家庭模式等方面，阐述特定民族对其所处生态环境的文化适应，认为“文化是一个民族对自然环境和社会环境的适应性体系”。[④] 这说明文化与生态是一个有机整体，文化的调适要兼顾生态环境与社会环境。当文化与生态出现暂时的偏离时，就需要调整文化策略。因为“文化生态只是一个相对稳定的体系，在长期平衡与短期失衡交替过程中，文化通过不断地调适或自适应民族生境的新状况，使得自身与外部环境的关系重新协调，重构文化生态的平衡”。[⑤] “文化调适是一个能动扬弃外来文化的过程。”[⑥] 由此可知，文化的调适与特定的生态环境和社会环境相关，并且是一个动态的发

① 颜宁．茶叶经济的兴衰与传统文化的调适——西双版纳南糯山僾尼人的个案［J］．民族研究，2009（02）：31–37+108–109.

② 周大鸣，田絮崖．“台干”的文化调适与群体认同研究——以珠三角地区的“台干”为例［J］．南方人口，2013，28（04）：8–16.

③ 韩玉斌．藏族牧民定居后的文化调适［J］．西北民族大学学报（哲学社会科学版），2012（06）：126–130.

④ 郭家骥．生态环境与云南藏族的文化适应［J］．民族研究，2003（01）：48–57+107–108.

⑤ 廖君湘．侗族文化生态的局部失衡及其调适性重构——基于湖南通道阳烂村个案的分析［J］．吉首大学学报（社会科学版），2017，38（04）：125–133.

⑥ 罗康隆．文化调适的个案分析——明代黔中苗族因军事冲突诱发的社会生活重构［J］．贵州民族研究，1999（04）：75–83.

展过程。

梳理文化调适研究的不同侧面可知，文化的调适要兼顾自然环境与社会环境，并且需要一定的载体。这样的载体既可以是具体的文化事实，也可以是具体的物，甚至包括某些特殊群体。通过某一载体探讨文化在“平衡—失衡—再平衡”的循环体系中不断自我调适，适应环境的变化。农林复合系统就是这样的载体。本书以农林复合系统为载体探讨三锹地区的特殊群体——三锹人的文化，研究在社会环境变化过程中，农林复合系统的结构发生变化后，三锹人以何种文化策略进行调适。在文化调适过程中，三锹人既能保持本民族的文化内核，又融合了其他民族的文化因子。

4. 对资源的认知

对资源的认知，首先要认识到资源的特性，“资源具有自然属性，但资源不是由自然来界定的，而是由文化来定义的，资源是文化规约下的资源”。[①] 认识到资源的特性后，对资源的分类与甄别，就必然涉及文化因素，从而有选择性地加以认知、评价和利用。

日本学者秋道智弥等在《生态人类学》一书中，以非洲热带雨林的实例研究文化的问题。穆布迪俾格米人的狩猎采集部落民，首先认识到植物是食物的来源，森林中能采集的植物有 500 多种，有 106 种作为食物。其次，把植物作为物质文化要素。知道什么动物吃什么食物，在特定的季节猎获动物。[②] 通过人类的文化来认识资源、利用资源，无论是直接利用还是间接利用，都是特定文化认同的依托，并在此基础上，形成特有的文化现象，也说明“环境问题其实也就是文化的问题”，[③] 人把动植物资源作为文化创造的根本。

随着研究的深入，把动植物作为一种“工具”，或是功能性象征的力

① 罗康隆 . 文化适应与文化制衡［M］. 北京：民族出版社，2007：206.

② 〔日〕秋道智弥，市川光雄，大塚柳太郎 . 生态人类学［M］. 范广融，尹绍亭，译 . 昆明：云南大学出版社，2006：107-108.

③ 〔日〕秋道智弥，市川光雄，大塚柳太郎 . 生态人类学［M］. 范广融，尹绍亭，译 . 昆明：云南大学出版社，2006：109.

量，其与文化存在某种联系。正如《生态扩张主义》一书中提到的杂草与作物，二者是可以互相转化的，“黑麦和燕麦曾经是杂草，现在它们是作物……苋属植物和马唐曾分别是美洲和欧洲的史前作物……如今二者又都被降格为杂草了”。[①] 从辩证法的角度理解，杂草无所谓好坏之分，只不过是在不同文化下的人群对其分类有别而已。在此书中，可理解为通过某种特定生物挤占土生土长的植物的生存空间，从而达到侵略和征服的目的，其实背后是某种文化的力量在支配着人们的行为，是文化通过对特定植物的认知，通过植物这一载体而达到某种目的。在认识与功能上，杂草与作物相互转化，这种转化是特定文化的力量，而文化在植物的文化“化”过程中也会发生相应的变迁。

在《甜与权力》一书中，西敏司聚焦糖的描述，揭示糖这个平常之物背后的历史。糖从开始的奢侈品最后转化为平常之物，密切地与各国政治、经济联系在一起。糖从生产、消费的物品上升到一种权力的象征。“充分理解一种奢侈品的意义，就必须把握它的内在特征，也就是它的由文化限定的使用特征。”[②] 这揭示了糖背后所隐含的文化力量，“糖作为一种被文化所界定的事物来加以审视”，[③] 说明对糖这一资源的认知其实是某种文化力量在控制。糖经过一个自上而下的复杂文化过程，一步步嵌入人们的日常生活中。

以上是国外一些人类学家对资源认知的探讨，就国内研究而言，有学者认为对资源的认知需要特定的本土知识来应对。例如侗族的稻鱼鸭共生系统，在种植水稻的稻田里养鱼、养鸭，既收获了稻谷、鱼、鸭，也涵养了水源，因为田地既是稻田，也是水库。[④] 侗族人除了对田地资源的认

---

① 〔美〕艾尔弗雷德·W. 克罗斯比 . 生态扩张主义：欧洲 900–1900 年的生态扩张［M］. 许友民，许学征，译 . 沈阳：辽宁教育出版社，2001：157.

② 〔美〕西敏司 . 甜与权力：糖在近代历史上的地位［M］. 王超，朱健刚，译 . 北京：商务印书馆，2010：103.

③ 〔美〕西敏司 . 甜与权力：糖在近代历史上的地位［M］. 王超，朱健刚，译 . 北京：商务印书馆，2010：205.

④ 罗康隆 . 既是稻田，又是水库［J］. 人与生物圈，2008（05）：40–43.

知外，还对林业资源及人畜的排泄物有特殊的认知。例如，杉树主伐时修剪下的枝叶作为屋顶的覆盖材料，厕所修建在稻田和水塘上方，人畜粪便成为水生动物的饵料且不会污染环境，燃烧木材后草木灰作为肥料等，对自然资源的利用遵循因地制宜原则。[①]这些是对具体资源的认知。因资源涵盖范围广，还包括气候资源、生态资源、水资源等，对这些资源的认知更需要依托特定的文化。有学者在研究麻山喀斯特山区石漠化问题时，发现当地苗族居民的做法是：引进适合当地的藤蔓类和丛生类物种，引种和培植适合当地的苔藓类和蕨类植物，引种具有较大经济价值的乔木，[②]精准认知当地植物资源，改变植物的利用方式，不仅恢复了石漠化地区的生态，而且提高了水资源的储养能力，重要的是以较小的代价实现了对石漠化地区生态的改善。这样的做法收获了良好的生态效益，实现了对水资源的保护。

对资源的认知与利用还需要考虑人类活动与自然的关系问题。曾少聪在生态人类学视野下研究西南地区的干旱问题，探讨人们对资源的利用所引发的生态问题。他认为，“人类的活动和文化受到自然环境的约束。生态人类学考察人与环境之间的关系，不仅仅是考察文化受到环境的制约而形成的可能结果，也要考察文化对自然生态环境造成的影响”。[③]立足于马克思主义人与自然之间内在统一的辩证关系，他认为文化与环境是相互关联的，与斯图尔德所认为的文化和生态是一个共同体的观点一致。这样的研究，对于笔者的启示是，在文化生态共同体内探讨对资源的利用，要考虑特定民族的文化。如果对资源利用不当，或者引入不当的物种，则会引起生态问题。杨庭硕的研究表明：“麻类作物进入麻山，虽然自身渡过了生物适应难关，但麻山地区自然与生态系统，在接纳麻类作物的同

① 罗康隆 . 侗族传统人工营林的生态智慧与技能［J］. 怀化学院学报，2008（09）：1–4.

② 罗康隆 . 喀斯特石漠化灾变区生态恢复与水资源维护研究［J］. 贵州大学学报（社会科学版），2013, 31（01）：70–77.

③ 曾少聪 . 生态人类学视野中的西南干旱——以云南旱灾为例［J］. 贵州社会科学，2010（11）：24–28.

时，却种下了灾变的隐患。”[①]这一案例说明，对资源的认知度不够，不当引入物种会引起生态问题。正所谓“资源，是社会－经济结构和人的素质的函数”。[②]

梳理不同区域内人们对资源利用方式的差异，可以得出这样的认识：虽然其他地区与锹里地区的生态略有差异，资源的种类也不尽相同，但是因地制宜利用资源的做法是值得借鉴的。这给笔者的一个思考是，如何认知当地生态类型及本土资源，运用本土知识做到对资源的合理利用。利用得当不仅可以维护生态，还可以保留优秀的传统文化。这也是本书需要探讨的地方。

5. 文化与植物的关系

自然之物向文化之物转变的过程，是人用文化手段去改变和利用物的过程，是人的文化在模塑物的过程，该过程以人为中心创造出围绕物的文化各要素。卡西尔在《人论》一书中指出：“人的突出特征，人与众不同的标志，既不是他的形而上学本性，也不是他的物理本性，而是人的劳作（work）。正是这种劳作，正是这种人类活动的体系，规定和划定了‘人性’的圆周。语言、神话、宗教、艺术、科学、历史，都是这个圆的组成部分和各个扇面。”[③]这一论述说明物、人与文化的关系是互为一体的，人类在文化的作用下不断加深对物的认识和利用，构成“物—人—文化”的循环体系。在这个循环体系中，文化是一条主线，也类似于一个圆周，而各项文化事实是圆周上的各个扇面，构成这些扇面的则是人的社会实践的结果。因而，研究特定民族文化时，不能割裂文化各要素之间的相互联系。

《文化变迁论》一书在研究文化的涵化问题时提到这样的例子，纳瓦哈人（Navaho）“依赖家畜供应全国市场，以此作为现金收入的来源，使

---

① 杨庭硕．论外来物种引入之生态后果与初衷的背离——以“改土归流”后贵州麻山地区生态退变史为例［J］．云南师范大学学报（哲学社会科学版），2010，42（01）：37–42.

② 王小强，白南风．富饶的贫困［M］．成都：四川人民出版社，1986：44.

③〔德〕恩斯特·卡西尔．人论［M］．甘阳，译．上海：上海译文出版社，1985：87.

得与白人之间产生竞争，由于牧草的短缺而导致竞争恶化，从而使本土文化濒临瓦解”。[1]这一例子体现了植物资源对本土文化所产生的影响。反之，文化也可以将资源进行转化。因为产权概念与生活方式联系在一起，肖肖尼人“认为任何东西以及独享的使用权来自个人或群体的努力以及经常性的利用”。[2]例如，利用树枝做一把弓，那么这把弓就属于私有。这一产权概念背后隐含的意思是，自然资源可以通过某种行为转化为可利用的物品，这种行为即人的文化或技术。通过文化或技术这一中介力量，实现无主资源到私有财产的转化。在农林复合系统中，生态系统中可供狩猎采集的对象也是公有的，但是掌握了某种技术的人一旦获取，其就变为私有财产。这种狩猎采集的行为实现了动植物资源的文化“化”过程，在文化生态共同体范围内，这一过程建立在文化对资源的认知基础上。

人们利用文化或技术对物的功能加以认识并对物进行分类，关于物的认知以及分类，鲍德里亚有这样的观点：“我们分析的对象不是只以功能决定的物品，也不是为分析之便而进行分类之物，而是人类究竟通过何种程序和物产生关联，以及由此而来的人的行为及人际关系系统。”[3]这里肯定了文化和技术的中介力量，在这一力量的支配下，搭建起了物与文化的一种关系，这种关系既可以通过文化对物的认知过程体现出来，也可以通过人与人、人与社会间的关系得以体现。锹里地区的人们对杉树的认知与利用，构建起杉树与人之间的一种特殊关系，同时把这种关系延展到不同民族的人群中，通过民族间的接触、交流，推动农林复合系统的发展。围绕这一农林复合系统，产生了诸多的文化事实。这样的文化事实可理解为是以物为载体而衍生出来的。

在斯图尔德研究的基础上，拉帕波特的《献给祖先的猪》一书则推

① 〔美〕朱利安·斯图尔德．文化变迁论［M］．谭卫华，罗康隆，译，杨庭硕，校译．贵阳：贵州人民出版社，2013：57.

② 〔美〕朱利安·斯图尔德．文化变迁论［M］．谭卫华，罗康隆，译，杨庭硕，校译．贵阳：贵州人民出版社，2013：107.

③ 〔法〕让·鲍德里亚．物体系［M］．林志明，译．上海：上海人民出版社，2018：3.

动了研究的深入。“通过仪式周期调节生猪与人口密度之间的关系，周期性减少生猪种群，有助于把人与生猪联合在一起的要求控制在地域的承载力水平之下。”[①] 从这句话可解读到的信息是，当生猪的数量增长到一定程度时，举行仪式杀猪、吃猪肉，将宰猪的仪式作为重点考察对象。养猪、杀猪、吃猪肉等一系列的行为及举行的仪式，其实是通过文化的作用调节猪与生态之间的关系。拉帕波特的研究拓宽了视野，从人口、经济、生计等方面论述生态环境与文化仪式的相互影响，也为研究物的文化“化”过程，即从自然之物到文化之物的转变提供了借鉴。

在民族学视域下，研究文化与植物的关系，必然要涉及对人与自然关系的理解。《植物的欲望》一书从人与自然关系的另一个角度展开思考，“在一种共同进化的联系之中，每一个主体都是客体，而每一个客体也是主体”。[②] 该书选取四种代表性植物——苹果、郁金香、大麻、马铃薯，阐述这些植物如何激发人类的欲望以便驯服人类，是具有独创性的关于人与自然关系的叙述。植物与人学会相互利用，“都在做对方自身做不了的事情，在这种合作中，双方都得到了改变，改变了他们共同的命运”。[③] 以一种哲学的思维理解，在人与自然的关系中，是人利用自然，把自然作为工具，还是自然利用人类的欲望，把人类作为工具，这个问题值得从辩证法的角度进行思考。人类对植物的需求，探讨植物的社会史（文化史），植物在进化过程中唤醒和满足人类的欲望的自然史（进化史），这一研究其实是一个普遍性的“共同进化”和“互为主客体”的典型例证，是双重进化的结果。“文化的进化最终都会落实到对植物的驯化、种植与利用，而对植物驯化、种植和利用的变迁也因此而必然

---

① 〔美〕罗伊·A. 拉帕波特. 献给祖先的猪——新几内亚人生态中的仪式［M］. 赵玉燕，译. 北京：商务印书馆，2016：165.

② 〔美〕迈克尔·波伦. 植物的欲望：植物眼中的世界［M］. 王毅，译. 上海：上海人民出版社，2003：9.

③ 〔美〕迈克尔·波伦. 植物的欲望：植物眼中的世界［M］. 王毅，译. 上海：上海人民出版社，2003：18.

推动相关社会的历史发展。”①

根据以上梳理可知，关于文化与植物关系的探讨，从最初的认知利用，发展到后来在文化生态共同体范围内，二者互为主客体。植物的文化“化”是一个动态的发展过程，是过程的集合体。在发展过程中，需要文化做出相应的调适，这一路径及结果的影响因素，既有自然环境的因素，也有社会环境的因素，要在自然环境与社会环境这一文化生态共同体内，探讨文化与植物的关系。有了这样的认识之后，研究农林复合系统的演化过程，就需要依据这样的逻辑思维加以探讨。

（二）对农林复合系统的研究

不同学科背景的研究人员对农林复合系统的理解、称谓、类型结构的划分、内涵的认识不尽一致。在称谓上就有农林复合系统、复合农林系统、林粮间作、林农间作、混农林业等不同名称，但其实质基本相同。农林复合系统在古籍文献中早有零星记载，但对其系统研究还需要深入。从农林复合系统概念的提出，到对其类型及结构划分的研究，以及民族学领域对农林复合系统的研究，最后是对农业内涵的认知，通过对此进行全面梳理，能够为研究提供清晰的脉络。

1. 农林复合系统概念的提出

关于农林复合系统的研究，开启于20世纪初期。美国地理学家J. 拉塞尔·史密斯（J.Russell Smith，1874~1966）在1929年出版的《树木作物：永远的农业》中写道：“在人类破坏植物以及植物根系自然保护层（指土壤）的地方，雨水对土壤的侵蚀能力增强百倍千倍有时甚至百万倍，或许更多。岩石风化后形成土壤的过程非常缓慢。在某些地方，成百上千年才形成的土壤，如果不加以保护的话，会在一小时之内被雨水冲刷掉。”②史密斯意识到，对生态的破坏是人类活动作用的结果，他从保护生态的角度，

① 杨庭硕. 植物与文化：人类历史的又一种解读［J］. 吉首大学学报（社会科学版），2012, 33（01）：1–7.

② Smith, J.Russell. Tree Crops：A Permanent Agriculture［M］.New York：Devin-Adair Company, 1950：9.

针对平原地区提出复合农业模式，即树木作物在上、一年生农作物在下的林粮间作（two-story agriculture, trees above and annual crops below）。“虽然在平地雨水不会冲刷并带走土壤，但是复合农业模式比单一农业模式会带来更高的综合效益。”[①]这种农业模式不仅固定了土壤，而且更适应山地农业，这样的永久农业比单纯放牧，或仅仅种植树木具有更高的产能。因此，应该在斜坡、山坡地带种植树木作物。[②]在这些不适宜一年生农作物生长的地带，树木作物可作为可持续农业的替代品。史密斯提出建立“山地农业研究所”（Institutes of Mountain Agriculture）的设想，[③]推进复合农业系统研究工作的开展。从该书的标题可以看出，史密斯把树木作物当作农业看待，其实质是认定一些可供人们食用或利用的树木是农业生产的构成部分，部分树木作物在人们的生活中充当粮食作物。农林复合系统不仅有利于生态保护，还提高了收益。由于各种原因，史密斯提出的“山地农业研究所”设想没有得到很好的实施，这本专著在当时也没有引起人们的重视。

史密斯的观点得到了国际农林复合经营系统研究委员会（International Council for Research on Agroforestry, ICRAF）第一任主席金（King）的认可。他于1968年发表《热带的混农林业》一文，推动了农林复合系统的研究，随后于1978年提出复合农林业（Agroforestry）概念，并对农林复合生态系统下了定义：“农林复合生态系统是一种采用适于当地栽培实践的一些经营方法，在同一土地单元内，将农作物生产与林业和（或）家畜生产同时或交替地结合起来，使土地全面生产力得以提高的持续性土地经营系统。”[④]对农林复合经营，有这样的定义：“农林复合经营，有人称

---

① Smith, J.Russell, Tree Crops：A Permanent Agriculture［M］.Devin-Adair Company, New York, USA, 1950：17.

② Smith, J.Russell, Tree Crops：A Permanent Agriculture［M］.Devin-Adair Company, New York, USA, 1950：19.

③ Smith, J.Russell, Tree Crops：A Permanent Agriculture［M］.Devin-Adair Company, New York, USA, 1950：21.

④ 转引自娄安如 . 农林复合生态系统简介［J］. 生物学通报，1995, 30（5）：9-10.

为混农林业，是指在一个土地利用单元中，人为地把木本植物与农作物以及畜禽养殖多种成分结合起来的土地利用系统。”[①]从这些定义可以看出，农林复合系统是根据不同地区的特点而人为建构的系统，这个系统具有复合性、生态性的典型特征。农村复合系统概念提出后慢慢被推广使用，世界各国学者、专家开启了农林复合系统的研究和实践，并成立相关的研究机构。1978年，国际农林复合经营系统研究委员会成立，又叫世界混农林业中心（World Agroforestry Centre）。中国于2002年8月成立世界混农林业中心中国办公室（ICRAF-CHINA）。

直到《树木作物：永远的农业》出版60多年后的2013年，史密斯关于建立“山地农业研究所”的设想被重新提起。托马斯·J.莫尔纳（Thomas J.Molnar）等在《树木作物，永远的农业：可持续未来的历史经验》一文中对史密斯的书做出评价：“在斜坡山地、边缘地带以及多岩石土壤上不太适宜一年生作物的生长，更适宜树木作物的生长。种植这些树木作物可以提供价值，这些价值包括为人们提供粮食，给动物提供饲料。”他们认为史密斯提出的观念在现代科学技术不断进步的情形下被认可并得到广泛讨论，其设想在加强世界粮食安全、能源安全、环境可持续性方面有很大的发展潜力，但这种潜力在很大程度上被忽视掉。最后他们建议在世界范围内建立“山地农业研究所”，并扩大工作范围。[②]史密斯关于建立“山地农业研究所”的设想被重新提起，研究范围得到拓展，后续的研究进一步深入。

以上研究表明，自从农林复合系统概念提出后，复合种植或种养的做法开始在世界各地的传统农业中实践，并取得良好效益。这给笔者的一个启示是，关于山地农业的研究，在中国少有人关注，在美国也经历了同样的过程。在人们的意识中，往往把所谓的农业仅仅局限在一年生草本植

① 李文华，赖世登主编．中国农林复合经营［M］．北京：科学出版社，1994：1.

② Molnar, Thomas J. et al. Tree Crops，a Permanent Agriculture：Concepts from the Past for a Sustainable Future［J］. Resources.2013（2）：457–488.

物上，而把树木作物置于农业范畴之外。由此看来，把农业仅仅理解为一年生草本植物显然有不足之处，遗憾的是这样的情况还未引起足够的重视。

2. 农林复合系统类型的研究

随着相关研究机构的成立，关于农林复合系统的研究成果逐渐丰富。1987年，斯特普勒（Steppler）和奈尔（Nair）合编《农林复合经营：发展的十年》，汇集10年的研究成果。[①] 美国加州大学于1989年出版《农林复合经营大全》。[②] 农林复合系统的类型为更多人所知晓，既包括林农，也包括林牧等其他类型。世界各地农林复合类型有庭院式农林复合系统、塔翁雅系统、条带式混交系统、林牧系统、移耕轮作系统、林农间作系统等。[③] 随着研究范围的扩展，中国在此领域的研究成果亦丰富起来。1994年李文华、赖世登主编的《中国农林复合经营》一书，是一本系统介绍我国农林复合经营的著作，梳理了国内外农林复合经营的发展历史，把中国农林复合经营发展的历史分为原始农林复合经营、传统农林复合经营、现代农林复合经营。[④] 此书对中国主要的15种农林复合经营类型做了分析，这些类型有：庭院复合经营、桐农复合经营、杉农复合经营、杨农复合经营、枣农复合经营、桤柏混交林－农业复合经营、桑田复合经营、林木复合经营、林参复合经营、湿地生态系统农林复合经营、胶园复合经营、等高绿篱－坡地农业复合经营、农田林网建设、小流域农林牧复合经营系统、生态县及生态农业建设。[⑤] 这样的研究给我们提供了一个清晰的脉络，让我们认识到每一种农林复合系统的特征及环境要求，特别是关于杉农复合经营系统的介绍，为本书提供了参照。

中国是农业大国和文明古国，农业生产有着农林复合经营的良好传统。中国先民在农业生产过程中，创造了桑基鱼塘、林粮间作、农林牧复

① 李文华，赖世登主编．中国农林复合经营［M］．北京：科学出版社，1994：5.
② 李文华，赖世登主编．中国农林复合经营［M］．北京：科学出版社，1994：7.
③ 李文华，赖世登主编．中国农林复合经营［M］．北京：科学出版社，1994：6-12.
④ 李文华，赖世登主编．中国农林复合经营［M］．北京：科学出版社，1994：14-21.
⑤ 李文华，赖世登主编．中国农林复合经营［M］．北京：科学出版社，1994：117-249.

合经营等类型的复合系统，并积累了丰富的农林复合技术。在中国历史典籍中，有关于农林复合系统的相关记载。贾思勰所著的《齐民要术》记载了楮麻混作的情形："耕地令熟，二月耧耩之，和麻子漫散之，即劳。秋冬仍留麻勿刈，为楮作暖。"[①] 还记载了槐麻混种的方法："好雨种麻时，和麻子撒之。当年之中，即与麻齐。麻熟刈去，独留槐……明年劚地令熟，还于槐下种麻。"[②] 槐是树木作物，麻是一年生草本植物，将树木作物槐与草本植物麻混种，可以使槐苗生长成通直的主干。这种农林复合经营的做法，利用不同植物之间的生物属性，合理利用土地，以达到对资源的最佳利用。

南宋时期，农学家陈旉在其著作《农书》中提到"若高田视其地势，高水所会归之处，量其所用而凿为陂塘，约十亩田即损二三亩，以潴畜水……堤之上，疏植桑柘，可以系牛。牛得凉荫而遂性，堤得牛践而坚实，桑得肥水而沃美，旱得决水以灌溉，涝即不致于弥漫而害稼"。[③] 这一独特的土地利用技术，是根据田地的地势，将水所汇集的低地凿为陂塘，把挖出的泥土放在高田上，上面种植桑树、养牛，还可以灌溉庄稼，为后来桑基鱼塘农业的发展奠定了基础。明清时期，人口逐渐增多，为收获更多的粮食以满足人们的口粮之需，基塘农业得以发展，逐渐形成种桑、养蚕、养鱼三者配合生产的循环系统，各生产过程环环相扣，废弃物得到充分利用，这是生态农业、农林复合的先驱。此后基塘农业不断发展，珠江三角洲地区的桑基鱼塘成为农业生态文明的典范。"浙江湖州桑基鱼塘系统"已获批全球重要农业文化遗产。

明代徐光启编撰的《农政全书》中提到栽杉种粟、种麦的复合种植技术。"江南宣歙池饶等处，山广土肥，先将地耕过，种芝麻一年，来岁正二月气盛之时，截嫩苗头一尺二三寸。先用橛舂穴，插下一半，筑实。

① （后魏）贾思勰原著，缪启愉校释．齐民要术校释［M］．北京：农业出版社，1982：250.

② （后魏）贾思勰原著，缪启愉校释．齐民要术校释［M］．北京：农业出版社，1982：252.

③ （宋）陈旉著，刘铭校释．陈旉农书校释［M］．北京：中国农业出版社，2015：15-16.

离四五尺成行，密则长，稀则大，勿杂他木。每年耘锄，至高三四尺，则不必锄。如山可种，则夏种粟、冬种麦，可当耘锄。”[①]栽杉之前先种芝麻，分析其原因，种芝麻既可以抑制林地杂草的生长，还可以吸水，增加土壤通透性，有利于杉树生长。杉树与粟、麦的间作，是典型的“林粮间作”种植方式。

明代中后期，清水江流域随着木材贸易的兴起，以“林粮间作”生计方式为主的农林复合系统得以繁荣发展。清代爱必达编纂的《黔南识略》中提到关于杉树与麦子、苞谷的复合种植：“（黎平）山多戴土，树宜杉。土人云：种杉之地必预种麦及包谷一二年，以松土性，欲其易植也。杉阅十五六年始有子，择其枝叶而上者，撷其子乃为良，裂口坠地者弃之，择木以慎其选也。春至前则先粪土覆以乱草，既干而后焚之，而后撒子于土面，护以杉枝厚其气，以御其芽也。秧初出谓之杉秧，既出而后移之，分行列界，相距以尺，沃之以土膏，欲其茂也。稍壮，见有拳曲者则去之，补以他栽，欲其亭亭而上达也。树三五年即成林，二十年便供斧柯矣。”[②]在山多田少的山地民族地区，在林地上间种各种农作物，在对农作物进行田间管理的同时，也进行了林木抚育，还有利于土壤的改造和熟化，土壤中的有机质增加，特别是间作豆类作物，可以利用根瘤菌的固氮作用增加土壤中的含氮量。

随着农业技术的发展，“林粮间作”成为我国农林复合经营系统中较重要的类型，“在林粮间种中采用的树种多达150种以上，其中以泡桐、枣树、杉树、杨树为突出代表”。[③]不同区域的生态系统有差异，农林复合系统的类型不一。“甘肃迭部扎尕那农林牧复合系统”被认定为全球重要农业文化遗产，该复合系统是“种植业、林业、畜牧业三者之间的循环复合的生态系统和生产系统。该系统能充分发挥农耕、游牧、狩猎和樵采

① （明）徐光启．农政全书：下册［M］．北京：中华书局，卷之三十八 种植 木部，1956：761.

② （清）爱必达．黔南识略：三十二卷［M］．道光二十七年罗氏刊本．卷二十一：黎平府，第475-476页．

③ 李文华，赖世登主编．中国农林复合经营［M］．北京：科学出版社，1994：19.

等多种生产活动的合理搭配，使自然资源和劳动力资源都能得到良好运用。由于长期的汉地农耕文化与藏传游牧文化的相互交融，在扎尕那还形成了亦农亦牧，农牧结合的特色农业文化”。[①] 多种产业的复合是本书要探讨的，存在的差异是因为区域不同，所选择的物种是有区别的，这种区别是根据特定的自然环境而选择适宜的物种。例如，根据沙漠生态系统特点建立的农林复合系统，就要“营造人工防护林，使防护林、农田相互作用构成相对完善的农林复合系统，可以改善沙区生态环境，提高综合效益”。[②] 在荒漠草原区，根据现有农林牧复合系统结构和演化特征，结合农户经济流分析，有的研究提出“以饲料加工为纽带的种植型模式、以草地畜牧业为核心的养羊型模式、以柠条饲料加工为纽带的养羊型模式、以增值为特征的农畜产品深加工复合型模式等”。[③] 有的研究进一步优化原有的农林牧复合系统。还有的研究提出“橡胶－云南大叶茶；橡胶－可可；橡胶－大叶千斤拔；橡胶－咖啡；橡胶－龙血树等农林复合系统”。[④] 在豫东平原地区，“杨树－农作物的农林复合系统具有较高的固碳能力，可以改善农田土壤理化性质，提高土壤肥力，提高农作物产量”。[⑤] 在不同区域，农林复合模式及类型多样，根据特定的空间与时间，选择适应特定生态环境的树种、农作物、牧草等合理搭配，并配以特定技术体系，是特定民族文化的体现。

通过梳理可知，农林复合系统可分为林－农复合系统、林－牧（渔）复合系统、林－农－牧（渔）复合系统等类型，不同类型的复合系统对应特定的生态位，并且根据人们需要的不同而选择适宜的复合系统加以经

① 张萌．甘肃迭部扎尕那农林牧复合系统保护现状分析［J］．古今农业，2016（4）：90–96.

② 马利强．乌兰布和沙漠东北部农林复合系统持续经营研究［D］．内蒙古农业大学博士学位论文，2009.

③ 卞莹莹．荒漠草原区农林牧复合系统结构与模式优化研究［D］．宁夏大学博士学位论文，2015.

④ 陈春峰等．西双版纳橡胶农林复合系统土壤团聚稳定性研究［J］．西南林业大学学报，2016，36（1）：49–56.

⑤ 李庆云等．豫东平原农区杨树－农作物复合生态系统的碳贮量［J］．应用生态学报，2010，21（03）：613–618.

营，以实现经济效益与生态效益的最优化。

3. 农林复合系统结构的研究

农林复合系统的结构主要有空间结构和时间结构，也有学者将其细分为“物种结构、空间结构、时间结构和食物链结构”。[①] 物种结构组成成分包括乔木（含经济林木）、灌木、草本、菌类、家畜等；空间结构是系统各物种之间搭配的层次和密度，层次是物种间的垂直距离，包括地上和地下两部分，密度是物种内的水平距离；时间结构有短期和长期的；食物链是生态系统内物质生产和物质转化的链环，食物链结构是通过增加生产环，把初级产品的有机质充分转化为经济价值更高的产品。[②] 也有其他的划分标准，如把空间结构又分为垂直结构和水平结构，垂直结构可分为单层、双层和多层结构，水平结构可分为带状间作、团状混交、均匀混交、景观布局式、水陆交互式、等高带混交和镶嵌式混交等；时间结构主要有轮作、替代间作、连续间作、短期间作、间断轮作、套种型和复合型搭配等。[③] 有学者对贵州喀斯特地区的农林复合系统进行了研究，指出其分类原则是要满足系统生态环境的需要，反映系统的结构和功能以及系统内部各组分间的生物学、生态学及社会经济学的关系，兼顾产业组合和景观布置格局。结构上有空间搭配型、水平镶嵌型、时间连续型。空间搭配型为垂直结构，分为双层结构、多层结构和以食物链相衔接的立体经营结构；水平镶嵌型可分为带状间作、埂坎防护、道路防护、块状混交、均匀散生等；时间连续型主要包括轮作、连续间作等。[④] 对于农林复合系统结构的不同划分标准，应根据需要在物种、空间、时间上做出相应的选择，以满足人们的不同需要。

结构上的划分需要遵循一定的原则，包括生态原则、经济性原则和

① 宋兆民，孟平 . 中国农林业的结构与模式［J］. 世界林业研究，1993（05）：77–82.

② 宋兆民，孟平 . 中国农林业的结构与模式［J］. 世界林业研究，1993（05）：77–82.

③ 于海滨 . 农林复合经营系统结构的研究［J］. 林业勘查设计，2014（01）：18–19.

④ 周家维，安和平 . 贵州喀斯特地区农林复合系统的分类［J］. 贵州林业科技，2002（02）：31–34+51.

社会性原则。生态原则包括物种选择原则、系统结构稳定性原则、结构优化原则、因地制宜原则、生态效益原则等；经济性原则包括经济效益原则、经济产出安全性原则等；社会性原则包括政策适应性原则、可行性原则等。[①] 在文化的规约下，要遵循不同的生物属性，在空间与时间维度上进行合理间作或者种植、养殖，完善农林复合系统。在结构优化问题上，有学者认为“农林复合生态系统中土地优化利用方案的规划应该考虑市场的价值变动，还应该考虑到在林木的生长前期投入与经济效益的问题”。[②] 这从市场经济的角度给笔者一个启示，即要从利益最优化的视角设计农林复合系统的结构，这也是人们做出理性选择所需要的。

总体而言，农林复合系统的结构可以根据物种、空间、时间来划分。物种结构视生态环境而定，选择适宜的物种进行间作或养殖。空间结构分为垂直结构与水平结构，垂直结构可理解为立体结构，根据层次差异进行复合种植，水平结构包括间作、套种、混交等。食物链结构是为了维持生态平衡而做出的有效选择。农林复合系统选择适宜的物种复合，包含了物种结构，选择适宜的物种与杉树进行混交或混种。在空间结构和时间结构上，根据动植物属性差异，包括林间种植、林下种植、林下养殖、林间养殖等结构。

4. 农林复合系统的民族学研究

把树木与农作物或畜牧结合起来利用土地的方式，在热带地区较为普遍，且与减贫问题相结合。如罗杰 · R.B. 利基（Roger R.B. Leakey）在《树木在热带生态农业和可持续农业中的作用》一文中认为，“为了解决粮食低产以及低收入的问题，可以种植固氮树木来恢复土壤肥力，种植有营养和有经济价值的本地树种以增加收入，同时也实现了对生态系统的维护功能：为野生生物提供了栖息地，增加生物多样性，减少病原体的数

① 刘洋等 . 农林复合系统结构设计探讨［J］. 林业经济，2010（10）：79–84.

② 辛学兵，陈建业，孟平 . 农林复合系统结构优化的研究［J］. 林业科学研究，1997（05）：33–40.

量，实现与野生动植物相协调的生产性和环境友好型农业体系”。[①] 亚历山德拉·C. 莫雷尔（Alexandra C. Morel）等的《非洲森林农业地区脱贫中的生态限制》一文在分析非洲加纳地区的减贫问题时提及“在以可可为主的森林农业景观下开发生态产品，进而识别出影响可可产量的生态因素和管理上的限制。生态因素方面，每年持续施肥，以增加农场内的生物多样性；管理上，放宽限制，从而分析不同受益主体在生态及管理两方面因素的影响下获益的多少”。[②] 这些研究探讨在热带地区树木作物对农业的贡献，以及在生态保护、减贫方面的作用，种植树木作物为农业生产提供了保障，提高了粮食产量，增加了收入，一定程度上减轻了贫困。这些研究肯定了树木作物是农业生产系统中的物种之一，只是各地环境有差异，为适应特定生态环境应选择不同的树种。在热带地区，可以种植可可树和咖啡树，而在亚热带低山丘陵地区，可以种植桄榔木或芭蕉树等，虽然复合系统中的物种不同，但是其性质是相同的，内在机理具有一致性。

H. 廷笙（H.Tynsong）和 B.K. 泰瓦瑞（B.K.Tiwari）在《印度东北部梅加拉亚山南部槟榔复合农林系统中植物品种多样性的研究》一文中，以印度东北部的梅加拉亚邦南部为研究区域，发现“农民在槟榔复合农林系统中种植多种有重要经济价值的植物，通过调查梅加拉亚山南部槟榔复合农林系统中的植物品种构成，共找到 160 种植物，其中包括 83 种树木、22 种灌木、41 种草本植物和 14 种攀缘植物。该系统可提供药材、木材、薪材等自用或售卖的植物”。[③] 这种复合系统，是人们在认知天然林生态系统的前提下，在文化的作用下而建构起来的。这样的生态系统也可以提供可食用产品，同时发挥生态保护功能，具有重要的经济价值与生

---

① Leakey, Roger R.B. The Role of Trees in Agroecology and Sustainable Agriculture in the Tropics［J］. Annu. Rev. Phytopathol. 2014（52）：113–133.

② Morel, Alexandra C. et al.The Ecological Limits of Poverty Alleviation in an African Forest–Agriculture Landscape［J］.Frontiers in Sustainable Food Systems, 2019（3）：1–14.

③ Tynsong, H., Tiwari, B. K. Diversity of Plant Species in Arecanut Agroforests of South Meghalaya, North–east India［J］. Journal of Forestry Research, 2010, 21（3）：281–286.

态价值。

B. T. 康（B. T. Kang）和 F. K. 阿金尼菲斯（F. K. Akinnifesi）在《复合农林业是一种替代性热带土地利用生产系统》一文中认为，“木本植物的存在可以促进养分循环，改善土壤生产力，提高土壤生物与动物的活动能力，但是也与相关粮食作物存在竞争关系……在可持续农林复合系统中，树木作物在粮食安全、社区收入、产品多样性和生态系统保护方面，有多重价值”。[①] 随着人口的不断增加，农业面临严峻的挑战，对此问题也有学者进行了研究并提出一些建议。马修·哈伦·威尔林（Matthew Heron Wilson）和萨拉·泰勒·洛弗尔（Sarah Taylor Lovell）在《复合农林业——可持续和抗逆农业的未来》一文中分析，到 2050 年要养活全球 90 亿人口，农业面临前所未有的挑战，同时要避免对生态环境的破坏，有机农业是应对这种挑战的选择。文章认为农林复合经营的做法有益于生态环境，可以增加社会效益，有助于保障粮食安全，是遏制环境退化的最佳土地利用策略之一。[②] 由此观之，树木作物不仅对农业的可持续发展起着重要作用，在土地可持续利用、遏制生态继续恶化等方面也起着至关重要的作用。更重要的是，树木作物可以作为粮食的替代品，在粮食生产安全方面也发挥着作用。尤其在山地民族地区，山多田少是客观现实，种植树木作物能够适应当地特定的生态环境。研究其应用价值对山地有限土地资源的有效、可持续利用具有借鉴性。

查尔斯·沃特金斯在《人与树：一部社会文化史》一书中阐述了人工林在提升土地价值、改善气候、提高农业产量等方面的作用。书中指出种植树木使贫瘠的土地变得适宜耕种，扩大了土地可利用范围。人工林的培育，可以兼顾国家和私人的利益，增加财富积累。种植树木除了固有的木材价值外，还可以改善周边气候条件、改良土壤成分，给家畜提供庇

① Kang, B. T., Akinnifesi, F. K. Agroforestry as Alternative Land - use Production Systems for the Tropics［J］. Natural Resources Forum, 2000（24）：137–151.

② Wilson, Matthew Heron, Lovell, Sarah Taylor. Agroforestry—The Next Step in Sustainable and Resilient Agriculture［J］. Sustainability, 2016, 8（6）, 574：1–15.

护、促进牧草及作物生长；给家族固有土地带来永久的固定价值，提升土地的资本价值，促进农业生产的发展。[①]从中可以看出，人与树的关系随着时代的变化而发生变化，在文化的视野下，可以从多层面去理解人与树之间的关联性。随着人口增多，土地紧缺，立足于未来人类的发展，将林业与农业有机结合是明智的选择。

国内关于农林复合系统的相关技术要素也有一定的研究成果。在以杉树为主的农林复合系统中，杨庭硕、杨曾辉在《清水江流域杉木育林技术探微》一文中对杉树的种植技术与病虫害防治技术做了分析。根据文献资料的记载结合田野调查，文章指出栽杉种粟的技术合理性，并对林粮间作中的病虫害防治技术做了详细阐述。清代中叶外来作物如玉米、红薯等与杉木匹配种植，其主要目的是利用不同物种之间的生物属性，来防治杉木的病虫害。这些外来物种被引入后，与它们伴生的微生物就会与危害杉木的微生物相去很远，以此达到防治杉木病虫害目的。[②]清水江流域的居民根据当地的生态环境而选择农作物匹配种植的生态智慧，是民族文化的体现，这给笔者的启示是，发展第一产业要考虑当地生态系统与相关生物属性之间的关联性。张强的《清代民国时期黔东南“林农间作”研究——以“清水江文书”为中心》一文，从历史学的视角，以清水江文书为中心，研究清水江流域“林农间作”的问题，主要集中于“法制史、社会史、经济史、林业史的研究，在此研究基础上，运用契约文献资料，研究清水江流域黔东南地区‘林农间作’相关的文化问题”。[③]该书以清水江文书为研究依据，对前人的研究成果做了分类，指出清代至民国时期黔东南“林农间作”的历史经验值得借鉴。

对农林复合系统中技术的科学性解读，一些知识是隐而不显的，在

---

① 〔英〕查尔斯·沃特金斯（Charles Watkins）. 人与树：一部社会文化史［M］. 王扬，译. 北京：中国友谊出版公司，2018：160–161.

② 杨庭硕，杨曾辉. 清水江流域杉木育林技术探微［J］. 原生态民族文化学刊，2013, 5（4）：2–10.

③ 张强. 清代民国时期黔东南“林农间作”研究——以“清水江文书”为中心［D］. 河北大学博士学位论文，2016.

特定的区域和生态环境才能够呈现出来，表现为地方性知识或者本土知识。本土知识的应用对申报农业文化遗产具有重要的参考价值。杨庭硕认为，对优秀农业文化遗产的认证要兼顾其生态维护和生态恢复价值。将本土知识和技术还原到特定的时空场域，落实到特定的生态系统中去加以考量，才能做好发掘、整理、甄别和推广应用的工作。发掘出的本土知识理应成为优秀农业文化遗产认证的参考依据。① 对复合系统中本土知识的研究、发掘和推广应用，要将理论研究与现实需要有机结合，深化本土知识的价值，解决现实需要问题，服务地方经济的发展。

罗康智也阐释了“林粮间作”耕作体系与民族文化的有机融合，以及“林粮间作”与生态环境的适应性，提出将理论研究与农业文化遗产申报有机结合的思想。他认为“林粮间作”可以改善杉树幼苗成长的小气候，改善杉树幼苗成长的土壤环境，弥补杉树苗生长期的生态位空缺等。这样的体系兼具经济价值与生态维护价值，更是民族传统文化的有机构成部分。② 这些研究加深了对“林粮间作”复合系统技术要素的理解，为申报中国重要农业文化遗产提供了理论支撑。可喜的是，正是基于这样的视角，贵州锦屏县于 2019 年成功申报“贵州锦屏杉木传统种植与管理系统”中国重要农业文化遗产，笔者参与了该农业文化遗产项目申报文本的写作。农业文化遗产的成功申报，不仅有利于将这种技术体系、民族文化传承下去，而且给区域经济的发展提供了一个良好的发展平台。尤其在亚热带低山丘陵地区，根据特定的生态环境，这种农林复合系统是最适宜的选择。这项优秀的农业文化遗产活态传承至今，已有 400 多年的历史，历史上积累的优秀技术体系与民族文化，不仅属于今天，还属于未来。以后要做的，就是将这种优秀的文化遗产继续发扬光大。

在中国华南地区，棕榈科植物桄榔作为一种食物的来源，曾经在华

① 杨庭硕 . 本土知识的发掘在农业文化遗产认证中的参考价值［J］. 中国农业大学学报（社会科学版），2016, 33（3）：50–55.

② 罗康智 . 对清水江流域“林粮间作”文化生态的解读［J］. 贵州社会科学，2019（2）：104–109.

南地区人们的经济、文化生活中扮演重要角色。[①]耿中耀在《文化的演替与作物的盛衰——桄榔类物种式微的文化生态史研究》一文中，以时间为线索，从大尺度的时空维度梳理了桄榔类作物由盛转衰的过程。该文指出，这个过程与中国南方和东南亚地区的农业的起源、国家的发展、航海贸易的兴起等文化演替直接关联。[②]桄榔木是可食用的树木作物，突破了人们认识的藩篱，印证了《树木作物：永远的农业》一书中的观点。在对西南地区葛类植物的研究上，有学者认为，自明以来葛产业经历了由盛转衰的过程，葛这种有价值的农作物产业遭逢了不公正的历史境遇。因而，要吸取经验与教训，推动植葛产业适度复兴。[③]在民族学与产业发展问题上，杨庭硕在《中国养蜂业的生态人类学预警》一文中，利用具体个案阐述了生态民族学与产业的关系问题。该文认为，养蜂业是现代产业结构中不可或缺的一环，与相关民族文化的进化和社会的变迁相关。养蜂业对所处自然与生态系统具有很强的依赖性，产品又直接关系到人们的身体健康，因而评估养蜂业需要兼顾生态安全和人们的体质特征以及行业伦理等众多社会因素。[④]在养蜂产业与生态扶贫上，有研究认为，应将养蜂视为生计中的一种风俗或习惯，从养蜂实践入手，挖掘和利用本土知识。养蜂作业有一套传统的制度性保障措施。[⑤]这样的研究给我们提供了借鉴，养蜂就是农林复合系统中的一环，也是产业的构成部分。鲁明新在《当代武陵山区油茶产业衰落的社会成因探析》一文中，从生态民族学的视角探讨油茶产业兴衰的社会成因。他认为，油茶产业是多业态复合经营的产业，连片经营、封闭管理、持续投入、综合利用是其四大属性，其也是高效产

① 葛威．桄榔在华南民族中的利用考略［J］．农业考古，2015（6）：253–259.

② 耿中耀．文化的演替与作物的盛衰——桄榔类物种式微的文化生态史研究［D］．吉首大学博士学位论文，2019.

③ 马国君，吴合显，代少强．论贵州植葛产业兴衰的历史经验与教训——兼及《相际经营原理》民族文化整体观的价值［J］．原生态民族文化学刊，2016, 8（1）：9–18.

④ 杨庭硕．中国养蜂业的生态人类学预警［J］．贵州大学学报（社会科学版），2012, 30（2）：1–8.

⑤ 杨成，孙秋．苗族传统生态知识保护与产业扶贫——以宗地乡中蜂传统饲养的田野调查为依据［J］．广西民族研究，2014（03）：147–152.

业之一。[①]这就是农林复合系统所要研究的问题。不同的是，这里的标志性作物是油茶，而本书的标志性作物是用材树。由此拓宽了视野，为本书进一步研究提供了分析依据。在区域分布上，农林复合系统主要分布在热带和亚热带地区，本书的研究区域是亚热带低山丘陵地区，从以往的研究中可以得到借鉴。

5. 农业内涵的认知与外延扩展

通过梳理可知，农林复合系统的类型有杉－农复合、桐－农复合、枣－农复合、杨－农复合等，这样的称谓都是把林放在前面，农放在后面，其实质是把林业归入农业中，作为农业生产的一部分，这是值得肯定的。世界环境与发展委员会在《我们共同的未来》一书中，阐述了林业和农业的关系："林业也能发展到农业中。农民可以利用农业林系统生产粮食和燃料。在这个系统中，同一块地上可种植一种或几种树木作物，一种或几种粮食作物，或放养牲畜，不过一般在不同的时期。选择搭配合适的作物互相促进，比分开种植能生产更多的粮食和燃料。这种技术特别适合小农户和土地贫瘠的地区。"[②]这一论述说明林业能渗透到农业中，林业生产能为农业生产提供重要保障，林业发展与农业发展关系密切。

20 世纪 80 年代，根据中国国情与农业生产特点，有学者提出把林业归入大农业的思想，强调林业在大农业战略中的重要地位，指出林业是农业生产的保卫者，是部分食物、农村能源、木材的供应者。[③]根据林业在大农业中的作用，该学者提出农业建设必须实行大农业发展的战略思想，即农林牧副渔业全面协调发展。[④]这一思想确立了林业在大农业中的重要地位。对于"大农业"这一提法，有学者认为其容易引起理解上的片面

---

① 鲁明新．当代武陵山区油茶产业衰落的社会成因探析［D］．吉首大学硕士学位论文，2018.

② 世界环境与发展委员会．我们共同的未来［M］．王之佳，柯金良，译．长春：吉林人民出版社，1997：173.

③ 石山．林业在大农业中的地位、作用及大林业的战略思想［J］．林业经济，1983（04）：5-11.

④ 石山．大农业思想与大林业思路［J］．林业科技通讯，1994（02）：3-4.

性，会被理解为农业规模的大小，建议用“广义农业”这一术语，[①]广义农业是一个范围概念，把林业、牧业、渔业等都归入农业范畴，扩展了农业的外延。也有研究同意这种说法，认为大农业和小农业范畴不足以取代广义农业和狭义农业范畴。发展农业生产，不能把视野局限在耕地上，而应充分重视和挖掘耕地、山林、草原、水面的一切生产潜力，生产出尽可能多的农林牧副渔业产品。[②]基于这样的理解与研究，无论是“大农业”还是“广义农业”，其都把农林牧副渔业归入农业范畴。但为了避免理解上的歧义，本书用“广义农业”一词，其内涵包括了林业、农业、养殖业甚至狩猎采集业，不同类型的林业生产或者其他形式的生产，都是农业生产的重要组成部分和有益补充。

一些农林牧复合系统，既包括林业，也包括农业、畜牧业，被评为全球重要农业文化遗产或者中国重要农业文化遗产。例如，农林复合系统的典型“甘肃迭部扎尕那农林牧复合系统”被认定为全球重要农业文化遗产，“贵州锦屏杉木传统种植与管理系统”被评为中国重要农业文化遗产，这些都是被学界所认可的重要农业文化遗产，都被归入农业范畴。农林复合系统中农－林、农－林－牧是一个整体，种植农作物是为了“以短养长”，保证林木的生长，但是这些都被归入广义农业中，也被认为是农业生产的一部分，正如《树木作物：永远的农业》一书肯定了林业生产中树木作物的农业价值。

基于以上分析，在农林复合系统中，如果把林和农分开，或者仅仅局限在林和农上是不够的，还有部分狩猎采集、林下种植、林下养殖，这些都是农业生产的一部分，这个系统是多业态共存的复合系统。对此，需要进一步深化对农林复合系统内涵的理解。因为系统是一个整体，系统内的所有物种都应纳入研究视域，不仅包括动植物，还包括各种微生物等。不同类型的农林复合系统，根据各地生态特征及文化差异，所植入的文化

① 朱剑农．“大农业”的提法值得商榷［J］．农业经济问题，1982（02）：62.

② 秦其明，魏道南，王贵宸．“大农业”、“大粮食”辨［J］．农业经济问题，1982（04）：61-63.

要素也有区别，但“两者的差异主要是文化、生态的差异，而非‘先进’与‘落后’的差异”。[①] 基于这样的认识和理解，考虑到此前研究中的片面性和局限性，本书对农林复合系统做出系统化和深入的分析。

（三）对锹人及其文化的研究

关于锹人及其文化的研究，截至2023年6月，通过知网查找及搜索相关内部资料，有相关文章30余篇、专著2部。研究的主题涵盖锹人族群的建构及称谓、婚姻习俗、民族风俗、语言特征等方面，以下仅选取有代表性的文章或专著加以分析。

1. 锹人族群的形成

关于锹人族群的形成，余达忠及陆湘之对此问题都有所探讨。余达忠认为，三锹人形成于明末清初，是一个来源多元化的族群，有来自江西吉安的汉族人，来自清水江中下游两岸山区操北部侗语的侗族人，还有来自湘黔边区四十八寨的苗族人。在清水江山地开发的大背景下，这些人为参与资源竞争，通过某种方式重新组合而结成新的群体，即三锹族群。[②] 陆湘之认为，明代中期锹人族群已基本形成。世居族群与外来人群逐渐融合，为适应复杂社会背景下的资源竞争，逐渐形成一个以“锹族”为名称的族群。[③] 以上研究的共同之处在于：第一，认可锹人族群是个多元化的族群；第二，锹人是以资源竞争为背景而逐渐形成的族群。既然是多元化的族群，就会融合不同民族的文化，从而其文化的表现形式也具有多元性，这为研究锹人文化的融合与变迁提供了思路。就以资源竞争为背景而形成族群而言，针对锹里地区特定的生态环境，这样的资源主要为林业资

① 尹绍亭．人与森林——生态人类学视野中的刀耕火种［M］．昆明：云南教育出版社，2000：347.

② 余达忠．近代湘黔桂边区的族群互动和“三锹人”的形成［J］．贵州师范学院学报，2017, 33（1）：2–9.

③ 陆湘之．试析“锹人”族群的形成和分化．山客文集［C］．第34页．（内部资料）陆湘之自称山客，故取名《山客文集》，该文集收录文章共42篇，其中论文19篇、小说2篇、散文11篇、故事7篇、诗词3篇，以研究锹人文化居多，均为陆湘之原创，但未公开出版。2020年，此文集由藕团乡政府出资3000元印制20本，目前存放于藕团乡政府及飞山文化研究会。2020年8月到陆湘之老师家拜访，送笔者一本。

源，正如邓刚的研究透过村落与区域社会的历史脉络探讨三锹人的迁徙与清水江流域以杉木种植为主的山地开发之间的关系，①呈现三锹人这一移民群体参与山地开发的过程，以及在不同历史脉络之下族群边界的变迁与认同的建构。②

锹人族群形成后，随着人口的不断增多，资源竞争面临的压力增大，锹人开始不断外迁，并分化成新的族群——草苗、本地人。③也有学者根据迁徙的路线研究锹人的分化："往南迁到广西、黎平三省坡地带与侗族村寨杂居的人群，自称为'草苗'，'草'为'锹'的谐音。往西南方向迁徙至贵州东部黎平、锦屏交界一带的清水江上游，被称为三锹人。还有往北迁徙至湖北、重庆、四川一带。"④于是关于锹人族群的称谓有三锹人、草苗、本地人。有学者认为草苗就是锹苗："现居住于三省坡的草苗是明末清初从湖南靖州迁出去的。"⑤也有学者从体质人类学视角进行了研究："草苗是苗族的一个特殊支系，具有汉族、苗族和侗族的风俗。"⑥以上研究表明，草苗是锹人族群的一个支系，其文化具有共性，这也说明锹人族群是一个流动的群体。因而，在研究其文化时，一定要认识到这种复杂性。

2. 锹人文化的研究

关于锹人文化，石林从语言特征方面指出草苗语言类似于侗语，唱汉歌，是"说侗话唱汉歌的苗族"，⑦会讲三种语言。这一特殊的苗族支系，其语言特征与锹里地区的"酸汤话"类似。关于"酸汤话"，有学

---

① 邓刚．"三锹人"与清水江中下游的山地开发——以黔东南锦屏县岑梧村为中心的考察［J］．原生态民族文化学刊，2010, 2（01）：44-48.

② 邓刚．从"锹里"到"锹家"：清水江下游三锹人的移民历史与认同建构［M］．北京：社会科学文献出版社，2019.

③ 余达忠．近代湘黔桂边区的族群互动和"三锹人"的形成［J］．贵州师范学院学报，2017, 33（1）：2-9.

④ 陆湘之．试析"锹人"族群的形成和分化．山客文集［C］．第35页．（内部资料）

⑤ 石林，罗康隆．草苗的通婚圈和阶层婚［J］．广西民族大学学报（哲学社会科学版），2006（06）：43-47.

⑥ 李辉等．遗传和体质分析草苗的起源［J］．复旦学报（自然科学版），2003（04）：621-629.

⑦ 石林．湘黔桂边区的三个族群方言岛：草苗－那溪人－本地人语言文化调查研究［M］．北京：中国社会科学出版社，2015：3.

者从语言学的角度，探讨了“酸汤话”的语音、分布区域、词汇、语法等。[①] 研究表明，草苗的语言特点与锹里地区的语言特点具有相似性，这为研究民族间的交往交流交融提供了依据。这也说明草苗与其他民族在交往互动过程中，没有削弱草苗的自我认同，而是在一定程度上强化了族群意识，出现文化上的趋同。[②] 这种文化上的趋同通过诸多文化要素体现出来，草苗有吃油茶的习俗，房屋多为木质结构，有“三朝酒歌”“贺新屋歌”等，也有“不落夫家”的婚姻习俗。[③] 这些文化特征与锹人的文化特征相似，从一个侧面说明草苗及锹人是同一个族群，为本书研究文化的同质性提供了参考。

吴三麟的研究提到了靖州侗族的舅霸姑婚、新娘担水、芦笙节、食糯食酸等文化习俗。[④] 这些文化习俗在锹里地区至今仍有留存，为本书研究民族文化的传承提供了参照。吴三麟对靖州侗族的“款”组织也有专门研究，[⑤] 笔者曾去过款场乡，相关的碑文款约内容笔者也有部分摘录，这样的研究为进一步探讨锹人的文化提供了可靠的材料依据。胡彬彬通过具体的碑文材料，研究“舅霸姑婚这一婚姻制度的嬗变进程”，[⑥] 但对舅霸姑婚这一婚姻制度形成的原因没有过多探讨。余达忠扩展了婚姻制度的研究范畴，指出锹人传统婚姻圈解体的原因是社会的开放性和市场化，[⑦] 继而从社会人类学的角度分析，在开放化的社会背景下，锹人的婚姻生态失衡。[⑧] 对锹人婚姻制度嬗变进程的研究，以及对传统婚姻圈解体原因的探讨，给本书研

---

① 杨欣 . 锹里地区“酸汤话”语音研究［D］. 中南大学硕士学位论文，2012. 刘宗艳 . 酸汤话研究［D］. 湖南师范大学博士学位论文，2014.

② 冯运文 . 历史记忆与族群互动——以三省坡草苗为中心的考察［D］. 湖南师范大学硕士学位论文，2018.

③ 朱慧珍 . 草苗历史与风俗考析［J］. 广西民族学院学报（哲学社会科学版），1998（01）：3-5.

④ 吴三麟，吴世雄 . 靖州侗族风俗谈片［J］. 怀化师专学报，1993, 12（3）：30-32.

⑤ 吴三麟 . 古代靖州侗“款”组织［J］. 贵州民族研究，1993（1）：93-95.

⑥ 胡彬彬 . 靖州“群村永赖”碑考［J］. 民族研究，2009（6）：80-87.

⑦ 余达忠 . 近拒远交与远近无交：边缘族群三撬人婚姻圈的解体与困境［J］. 贵州民族大学学报（哲学社会科学版），2015（03）：36-43.

⑧ 余达忠 . 边缘族群三撬人婚姻生态的社会人类学分析［J］. 吉首大学学报（社会科学版），2015, 36（06）：101-108.

究提供了问题导向：引起婚姻制度嬗变的载体或原因是什么？婚姻圈解体的社会环境又是怎么形成的？

在三锹族群认同的建构与消解方面，余达忠认为“族群是自然形成的文化共同体，与社会环境密切关联”，[①] 族际居住隔离是特定“区域间资源竞争中结成的合作、区分、对抗的一种物质化的隐喻形式，也是其族群生存必然采取的一种文化保护和文化表达形式”。[②] 其研究揭示出族群的认同、建构或消解是特定民族文化的一种保护和再现，这为研究锹里地区的文化变迁提供了新的视角。但仅从文化表现形式研究锹人族群的认同或消解是不够的，还需要结合特定自然生境与社会生境，探讨在文化生态共同体范围内，锹人如何围绕特定生态环境下的资源配置而建构族群认同，在社会生境的影响下，锹人的文化发生了怎样的变迁。

## 三　研究步骤与方法

鉴于本书研究需要从历史、空间维度分析，因此本书田野点的选择不是一个固定的寨子，而是一个区域。本书通过梳理田野点的地理空间，结合当时的历史背景分析，探讨三锹地区农林复合系统的演变过程，以农林复合系统为载体探讨民族文化的调适。依据生态民族学基本理论，在农林复合系统这一文化生态耦合体内探讨文化与物的关系。

第一步，以田野调查方法获取研究资料，主要包括 7 个维度的资料，具体是人、文、地、产、景、史、神。人的维度即调查三锹人的分布范围；文的维度即三锹人的文化要素，包括服饰、饮食、歌舞等；地的维度即三锹区域的地理特征、生态特征等；产的维度即三锹人的产业特点、生计方式等；景的维度即实地察看三锹地区的森林特征、村寨布局、房屋构造等景观特征；史与神的维度即搜集相关碑刻及契约资料，对当地人进行

---

① 余达忠，陆燕 . 族群认同的建构与消解：一座三撬人村落的当代裂变［J］. 西南民族大学学报（人文社会科学版），2015, 36（01）：38–43.

② 余达忠 . 族际居住隔离：边缘族群三撬人的迁徙落寨与族群认同的建构［J］. 北京林业大学学报（社会科学版），2015, 14（04）：65–72.

访谈，了解碑的背景及内容，调查三锹人的民间信仰等。搜集到的田野资料，为深入研究提供了翔实的材料支撑。

第二步，在所获资料的基础上展开研究，主要包括五个方面的内容。其一，根据查找的文献资料结合田野调查材料，分析农林复合系统的结构。在三锹人文化支配下，历史上三锹人如何认识并利用动植物资源，从而筛选出特定物种即杉树，并以杉树为目的树种建立起农林复合系统。其二，随着社会生境的变迁，为了满足人们日常生活的需求以及社会的需要，探索物种与文化间的关系，探讨文化的调适，完善农林复合系统。其三，在文化的作用下如何保证杉树的快速生长，适应特定的生态环境而选择适宜的物种进行合理间种，文化如何规避杉木传统种植与管理系统中的脆弱环节，以及如何遵循不同植物的生物属性匹配种植，由此衍生出特定的技术体系。其四，根据搜集到的田野资料，对丰富的碑文材料进行解读，结合林业契约材料进行分析，阐述各种文化事实如制度保障、婚姻关系、语言特点、民间信仰等对农林复合系统的确立与发展的价值。其五，探讨该系统的生态价值、经济价值与文化价值，从历史中寻找经验，为以后的发展提供方向和思路。

第三步，通过不同侧面分析文化的调适过程，探讨物的文化“化”过程，形成研究结论。外在环境发生变化时，会诱发生态系统的改性，影响农林复合系统的正常运转，对人们的生活及文化造成影响，并促使人们寻求化解的对策，从而以文化的调适与适应推动生态系统的稳态延续，达成文化与生态的耦合。

笔者多次独自驱车前往三锹，从开始进入田野时的迷茫、胆怯，到后来轻车熟路地行驶在山间小路，穿梭在不同的村寨之间，与乡民同吃同住，在乡民的介绍与带领下，深入三锹地区的不同寨子。在田野调查期间，笔者不仅欣赏了三锹地区的风景，感受了三锹地区的风土人情，品尝了三锹地区的美食，而且同乡民建立了良好的关系，收获了友谊，也获得了知识。

通过田野调查，笔者走访村寨20余个，观察三锹地区景观布局、村落结构、人们的衣食住行以及生计方式，并通过访谈，深入了解现象背后的文化原因。共搜集碑刻150多通、族谱3部、地方志6套、契约文书220多份，以及大量口述资料等。笔者多次在村寨走访观察，了解当地资源种类及民族文化对资源利用的现状，认知农林复合系统的价值。根据搜集到的碑刻材料，在当地走访，对知情人进行访谈，了解碑的背景，厘清碑的来龙去脉。根据调查材料结合现实需要，分析农林复合系统的未来发展趋势，构建农林复合系统的社会保障机制等。

# 第一章　三锹概况

位于湘西南与黔东南州交界处苗、侗、汉等民族居住的区域，历史上称为锹里地区，亦称三锹[①]。此区域并没有一个寨子以“三锹”命名，只有以“三锹”命名的一个乡镇——三锹乡。三锹既是一个地理范围的概念，也是一个关于族群的称呼，以苗族和侗族为主。三锹的形成是一个复杂的历史过程，三锹涵盖地域广，民族成分多元。因此，有必要分析三锹形成的历史过程，梳理三锹涵盖的地域范围，并阐述三锹地区的生态、经济、文化特色，使读者对三锹有一个初步的了解。

## 第一节　三锹的来历

“三锹”这个称谓由来已久。在南宋时期的《评皇券牒》或《过山榜》等民间文献中，“三锹”一词频繁出现。杨庭硕认为：“‘三锹’的得名据说是由于平旷农田边缘山区，沿三锹以上之地尽归三锹自由利用，对中央王朝不承担赋税徭役。封建王朝对他们的政策又与当时已定居的侗族很不一样，这种强烈的文化反差，只可能在定居的百越民族与苗瑶民族之间发生。”[②]因此，其怀疑三锹可能是苗族的他称。这一研究表明，锹苗是苗族的一个支系。

① 在查找的文献资料中，三锹也写作三鍫或三橇，本书统一用三锹。

② 杨庭硕．人群代码的历时过程——以苗族族名为例［M］．贵阳：贵州人民出版社，1998：82-83.

宋代以前，靖州为化外之地，此区域属生苗区，至宋时纳入版图。宋代文献《老学庵笔记》记载："靖州蛮有犵狑、有犵獠、有犵榄、有犵獉、有山猺，俗亦土著……"[①]这里的仡狑，乃侗族自称之谓也，[②]犵獠、犵榄、犵獉与侗族自称"干"读音相近，当时为苗、侗、瑶等民族杂居。元明之际，由于战乱，在复杂的社会背景下，部分汉人和其他民族的居民通过通婚、生产活动等不同形式到此与当地人混居，于是形成了大杂居、小聚居的局面。在不同民族间交往交融下，逐渐形成一个新的族群——锹人族群。锹人族群形成后，族际交流频繁，人口增多，资源匮乏，以资源竞争为背景，锹人不断外迁与分化，以致后来有三锹、草苗、内三锹、外三锹之说。根据地势高低，内三锹还分为上锹、中锹、下锹。

关于三锹的写法有不同的版本，目前所见文献中也可写作"三鍫"或"三撬"。"鍫"为"锹"的异体字，在字典中可解释为一种掘土工具，但是作为一个族群的称呼，在当地民间有三种不同的说法。

第一种说法，从前有三个人，一个是劁猪佬吴刚，一个是卖柴汉潘富元，一个是卖油郎龙彪。龙彪卖油途中遇到强盗，误闯到吴刚和潘富元家里。三人义结金兰，结为异姓兄弟，吴刚还把自己的劁猪手艺教给二位兄弟，从此三人以劁猪为业。一天，他们在给一个财主劁猪时把猪劁死了，财主要他们赔钱，因无钱赔偿，三人在深夜时偷逃至一个边远山寨里，安家立业，繁衍子孙。当地人知道他们的来历后，就称他们为"三个劁猪佬"。"劁猪"也即"撬猪"，于是他们的后代也被称作"三撬"，其后辈觉得"三撬"不雅，遂改为"三鍫"。[③]

第二种说法，生活在此区域的男性善于缲蓑衣，这些手艺人整天走

---

① （宋）陆游．老学庵笔记［M］．李剑雄，刘德权，点校．北京：中华书局，1979：44.

② 张民，向零，吴永清．关于辰、沅、靖州仡伶杨和仡伶吴二姓族属问题的浅见［J］．贵州民族研究，1985（01）：19–21.

③ 此种说法是笔者在调研中听乡民提起，在锦屏县平略镇岑梧村关于三锹人来历的碑文中也有说明。碑文是笔者于 2019 年 8 月 15 日拍摄并整理。碑文内容见附录。

乡串寨，以缫蓑衣为生，被外寨人称为“缫佬”。[①]这是民间的说法，这种说法在上锹 9 寨和中锹部分寨子有流传。因锹里地区多棕树，棕匠多为锹人，他们到附近熟苗寨做手艺，客寨多称他们为“缫佬”或“锹佬”。这种称呼基本上不带贬义，因为此区域有“宝古佬”“酸汤佬”“炭古佬”“排古佬”等叫法，都涉及某一族群的语言、职业等。

第三种说法，光绪年间康头寨的恩科进士蒋善贵著《松竹斋杂论》所遗残页有寥寥数语记载：“余询彩鹤，锹当何解？答曰：宋败元鼎明继，鹅丘等地兵勇徙民携妻幼匿居我地，尔等本中原之人，善使锹，土人谓之锹也……吾里先祖聚牛筋岭……今之齐款乃以锹地称，一款一锹，类其域也。”[②]由此记载可推知，三锹乃是由三个款区所构成的一个群体，该群体所在地被称为“三锹”。

从三个不同的版本可以看出，这些都是关于族群的历史记忆，而且三锹人是个流动的群体。第一种、第二种说法或许只是传说，但是从内容可以看出锹人族群融合的隐喻。特别是第一种说法，某种程度上可以得到印证，吴、潘、龙三姓在锹人族群中占比较大。第三种说法提到的彩鹤为江边寨生员，也是上锹的款首，地方志中提到：“江边寨地强抱洞寨团绅龙彩鹤户一百六十六，男女口八百六十四。”[③]另提到的鹅丘这一地名，在黄柏寨现存的碑文中也有体现：“我祖籍吉安府皆为鹅丘，奔靖州后入洞夷，永乐昆仲破盘之散，一盘上黄潘老，二过芙蓉金殿，一转江东靖州……”[④]立碑时间为乾隆五十三年（1788 年）。牛筋岭则是上锹的款场，至今仍有合款碑立在那里。根据史料及碑文记载，可以推测第三种说法在很大程度上是可信的，也反映了三锹是不同群体的融合。

不同群体的交往交流交融，形成了文化多元的三锹族群，也使三锹在

---

① 陆湘之 . 试析“锹人”族群的形成和分化 . 山客文集［C］. 第 32 页 .（内部资料）

② 陆湘之 . 试析“锹人”族群的形成和分化 . 山客文集［C］. 第 32 页 .（内部资料）

③ 金蓉镜 . 靖州乡土志［M］. 光绪三十四年刊本 . 卷二志人类 . 第 1 页 .

④ 笔者于 2020 年 5 月 2 日到黄柏寨实地察看此碑，但碑文很不清晰。2023 年 5 月 3 日，笔者已将此碑文做成拓片。

地理空间上的分布呈现大杂居、小聚居，离而不散、散而不离的特征。

## 第二节　三锹的地理空间

“三锹”古时称为锹里地区，自清代起，随着历史的发展、人口的流动与迁徙、文化的不断融合与发展，三锹地域范围有所变化，甚至到后来演变为一个族群概念。锹里有广义和狭义之分，广义上指湖南、贵州交界处的湘黔48寨，也称内三锹和外三锹，各24寨；狭义上指湖南靖州境内的内三锹，习惯上又分为上锹、中锹、下锹。从寨子分布的地理范围来看，各个寨子分散在不同区域，但分布又相对集中。锹里地区所谓的“锹寨”[①]随着历史的发展，因区域划分不断调整，其地理分布范围、寨子名称归属也发生了变化。在此，有必要对三锹古今所涵盖的地理分布做一个分析说明，以期厘清现在的地理区域，有利于更好地探讨民族文化的发展。

### 一　“内三锹”的地理区域

康熙二十三年（1684年）的《康熙靖州志》卷二“则壤”条目载：“民里十六，苗里三，归并屯里一。苗里为中洞乡、六团乡、寨市乡。”[②]又载：“新抚州三锹苗民吴乔元等丈报田壹拾玖顷肆亩玖分叁厘。”[③]这里的“新抚州三锹”指出了苗民所生活的区域，具体哪个区域没有详细说明，但从字面上可以看出，“新抚州”应该是康熙年间才招抚的区域，由此可以推断三锹地区在清康熙年间纳入版籍而“编户齐民”，以将新抚州的三锹苗和早已纳入版籍的三个里的旧苗加以区分。乾隆二十六年（1761年）的《直隶靖州志》“凡例”中有关于三锹苗的记载：“靖旧有三里苗，而

① 锹寨是三锹人自己的称谓。三锹人自认为他们是锹族，但是没有被识别，他们称自己生活的寨子为锹寨。

② 靖州苗族侗族自治县史志办公室整理.（清）康熙靖州志［M］影印版，卷二，2016：105-106.

③ 靖州苗族侗族自治县史志办公室整理.（清）康熙靖州志［M］影印版，卷二，2016：106.

锹由之二十四寨又在其外。”[①]卷一“封域·乡村”中对三锹苗的范围有详细的记载：“附大油乡二里辖一十五寨，附寨市乡一里辖九寨，以上苗寨附三锹里考试别为新童,共二十四村。”[②]“惟旧苗三里之外有杂居由一里、由二里之苗十五寨，又寨市里中另编有三锹之苗九寨，此皆仍苗故俗，不与三里旧苗同，亦未另分里数，故从附各屯里后置，而今列于苗前又以示汉夷之别，其村落各开于后。”[③]据以上三条史料分析，这里的“三里苗”是指康熙年间的“苗里三”，即中洞里、六团里、寨市里，分别归属中洞乡、六团乡、寨市乡，共 61 个苗寨，其中中洞里 15 个、六团里 19 个、寨市里 27 个（光绪年间增加到 32 个）。[④]大油乡辖由一里、由二里。“锹由之二十四寨”则指附在“由一里、由二里、寨市里”的 24 个苗寨，其中 15 寨附在由一里、由二里中；9 寨附在寨市里中，统称为三锹。具体村寨也有详细记载：“附由一里苗九寨：地笋寨、地背寨、弄冲寨、菜地湾、岩嘴头、万才寨、地庙寨、黄柏寨、水冲寨；附由二里苗六寨：小河寨、皂隶寨、孔洞峒、排峒寨、官田寨、铜锣塅；附寨市里九寨统名曰三锹：滥泥冲、塘保寨、高营寨、大溪寨、银万寨、塘龙寨、楠木寨、三江溪、高坡寨。”[⑤]这 24 个苗寨不同于旧苗，也未另分里

---

① 靖州苗族侗族自治县史志研究室整理 .（清）乾隆直隶靖州志［M］. 影印版，第一册凡例廿一·清理苗疆，2019：123.

② 靖州苗族侗族自治县史志研究室整理 .（清）乾隆直隶靖州志［M］. 影印版，第一册卷一封域·乡村，2019：347.

③ 靖州苗族侗族自治县史志研究室整理 .（清）乾隆直隶靖州志［M］. 影印版，第一册卷一封域·乡村，2019：347-348.

④（清）乾隆《直隶靖州志》卷一“封域·乡村”第 354-355 页记载，寨市里有村寨 27 个：小桂村、大桂村、坝阳坪、虫孔、寡团、地蒙、地又团、林源、凉伞、隆段、中团、麦地湾、新寨、黄梁团、杨家团、方团、马团、陇团、板团、坝上、三严桥、托团、张家湾、沙坪、瓦窑、藕团、南团；中洞里有村寨 15 个：谢孟团、可团、天香团、大哨、老寨、覃家团、姚铺马、报崗、官团、陆家坡、江边寨、小哨、三江、桃家团、地强；六团里有村寨 19 个：黄家坳、谢家寨、杨家团、黄甫团、团头、南门里、燕团、里林、地焦、闷团、桐木团、黄土团、地角、荣崗、杨灼寨、黎溪寨、文溪、岑板、青桂。光绪年间《靖州直隶州志》卷二“建置”记载，寨市里包括 32 个寨子，增加了地宋、松树团、显团、寨巴、旭阳团 5 个寨子。

⑤ 靖州苗族侗族自治县史志研究室整理 .（清）乾隆直隶靖州志［M］. 影印版，第一册卷一封域·乡村，2019：355.

数，此时的三锹仅指附属在寨市里中的三锹苗 9 寨。图 1–1 反映了三锹和寨市里的关系。

图 1–1　三锹与寨市里位置关系（来自乾隆《直隶靖州志》卷一“封域 · 方舆”）

从图 1–1 可以看出，三锹在寨市里旁单列，虽然三锹附属于寨市里，但是依然自成一体，没有被完全整合到里甲系统当中。上文史料中提到“以上苗寨附三锹里考试别为新童”，关于“新童”的理解，乾隆《直隶靖州志》有这样的记载："今列于苗猺之考者皆曰新童，入学者皆曰新生。"[①]"新童"特指参加入试的三锹苗，而非旧苗。乾隆年间，"凡苗夷子弟有知文字者许其考试，定每州县之有苗籍应试者，约以三名为率。恐其无所师承而又不便与汉民同学，故令官另为置学……朝廷为苗彝峒乡所立之学以及牧令为苗彝捐立之学，必别其目曰苗学，以见为苗而立又以别于社学也，其目之下俱称为某处义学，而又不曰苗学，所以为苗地也……"[②]这里的苗学指旧苗学堂，社学指汉人学堂，义学指三锹苗学堂。由此，说明国家对苗民实施优抚措施。

"三锹里"在乾隆《直隶靖州志》中有明确记载，并设有寨长管理地方事务。卷六"武备·寨长"载："国朝命于苗徭聚处之地，分立徭总给以札，附其在一峒者谓之峒长，在一寨者谓之寨长，在一里者谓之里正，其义一也。今一州三县惟会同无苗，州与通道、绥宁皆有之，悉著于后。"[③]"由一里正寨长吴金明管辖四寨：地笋寨、地背寨、弄冲寨、水冲寨；副寨长潘全卿管辖五寨：菜地湾、岩嘴头、万才寨、黄柏寨、地庙寨。由二里正寨长陆元伯管辖三寨：铜锣塅、排峒寨、官田寨；副寨长潘伯泰管辖三寨：皂隶寨、孔峒寨、小河寨。三锹里正寨长吴应祥管辖六寨：滥泥冲、塘保寨、高营寨、大溪寨、银万溪、塘龙寨；副寨长张正爵管辖三寨：楠木寨、三江寨、高坡寨。"[④]附在由一里、由二里、寨市里的24个苗寨，除了正副寨长之外，各寨均有小寨长，共24名，由寨长管理地方事务。当时的款首大多由寨长担任，从这里可以看出，当时实行的实际上就是小款的款区管理制度。

此时的三锹里仅指寨市里的三锹苗，虽然没有被完全整合，但是从

① 靖州苗族侗族自治县史志研究室整理.（清）乾隆直隶靖州志［M］.影印版，第一册卷二营建·学校，2019：574.

② 靖州苗族侗族自治县史志研究室整理.（清）乾隆直隶靖州志［M］.影印版，第一册卷二营建·学校，2019：573–574.

③ 靖州苗族侗族自治县史志研究室整理.（清）乾隆直隶靖州志［M］.影印版，第二册卷六武备·寨长，2019：427–428.

④ 靖州苗族侗族自治县史志研究室整理.（清）乾隆直隶靖州志［M］.影印版，第二册卷六武备·寨长，2019：428–431.

某种意义上讲，三锹成为一个村寨联盟，或者说是一个款约组织，其范围逐渐扩展。

道光末年，三锹覆盖的范围进一步扩展。道光二十一年（1841 年）《群村永赖》[①] 碑刻记述了锹里 24 寨合款，禁止“舅霸姑婚”，开列其后的众寨首事名单中，共列出凤冲寨、地背（上下两寨）、地笋（上下两寨）、楠山聋冲两寨、水冲寨、元贞寨、小河寨、皂隶寨、金山寨、孔洞、万才寨、菜地湾、岩嘴头、铜锣塅、黄柏寨、地庙寨、同门界冲、小河、岩湾、铜锣、官田等 20 多个寨名，包括了内三锹 24 寨中的大多数村寨。由此可以看出，到了道光年间，三锹范围不断扩大，由原来的 9 寨区域扩展到原附属于由一里、由二里的苗寨。

光绪初年，吴起凤[②] 主修的《靖州直隶州志》（卷二“建置”）记载，专设苗寨：“由一里苗九寨：地笋寨、地背寨、菜地湾、岩嘴头、地庙寨、黄百寨、弄冲寨、万才寨、水冲寨；由二里苗六寨：小河寨、皂隶寨、孔洞寨、排洞寨、官田寨、铜锣寨；寨市里苗九寨，统名曰三锹：滥泥冲、塘保寨、高营寨、大溪寨、银万寨、塘龙寨、楠木寨、三江寨、高坡寨。”[③] 这里三锹涵盖的具体范围仍是指寨市里苗 9 寨。由此可以看出，光绪年间的《靖州直隶州志》关于三锹的记载与乾隆年间《直隶靖州志》记载一致。事实上，到了光绪年间，三锹的地理范围进一步扩大。光绪三十四年（1908 年）的《靖州乡土志》中提供了关于锹里的新信息。《靖州乡土志》卷二记载：“苗里，俗名锹里。帝庙寨……黄陌寨……菜地湾岩嘴寨……以上名六户九寨均花衣，居由一、寨市两里；铜锣段……以上名六寨三排半，花衣、青衣各半，居由二里；老寨……以上名六甲，内地

---

① 该碑原立于地背，笔者于 2018 年 10 月 2 日到地笋苗寨摘抄此碑文，并于 2023 年 5 月 4 日将碑文内容做成拓片。地笋苗寨的碑系复制地背碑文。碑文内容见第五章。

② 吴起凤，江苏武进县人，道光二十九年（1849 年）举人。同治壬戌年（1862 年）进士，同治十三年（1874 年）任靖州知州（正五品）。

③ 靖州苗族侗族自治县史志办公室整理 .（清）光绪靖州直隶州志［M］. 影印版，上卷卷二建置，2016：143.

蕉一团花衣，余俱黑衣，居六团里。”[①] 共提到 42 个寨名，可见此时锹里涵盖的村寨和人群范围进一步扩展。这 42 个寨名中，有乾隆年间中洞里的江边、地强、抱洞寨、三江溪，六团里的地蕉、地角、桐木团、黄土团、闷团，这 9 个寨子原属于旧苗里，不同于三锹里。而到了光绪年间，它们被划入锹里范围之内。随着三锹范围的不断扩展，后来衍生出上锹、中锹、下锹（也即后来所称“内三锹”），寨市里苗 9 寨属于上锹，由一里苗 9 寨属于中锹，由二里苗 6 寨属于下锹，共 24 寨。这种情况是在社会变迁过程中，随着村寨联盟的不断扩大而形成的。表 1–1 清晰罗列出清代内三锹的寨名及今天所在乡镇。一些寨子名称发生变化，在括号内标注现在名称。

**表 1–1　清代内三锹 24 寨分布**

| 序号 | 寨名 | 今属乡镇（村） | 序号 | 寨名 | 今属乡镇（村） |
|---|---|---|---|---|---|
| 1 | 滥泥冲（今新街）寨 | 靖州藕团乡新街村 | 9 | 楠木山寨 | 靖州平茶镇棉花村 |
| 2 | 塘保寨 | 靖州藕团乡老里村 | 10 | 黄柏寨 | 靖州三锹乡菜地村 |
| 3 | 高营寨 | 靖州藕团乡老里村 | 11 | 岩嘴头寨 | 靖州三锹乡菜地村 |
| 4 | 大溪寨 | 靖州藕团乡新街村 | 12 | 万财寨 | 靖州三锹乡菜地村 |
| 5 | 塘龙寨 | 靖州藕团乡新街村 | 13 | 菜地湾寨 | 靖州三锹乡菜地村 |
| 6 | 三江溪（今三江溪）寨 | 靖州藕团乡康头村 | 14 | 地妙寨 | 靖州三锹乡地妙村 |
| 7 | 高坡寨 | 靖州藕团乡康头村 | 15 | 弄冲（今凤冲）寨 | 靖州三锹乡元贞凤冲村 |
| 8 | 银万寨（今小溪寨） | 靖州藕团乡团山村 | 16 | 地背（上下地背）寨 | 靖州三锹乡地笋村 |

① 金蓉镜．靖州乡土志［M］．光绪三十四年刊本．卷二志人类，第 1–2 页．此处记载锹里各寨的名称较多，与之前记载出入较大。村寨包括帝庙（地妙）、黄柏（陌）、菜地湾、岩嘴、万财、唐保、滥泥冲、江边、地强、抱洞、高盈、高坡、楠木山、铜锣段、牛场、乌令山、岩湾、唐款、地黄、塘略冲、人形界、白水、小河、旧鲁冲、新鲁冲、凤冲、地笋、地背、茶溪、南山、水冲、枫乡、聋冲、老寨、冲嫩、地蕉、岩艮、地角、青山脚、桐木团、黄土团、闷团，共 42 个寨名。

续表

| 序号 | 寨名 | 今属乡镇（村） | 序号 | 寨名 | 今属乡镇（村） |
|---|---|---|---|---|---|
| 17 | 地笋寨 | 靖州三锹乡地笋村 | 21 | 孔洞寨 | 靖州大堡子镇塘款村 |
| 18 | 水冲寨 | 靖州三锹乡三锹村 | 22 | 排洞寨 | 靖州大堡子镇岩湾村 |
| 19 | 皂隶寨 | 靖州三锹乡元贞凤冲村 | 23 | 官田寨 | 靖州大堡子镇岩湾村 |
| 20 | 柯寨（今小河寨） | 靖州大堡子镇塘款村 | 24 | 铜锣寨 | 靖州大堡子镇铜锣村 |

随着社会的不断发展，内三锹寨子不断增多，分布范围也逐渐扩大。除了上面提到的寨子之外，还包括三锹乡三锹村的金山寨、小榴寨、枫香；大堡子镇岩湾村的岩湾、岩寨；藕团乡老里村的老里苗寨，新街村的潭洞；平茶镇的棉花村、江边寨、地祥苗寨；新厂镇的地交寨、谬冲（今已废）等。

## 二 “外三锹”的地理区域

随着人口的不断迁徙流动，锹寨分布的范围日渐扩大。光绪《靖州乡土志》载：“锹里，在州治西距城五十里，东界由一、由二、寨市、中洞，西界贵州锦屏，南界贵州开泰，北界贵州天柱。”① 所涉及的地理分布范围包括今靖州、锦屏、黎平、天柱交界一带，多为苗族、侗族聚居之地。内三锹即上锹、中锹、下锹共 24 寨，已经在上文中清楚体现。关于外三锹的 24 寨，说法不一，但是分布范围较集中，主要在天柱县、锦屏县内。查天柱、锦屏历史沿革得知，雍正四年（1726 年），天柱县由湖广靖州改隶贵州黎平府，拨靖州铜鼓卫隶属贵州黎平府，铜鼓卫改锦屏县。这说明在康熙年间天柱、锦屏隶属靖州，锹苗在康熙年间已被归抚，某种程度上联系紧密。一种可能是因战乱或逃难，锹人在邻近区域不断扩展而形成外三锹；另一种可能就是行政区划的变动所引起的。由于行政区划的变动，锹里区域分属湖南与贵州两省，其文献记载不全，致使外三锹 24

① 金蓉镜．靖州乡土志［M］．光绪三十四年刊本．卷二志地理，第 23 页．

寨在志书中尚未找到详细记载。

目前，关于贵州境内外三锹 24 寨有两种说法：一种说法以陆湘之、余达忠、杨欣、王文明等[①]为代表；另一种说法以龙更清、李斌[②]为代表。笔者根据查找到的相关文献，认为这两种说法均需再次考证。

根据陆湘之等学者的考证，外三锹 24 寨分布于贵州锦屏 6 寨、天柱 18 寨。外三锹 24 寨为："锦屏有新兴里苗六寨，即豪江寨、云洞寨、茅坪寨、乌坡寨、合冲寨、令冲寨；天柱清水江油鱼里、兴文里苗十八寨，即凸洞寨、地柳寨、抱塘寨、地冲寨、中寨、偏坡寨、雅地寨、凯寨、新寨、楠头寨、棉花坪寨、杨梅寨、刘家寨、高坡寨、秀田寨、竹林寨、地坌寨、杨家寨。"[③]

查阅光绪《天柱县志》，新兴里、由义里（油鱼里为误写）、兴文里在清末均在天柱境内（由义里为康熙归化乡二图改名，新兴里为康熙新增里）。经查得知，"银洞寨（云洞寨）、茅坪寨、乌坡寨、合冲寨、鲍（抱）塘寨、地冲寨、中寨、偏坡寨、雅地寨、新寨、湳（楠）头寨、绵（棉）花坪、刘家寨、高坡寨、地坌寨、杨家寨、竹寨（竹林寨）"[④]这 17 寨在由义里。凸洞寨在居仁里[⑤]（由康熙归化乡一图改名）有记载。凯寨在循礼里（由康熙归化乡三图改名）有记载。豪江寨、令冲寨、地柳寨、

① 陆湘之 . 三十三锹初探［OL］. 靖州新闻网，https：//www.jingzhouxw.com/whys/20978.html. 最后检索时间：2020 年 3 月 25 日；余达忠 . 边缘族群三撬人婚姻生态的社会人类学分析［J］. 吉首大学学报（社会科学版），2015, 36（06）：101–108；余达忠 . 近代湘黔桂边区的族群互动和"三锹人"的形成［J］. 贵州师范学院学报，2017, 33（01）：2–9；杨欣 . 锹里地区"酸汤话"语音研究［D］. 中南大学硕士学位论文，2012；王文明等 . 靖州四十八寨赶歌场习俗调查——以岩湾歌场为样本［J］. 怀化学院学报，2016, 35（02）：1–7. 以上提到的外三锹 24 寨说法均一致。

② 龙更清 ."四十八寨"的由来［J］. 天柱苗韵（内刊），2010（1）（创刊号），内部资料考证；李斌 . 失序与再造：咸同兵燹与清水江流域地方社会秩序的重建［J］. 贵州大学学报（社会科学版），2018, 36（04）：53–59. 引用龙更清考察资料。

③ 陆湘之 . 三十三锹初探［OL］. 靖州新闻网，https：//www.jingzhouxw.com/whys/20978.html. 最后检索时间：2020 年 3 月 25 日。

④ 中国地方志集成·贵州府县志辑 22·光绪天柱县志［M］. 卷二地理志 19–24 号，171–172.

⑤ 居仁里在雍正四年改名，原来康熙年间为归化乡一图，原一图包括 25 个寨子，后居仁里包括 57 个寨子，增加了 32 个。

秀田寨、杨梅寨 5 寨在新兴里、由义里、兴文里中均未找到相关记载。①

这些村寨在今天的分布范围如下：

豪江寨，在今天柱县坌处镇。

凸洞寨，在今天柱县高酿镇甘洞村。

茅坪寨，在今锦屏县茅坪镇。

云洞寨、乌坡寨、合冲寨、令冲寨等 4 寨，在今锦屏县三江镇。

凯寨、新寨、楠头寨、棉花坪寨、杨梅寨、刘家寨、高坡寨、秀田寨、竹林寨、杨家寨等 10 寨，在今天柱县竹林镇。

地柳寨、抱塘寨、地冲寨、中寨、偏坡寨、雅地寨、地坌寨等 7 寨，在今天柱县坌处镇。

可以看出，这些村寨主要分布在今天锦屏县的三江镇、茅坪镇和天柱县的竹林镇、坌处镇。

根据李斌等学者考证，贵州境内外三锹 24 寨在天柱县内："天柱由义里（今竹林乡、坌处镇）二十四寨，包括'上六寨、中六寨、下段十二寨'，其中，'上六寨'即茅坪、亮江、银洞、平金、合冲、乌坡，民国三年锦屏建县时，六寨由天柱划归锦屏；'中六寨'指的是雅地、偏坡、中寨、抱塘、龙家冲、水大溪（1952 年划归锦屏）；'下段十二寨'指的是湳头寨、新寨、棉花坪、竹刘寨、下粮田、高坡寨、栗木坪、秀田寨、杨家寨、地坌、菜溪、妈羊。"②

查知光绪年间《天柱县志》关于由义里（由康熙归化乡二图改名）③119 个寨子的记载，除秀田寨无记载外，其他寨子均有记载或者疑似

① 中国地方志集成·贵州府县志辑 22·光绪天柱县志［M］. 卷二地理志 19–24 号，171–172.

② 李斌. 失序与再造：咸同兵燹与清水江流域地方社会秩序的重建［J］. 贵州大学学报（社会科学版），2018, 36（04）：53–59.

③ 由义里、新兴里、循礼里是光绪《天柱县志》中的叫法，在雍正四年改名。由义里为康熙年间归化乡二图改名，原二图包括 76 个寨子，现由义里包括 119 个寨子，增加了 43 个；新兴里为康熙年间新增里，杂处四乡，后称新兴里，原新增里包括 20 个寨子，后新兴里包括 43 个寨子，增加了 23 个；循礼里为康熙归化乡三图改名，原三图包括 37 个寨子，后循礼里包括 76 个寨子，增加了 39 个。

记载。其中平金（疑似金坪寨）、龙家冲（疑似龙家寨）、栗木坪（疑似李木寨）3 寨为疑似村寨，有待进一步考证，其他 20 个寨子均有详载。①

这些村寨在今天的分布范围如下：

上六寨中，平金、亮江、银洞、合冲、乌坡等 5 寨，在今锦屏县三江镇；茅坪寨，在今锦屏县茅坪镇。

中六寨中，龙家冲寨在今天柱县竹林镇，水大溪寨在今锦屏县茅坪镇，雅地、偏坡、中寨、抱塘等 4 寨在今天柱县坌处镇。

下段十二寨中，除现下粮田寨（也许更名或归属其他寨子）暂未找到外，湳（楠）头寨、新寨、棉花坪、竹刘寨（竹林寨）、高坡寨、栗木坪、秀田寨、杨家寨、菜溪、妈羊等 10 寨均在今天柱县竹林镇，地坌在今天柱县坌处镇。

据上述学者的考证，外三锹的这些村寨主要集中在今锦屏县三江镇、茅坪镇和天柱县竹林镇、坌处镇。但是具体是哪 24 寨各有各的说法，没有统一的观点。为此，做一个简表进行对比，从中也许可以得到一些启发，见表 1–2。

**表 1–2　清代外三锹 24 寨分布**

| 陆湘之等的划分 | | | 李斌等的划分 | | |
|---|---|---|---|---|---|
| 序号 | 寨名 | 今属乡镇（村） | 序号 | 寨名 | 今属乡镇（村） |
| 1 | 棉花坪寨 | 天柱竹林镇竹林村 | 1 | 棉花坪寨 | 天柱竹林镇竹林村 |
| 2 | 竹林寨 | 天柱竹林镇竹林村 | 2 | 竹林寨 | 天柱竹林镇竹林村 |
| 3 | 刘家寨 | 天柱竹林镇竹林村 | 3 | 菜溪寨 | 天柱竹林镇滨江村 |
| 4 | 高坡寨 | 天柱竹林镇龙凤村 | 4 | 高坡寨 | 天柱竹林镇龙凤村 |
| 5 | 秀田寨 | 天柱竹林镇龙凤村 | 5 | 秀田寨 | 天柱竹林镇龙凤村 |
| 6 | 杨梅寨 | 天柱竹林镇竹林村 | 6 | 龙家冲（今龙塘村） | 天柱竹林镇五星村 |
| 7 | 新寨 | 天柱竹林镇五星村 | 7 | 新寨 | 天柱竹林镇五星村 |

① 中国地方志集成·贵州府县志辑 22·光绪天柱县志［M］. 卷二地理志 19–24 号，171–172.

续表

| 陆湘之等的划分 | | | 李斌等的划分 | | |
|---|---|---|---|---|---|
| 8 | 楠头寨（今南头寨） | 天柱竹林镇五星村 | 8 | 楠头寨（今南头寨） | 天柱竹林镇五星村 |
| 9 | 杨家寨 | 天柱竹林镇龙凤村 | 9 | 杨家寨 | 天柱竹林镇龙凤村 |
| 10 | 凯寨 | 天柱竹林镇五星村 | 10 | 栗木坪寨 | 天柱竹林镇龙凤村 |
| 11 | 地柳（今相柳）寨 | 天柱坌处镇侗洲村 | 11 | 妈羊（今麻阳）寨 | 天柱竹林镇滨江村 |
| 12 | 抱塘寨 | 天柱坌处镇四康村 | 12 | 抱塘寨 | 天柱坌处镇四康村 |
| 13 | 地冲寨 | 天柱坌处镇清华村 | 13 | 下粮田寨（今更名或归属其他寨子） | 天柱 |
| 14 | 中寨 | 天柱坌处镇中和村 | 14 | 中寨 | 天柱坌处镇中和村 |
| 15 | 偏坡寨 | 天柱坌处镇中和村 | 15 | 偏坡寨 | 天柱坌处镇中和村 |
| 16 | 雅地寨 | 天柱坌处镇清华村 | 16 | 雅地寨 | 天柱坌处镇清华村 |
| 17 | 地坌寨 | 天柱坌处镇坌处村 | 17 | 地坌寨 | 天柱坌处镇坌处村 |
| 18 | 豪江寨 | 天柱坌处镇侗洲村 | 18 | 平金寨 | 锦屏三江镇平金村 |
| 19 | 凸洞（今地坝）寨 | 天柱高酿镇甘洞村 | 19 | 亮江寨 | 锦屏三江镇亮江村（自然村） |
| 20 | 乌坡寨 | 锦屏三江镇乌坡村 | 20 | 乌坡寨 | 锦屏三江镇乌坡村 |
| 21 | 合冲寨 | 锦屏三江镇乌坡村 | 21 | 合冲寨 | 锦屏三江镇乌坡村 |
| 22 | 令冲寨 | 锦屏三江镇乌坡村 | 22 | 水大溪（今宰大溪）寨 | 锦屏茅坪镇宰大溪村（自然村） |
| 23 | 云洞（今银洞）寨 | 锦屏三江镇银洞村（自然村） | 23 | 云洞（今银洞）寨 | 锦屏三江镇银洞村（自然村） |
| 24 | 茅坪寨 | 锦屏茅坪镇 | 24 | 茅坪寨 | 锦屏茅坪镇 |

从表 1-2 可以看出，外三锹 24 寨大部分在天柱县境内。今锦屏县境内寨子，清代原归天柱县管辖，后来由于区域的划分与调整划拨给锦屏县。万历二十五年（1597 年）天柱建县，据康熙《靖州志》记载，“天柱建县时编户汉民六里苗民三里”。[①] 这里的“苗民三里”是“天柱建县后第一任知县朱梓招抚编户的归化乡一图、二图和三图，共一百五十五

① 靖州苗族侗族自治县史志办公室整理．（清）康熙靖州志［M］．影印版，卷一，2016：46.

寨”。[1]这155个寨子中有一部分是新招抚的苗寨，朱梓任内主修的《天柱县志》今已佚失，无资料可查。康熙、光绪年间的《天柱县志》也无记载，故查不到哪些是招抚的寨子。“归化乡一图、二图、三图在雍正年间分别更名为居仁里、由义里、循礼里。”[2]更名后寨子有所增加。从学者考察的结果来看，这些寨子大多在由义里。在由义里的寨子中，部分苗寨属于外三锹。由于史籍未明确记载，加上历史的变迁，得不出准确答案。为此，我们只有按照陈春声提出的“回到历史现场”的史学方法，[3]对照古今地名及行政区划图进行稽考分析，但也只能得出一个大概范围。

除了学者的考证之外，我们还可以从当地的寨歌中找到一些蛛丝马迹。湘黔边界歌手邓德忠（贵州天柱县竹林镇新寨人）编唱的《周游四十八寨》歌本提到，清朝雍正年间，推举各寨领头人，齐到靖州来合款，定下四十八寨名。提到的寨名有：天柱境内18寨，即竹林、杨家寨、杨梅寨、地坌、秀田、高坡、刘家寨、湳（楠）头、棉花坪、凯寨、新寨、洞凸、地柳、抱塘、中寨、偏坡、雅地、地冲；锦屏境内6寨，即茅坪、亮江、银河、令冲、合冲、鸟（乌）坡。[4]从这里可以看出，“湘黔四十八寨”是大的合款组织，湖南靖州和贵州天柱、锦屏境内各24寨，也即习惯上所称的内外三锹各24寨。

通过上述分析，大家认可的外三锹地域范围主要分布在今锦屏县三江镇、茅坪镇和天柱县坌处镇、竹林镇。我们可以结合相关书籍的记载，找出寨子在今天的分布区域，并根据清代时期的合款组织单位，罗列出一些寨子。

位于今锦屏县境内的平金、亮江、银洞、令冲、合冲、乌坡、茅坪，

---

① 中国地方志集成·贵州府县志辑22·康熙天柱县志［M］.上卷坊乡，第74–77页.

② 中国地方志集成·贵州府县志辑22·光绪天柱县志［M］.卷三食货志13号，第191页.

③ 陈春声.中国社会史研究必须重视田野调查［J］.历史研究，1993（02）：11–12.

④ 2017年8月吉首大学在靖州地笋村的调研材料，寨名根据歌谱内容整理。

属于湘黔四十八寨之列，在相关书籍中均有记载。[①]这7寨分布在清水江沿岸，在地域上较为集中。

天柱境内的寨子因史书无明确记载，根据本地学者的考证，均提到的寨子有抱塘、中寨、偏坡、雅地、地坌、新寨、滳（楠）头、棉花坪、高坡、秀田、竹林寨、杨家寨，这12寨能找到相关依据。“秀田村位于竹林乡中部，与本乡高坡、棉花、新寨、杨家村相邻，是湘黔四十八寨的中心。”[②]“抱塘及附近的中寨、三门塘、龙塘、新寨、高坡、花里、滳头、棉花等村寨，是天柱、锦屏、靖州两省交界四十八寨的中心地区。”[③]《天柱县五区团防志》记载苗民合款的寨子有“竹刘寨（竹林寨）、偏坡、雅地、地坌、中寨、地冲等”。[④]其他有异议的寨子，由于资料欠缺，有待进一步考证。总体而言，以上考证及当地歌手给出了外三锹的地理区域范围，为将来的进一步考证奠定了基础并提供了方向和思路。

综合以上分析，内外三锹的分布范围在今湖南靖州县大堡子镇、三锹乡、藕团乡、平茶镇、新厂镇，贵州天柱县竹林镇、坌处镇，贵州锦屏县三江镇、茅坪镇的苗族、侗族聚居区。因语言传承相同、风俗相近，历史上称为“湘黔四十八寨”。关于“湘黔四十八寨”有两种说法：一是“湘黔四十八寨”的合款组织，二是“湘黔四十八寨”的歌节。根据志书、族谱及民间流传的歌谣推断，“四十八寨歌节”在雍正时期达到顶峰，乾隆至民国时期趋于成熟，后逐渐衰落，20世纪80年代后又开始兴起，现在习惯称为“湘黔四十八寨歌节”。自2015年始，“湘黔四十八寨歌节”在天柱、锦屏、靖州轮流举行。根据以上分析，也或许是混淆了“湘黔四十八寨”的合款组织与“湘黔四十八寨”的歌节，关于“湘黔

① 王宗勋主编．乡土锦屏［M］．贵阳：贵州大学出版社，2008：20；王宗勋．清水江木商古城茅坪［M］．贵阳：贵州大学出版社，2017：129；胡宏林．千里古锹寨［M］．长沙：湖南人民出版社，2017：201.

② https：//www.yigecun.com/cityfild/showcun.aspx?id=856D4CBF88EAA600. 最后检索时间：2020年4月20日．

③ 胡宏林．千里古锹寨［M］．长沙：湖南人民出版社，2017：216.

④ 中国地方志集成·贵州府县志辑22·民国天柱县五区团防志［M］．保安团防志略，第326–327页．

四十八寨”的具体寨子名称没有一个统一的说法。

根据目前所能找到的资料分析，三锹除了上面提到的区域范围外，还包括今黎平境内的部分寨子。笔者于2020年5月2日在靖州三锹乡菜地村调研时了解到，菜地村万财寨以潘姓为主，潘姓是从黄柏团寨迁移过来的。另地妙、万财的潘姓也是从黄柏团寨迁过去的，目前黄柏团寨全是潘姓。万财寨的山上有一块碑，叫作《祖遗流芳》（碑文图片见附录A），碑文记载贵州黎平县尚重镇岑趸村给万财寨捐款的潘姓名字，没有具体捐款金额，捐款时间是1984年，立碑时间是1985年。据村民讲，1984年，万财寨发生了一场大火，全寨被烧光，而迁移到黎平岑趸的潘姓，捐款帮助万财重建寨子，所以才有了山上那块碑的记载。[①]位于岑梧村的一块碑文则提供了更多关于锹寨、锹人的资料，碑文里面提到相关的寨子有：“新化、岑趸、九佑、俾磋、乌山、甘塘、中仰、乌勒、八开、当加、俾党、岑努、高表、小摇光、八龙、岑果、培伟、归斗、九朝、归雅、眼批等。”[②]

由此笔者得出的一个认识是，三锹最初是一个地理区域概念，后来随着人口的迁徙流动，慢慢演变为族群概念，成为糅合了地域与人群的一个概念。随着社会经济发展、人口不断增加并迁徙流动，目前的锹寨已远超过48寨。锹寨分布的核心区域在靖州苗族侗族自治县内，既包括大堡子、藕团、平茶、新厂等乡镇大部和三锹乡全部，也包括贵州天柱、锦屏、黎平的村寨。为进一步厘清村寨分布范围，列出一张简表罗列部分三锹寨子的分布区间，为后续的研究提供一个较为清晰的脉络，见表1-3。

表1-3中所列的寨子既包括上面学者提到的寨名，也包括其他文献里面提到过的，还包括笔者从碑刻资料、族谱记载中查找出来的部分寨

① 笔者于2020年5月2日在菜地村万财寨的调研材料。访谈对象PSB，男，苗族，1980年生，初中文化；访谈地点PSB家。

② 根据岑梧村碑文整理，笔者于2019年8月15日到岑梧村摘抄该碑文。

名，笔者标出这些寨子如今所在乡镇位置，以供以后参照考证。由于村寨较多，没有一一列出今属村寨，仅罗列寨子所属乡镇。

**表 1-3　内外三锹部分锹寨分布**

| 序号 | 寨名 | 今属乡镇 | 序号 | 寨名 | 今属乡镇 |
|---|---|---|---|---|---|
| 1 | 地笋苗寨 | 靖州三锹乡 | 28 | 老里苗寨 | 靖州藕团乡 |
| 2 | 上地背寨 | 靖州三锹乡 | 29 | 高营寨 | 靖州藕团乡 |
| 3 | 下地背寨 | 靖州三锹乡 | 30 | 大溪寨 | 靖州藕团乡 |
| 4 | 菜地湾寨 | 靖州三锹乡 | 31 | 塘龙寨 | 靖州藕团乡 |
| 5 | 岩嘴头寨 | 靖州三锹乡 | 32 | 三江溪寨 | 靖州藕团乡 |
| 6 | 黄柏寨 | 靖州三锹乡 | 33 | 高坡寨 | 靖州藕团乡 |
| 7 | 万财寨 | 靖州三锹乡 | 34 | 银万寨（今小溪寨） | 靖州藕团乡 |
| 8 | 地妙寨 | 靖州三锹乡 | 35 | 潭洞寨 | 靖州藕团乡 |
| 9 | 乌妙寨 | 靖州三锹乡 | 36 | 楠木山寨 | 靖州平茶镇 |
| 10 | 瓦厂寨 | 靖州三锹乡 | 37 | 棉花寨 | 靖州平茶镇 |
| 11 | 石榴山寨 | 靖州三锹乡 | 38 | 江边寨 | 靖州平茶镇 |
| 12 | 皂隶寨 | 靖州三锹乡 | 39 | 地祥苗寨 | 靖州平茶镇 |
| 13 | 弄冲（今凤冲）寨 | 靖州三锹乡 | 40 | 地交寨 | 靖州新厂镇 |
| 14 | 元贞寨 | 靖州三锹乡 | 41 | 谬冲寨（今已废） | 靖州新厂镇 |
| 15 | 水冲寨 | 靖州三锹乡 | 42 | 岑趸寨 | 黎平大稼乡 |
| 16 | 鬼金山寨（今金山寨） | 靖州三锹乡 | 43 | 俾磋寨 | 黎平大稼乡 |
| 17 | 小榴寨 | 靖州三锹乡 | 44 | 乌勒寨 | 黎平大稼乡 |
| 18 | 枫香 | 靖州三锹乡 | 45 | 黄柏屯寨 | 黎平德顺乡 |
| 19 | 柯寨（今小河寨） | 靖州大堡子镇 | 46 | 乌坡寨 | 锦屏三江镇 |
| 20 | 孔洞寨 | 靖州大堡子镇 | 47 | 合冲寨 | 锦屏三江镇 |
| 21 | 排洞寨 | 靖州大堡子镇 | 48 | 令冲寨 | 锦屏三江镇 |
| 22 | 官田寨 | 靖州大堡子镇 | 49 | 云洞（今银洞）寨 | 锦屏三江镇 |
| 23 | 岩湾寨 | 靖州大堡子镇 | 50 | 亮江寨 | 锦屏三江镇 |
| 24 | 岩寨 | 靖州大堡子镇 | 51 | 岑梧寨 | 锦屏平略镇 |
| 25 | 铜锣寨 | 靖州大堡子镇 | 52 | 中仰寨 | 锦屏河口乡 |
| 26 | 滥泥冲（今新街）寨 | 靖州藕团乡 | 53 | 美蒙寨 | 锦屏河口乡 |
| 27 | 塘保寨 | 靖州藕团乡 | 54 | 茅坪寨 | 锦屏茅坪镇 |

续表

| 序号 | 寨名 | 今属乡镇 | 序号 | 寨名 | 今属乡镇 |
|---|---|---|---|---|---|
| 55 | 凸洞（今地坝）寨 | 天柱高酿镇 | 68 | 棉花坪寨 | 天柱竹林镇 |
| 56 | 地柳（今相柳）寨 | 天柱坌处镇 | 69 | 杨梅寨 | 天柱竹林镇 |
| 57 | 抱塘寨 | 天柱坌处镇 | 70 | 高坡寨 | 天柱竹林镇 |
| 58 | 地冲寨 | 天柱坌处镇 | 71 | 秀田寨 | 天柱竹林镇 |
| 59 | 中寨 | 天柱坌处镇 | 72 | 竹林寨 | 天柱竹林镇 |
| 60 | 偏坡寨 | 天柱坌处镇 | 73 | 刘家寨 | 天柱竹林镇 |
| 61 | 雅地寨 | 天柱坌处镇 | 74 | 龙塘寨 | 天柱竹林镇 |
| 62 | 三门塘 | 天柱坌处镇 | 75 | 花里寨 | 天柱竹林镇 |
| 63 | 地坌寨 | 天柱坌处镇 | 76 | 杨家寨 | 天柱竹林镇 |
| 64 | 豪江寨 | 天柱坌处镇 | …… | …… | …… |
| 65 | 凯寨 | 天柱竹林镇 | | | |
| 66 | 新寨 | 天柱竹林镇 | | | |
| 67 | 南头寨 | 天柱竹林镇 | | | |

注：此表中村寨名字及分布范围，是根据诸多文献资料查找而来，包括地方志、村志、碑刻、族谱以及苗族歌鼟中提到的村寨名。主要有乾隆二十六年《直隶靖州志》、道光十七年《直隶靖州志》、光绪五年《靖州直隶州志》、光绪三十四年《靖州乡土志》、《靖州苗族侗族自治县民族志》（1997）、康熙《天柱县志》、光绪《天柱县志》、民国《天柱县五区团防志》；《乡土锦屏》（2008）、《千里古锹寨》（2017）、《侗人话侗寨》（2017）、《清水江木商古镇 茅坪》（2017）、《藕团乡志》（2019）；乾隆十四年“合款碑”（黎平大稼乡）、道光二十一年《群村永赖》碑文（地背）、光绪三十四年《万世永赖》碑文（牛筋岭）、锦屏岑梧村 2017 年的《万古流芳》碑文；陆氏族谱（岑梧）；《靖州苗族歌鼟选》（2013）。笔者去过的寨子有地笋、地背、皂隶、水冲、地妙、万财、岩嘴头、菜地湾、黄柏、元贞、凤冲、金山寨、高营、老里苗寨、岩湾、三江溪、塘保、新街、楠木山、岑梧、黄柏屯等。

从表 1-3 可以看出，锹寨覆盖的区域包括今天湖南靖州的三锹乡、大堡子镇、藕团乡、平茶镇、新厂镇，贵州天柱的竹林镇、坌处镇、高酿镇，贵州锦屏的三江镇、茅坪镇、平略镇、河口乡等，还包括与黎平相邻的区域。主要分布区域以靖州为中心，后逐步扩大到贵州的天柱、锦屏、黎平等处。根据三锹寨子分布范围可分析，以村寨为单位的小款组织联合，逐渐结成地域更大的中款组织，由此慢慢扩展了三锹范围。随着外部环境的变化以及对有限林业资源的竞争，村寨不断分化重组，以适应林业发展的需要，村落组织不断强化，以更有效地管理地方社会。

在族群认同及文化传承上，这些村寨的人们行“三锹”礼，讲“三锹”话，唱“锹歌”。然而在民族识别上，其被识别为苗族或侗族。随着社会的变迁、文化的融合与发展，这里的人与其他村寨联系紧密，或许会在社会脉络中以新的方式重生，但总会留下其文化痕迹。

## 第三节　三锹的生态、经济与文化

三锹既是一个地理空间概念，也是一个族群认同的区域。在同一区域内，生态环境具有相似性，相似的生态环境衍生出的生计方式大体一致，所呈现的民族文化具有共通性。

### 一　三锹的生态特点

三锹区域属于亚热带低山丘陵地区，地理坐标范围为北纬26°15′25″～26°47′35″，东经108°48′37″～109°56′36″，海拔400～900米，全年平均气温约16℃，森林覆盖率平均达80%以上。根据发育程度的不同，土壤分为红壤、黄壤、石灰土、潮土等，略呈酸性，适宜杉、松、油桐、茶树、核桃树、杨梅树等树种的生长。森林植被为亚热带常绿阔叶林。原生型森林植被尚存但较少，次生型森林植被多为马尾松林、针阔叶混交林，人工营林多为杉树用材林及经济林。森林资源丰富，田土面积较少，有“八山一水一分田”“七山一水二分田”之说。

土壤类型有板页岩、石灰岩、紫色砂页岩，不同的土壤条件对树木尤其是杉树的生长有一定影响。杉树适宜生长在土层疏松、肥沃深厚、略呈酸性的板页岩土壤中。《靖州林业志》记载：“板页岩面积266.2万亩，主要分布在大堡子、坳上、三锹以及太阳坪、甘棠、平茶等乡镇；石灰岩面积16.66万亩，主要分布在艮山口、飞山、横江桥、浦口、藕团、新厂等乡；紫色砂页岩面积21.06万亩，主要分布在横江桥、浦口、飞山、新厂和排牙山林场；黄砂岩面积6.6万亩，分布在江东、太阳坪、甘棠等乡镇。”[①]板页岩集中在大堡子、坳上、三锹三个乡镇，适宜杉树的生长，历史上盛产杉木且品质优良。

三锹地区植物种类多样。清光绪《靖州直隶州志》卷四“贡赋”记载：“谷之属54种，果之属47种，花之属79种，草之属13种，药之属57种，蔬之属56种，木之属23种，竹之属10种。”[②]这些常见的植物物种达300多种。另据《靖州县志》记载，“1980年和1984年，先后对树种资源进行普查，全县树种分97科，266属，681种”，主要用材树种有杉树、马尾松、枫香树、柳杉、水荷、钩栗、楠竹、榉树、泡桐，经济树种有油茶、油桐、湖南山核桃、杨梅、板栗、柑橘、盐肤木（俗名五倍子树、抱木树）、猕猴桃、棕榈、女贞树（俗名蜡树），观赏树种有悬铃木、樟树、喜树、雪松、荷花玉兰、大叶黄柏、金橘、桂花、月季花、木芙蓉等，还有一些珍贵树种如闽楠、岩生红豆、穗花杉、香果树、银杏、伯乐树、檫树、篦子三尖杉、半枫荷、华榛、方竹，等等。[③]得天独厚的地理条件，使得靖州地区森林资源茂盛，成为林木之乡，也为野生动物提供了重要栖息地。

至清代时期，靖州境内野生动物资源丰富，光绪《靖州直隶州志》记载：“禽之属四十四，有莺、燕、雉、鸠、雁、鹰、鹤、乌鸦、喜鹊、布谷……兽之属二十七，有虎、豹、獐、兔、山羊、松鼠、野猪、黄鼠狼……鳞之属十三，有鲤鱼、青鱼、草鱼、鲢鱼、鲫鱼、鳜鱼……介之属七，龟、鳖、羸、蚌、螃、虾、穿山甲。”[④]因良好的生态环境，野生动物数量和种类较多，甚至给人们的生活造成安全隐患。《靖州林业志》载：

① 湖南省靖州苗族侗族自治县林业局编．靖州林业志［M］．北京：中国文史出版社，1993：23-24.

② 靖州苗族侗族自治县史志办公室整理．（清）光绪靖州直隶州志［M］．影印版，上卷卷四贡赋，2016：246-249.

③ 靖州苗族侗族自治县编纂委员会编．靖州县志［M］．北京：生活·读书·新知三联书店，1994：226-228.

④ 靖州苗族侗族自治县史志办公室整理．（清）光绪靖州直隶州志［M］．影印版，上卷卷四贡赋，2016：249-250.

“乾隆五年（1740年），靖虎患日炽，众皆股傈外委……一日三虎并殪，官民称快。乾隆十八年（1753年），虎患渐甚，惨伤不少，居民禀报文武衙门派兵役，尽力搜罗虎，仍遁迹。道光十六年（1836年），靖州进贡活鹿4只。”[①]新中国成立后，仍有虎、豹的危害，为消除虎患，民众自发组织打虎队、打猎队，采取枪击、陷阱、锁套等方式，捕捉老虎和其他凶猛野兽，其数量大量减少。常见的兽类有野猪、野兔、黄鼠狼、山猫、山老鼠、竹鼠、松鼠等；爬行类有蝮蛇、菜花蛇、乌梢蛇、竹叶青、水蛇、银环蛇、眼镜蛇、五步蛇、烙铁头蛇等；两栖类有青蛙、蟾蜍、乌龟、大鲵（娃娃鱼）、山蛙等；鸟类有麻雀、燕子、喜鹊、斑鸠、野鸡、锦鸡、鹌鹑等；水生动物有螃蟹、河虾、鲫鱼、鲤鱼、鲢鱼、草鱼、黄鳝、泥鳅、田螺、黄刺骨等。[②]老虎、豹子、狐狸、野鹿、野羊、獐等野兽，在20世纪80年代后杳无踪迹。随着环境的变迁，以及人们对野生动物的捕捉，野生动物较之以前有所减少。

丰富的森林资源为人们的生活提供了重要保障，也促进了社会的发展。锦屏在宋代隶属靖州，元代隶属思州安抚司，明代隶属湖广都司五开卫，清代隶属黎平府，现在东邻靖州，南邻黎平县，西毗剑河县，北抵天柱县，是全国杉木重要产区之一，素有“杉木之乡”之美誉。爱必达编纂的《黔南识略》载：“郡内自清江以下至茅坪二百里，两岸翼云，承日无隙，土无漏荫，栋梁宗桷之材，靡不备具。坎坎之声，铿訇空谷，商贾络绎于道，编巨筏放之大江，转运于江淮间者，产于此也。”[③]“郡”指当时的黎平府，“清江”指今天的剑河县，“茅坪”是现在锦屏县的一个村寨，该村寨也是外三锹24寨之一。从“两岸翼云，承日无隙，土无漏荫”的描述中可以想象出林木的茂盛，“商贾络绎于道”反映了当时林业贸易的兴盛。《锦屏县志》也详细记载了木材的种类：主要的用材林有杉木、马

① 湖南省靖州苗族侗族自治县林业局编．靖州林业志［M］．北京：中国文史出版社，1993：66.

② 这些现存的动物是笔者在调研过程中亲眼所见或者听乡民提起过的。

③（清）爱必达．黔南识略：三十二卷［M］．道光二十七年罗氏刊本．卷二十一黎平府，第147页．

尾松、樟木、楠木、檫木、毛白杨、楠竹，经济林有油茶、油桐、山核桃，还有薪炭林、防护林和风景林等。与之相关的林副产品有松脂、桐油、茶油、五倍子、核桃、山苍子、生漆、茶叶、茯苓、白蜡、樟脑粉、食用菌、天麻等，其中以松脂、桐油、茶、茯苓为大宗产品。[①] 丰富的林产品为人们的生活提供了重要保障。

锹里地区多高山，山上树木种类繁多，茂密的植被涵养了水源，动植物资源丰富。山与山之间多峡谷，村寨大多分布于山坳间，村寨的饮用水基本是从山上直接引流下来。良好的生态环境为野生动物的生存和栖息提供了条件。世居在此的人们对特定环境的认知、对林木资源的利用，形成了特有的经济方式及文化特征。

## 二　三锹的经济特色

俗话说“靠山吃山，吃山养山”，对于山地民族来说，山上的林木以及林副产品能够给他们的生活提供保障，也是他们经济收入的主要来源。

三锹地区以林业资源为主，森林以阔叶树为主，人工营林兴起后，杉树居多。自古以来杉木是建造房屋、鼓楼、风雨桥的首选原材料。杉木既是大宗林产品，更是支柱产业。“靖州的木材古称‘州木’，为历代宫廷选木之地，州木运销常德、武汉、上海等地，茶油、桐油、核桃油、白蜡、五倍子、樟脑、松脂等林副产品都有批量外运销售。”[②]《黎平府志》“食货志”载：“杉木，岁售百万金。黎郡产木极多，若檀梓樟楠之类，仅以供本境之用，惟杉木则遍行湖广及三江等省。远商来此购买，在数十年前，每岁可卖二三百万金……若境外则为杉条，不及郡内所产之长大也，黎平之大利在此也。黎郡之油产自东北路者，由洪江发卖，产自西南路

① 贵州省锦屏县志编纂委员会编．锦屏县志［M］．贵阳：贵州人民出版社，1995：474-477.

② 靖州苗族侗族自治县编纂委员会编．靖州县志［M］．北京：生活·读书·新知三联书店，1994：244.

者，由粤河发卖，每岁出息亦不小亦。”[①] 在当时，这些丰富的林木资源及林副产品促进了区域经济的发展。

丰富的森林资源为野生动物提供了良好的栖息地。20世纪80年代以前，靖州境内的人们捕获野生动物加以售卖，取得经济收益。靖州“县药材公司1963年~1968年收购虎骨136.5公斤。1963年至1987年收购穿山甲鳞片10447.5公斤。1976年~1985年县供销社收购山羊皮1759张、麂皮23333张、黄鼠狼皮599张、野兔皮2567张、獾皮81张、野猫皮1000张、其它杂皮30562张。1966年~1986年收购野生动物产品金额达130.47万元”。[②] 过去，丰富的野生动物资源为人们的生活提供了一定的经济收入。如今，野生动物资源减少，为保护野生动物，禁止人们随意捕猎。

林业及林副产品收入也曾是锹里地区主要的经济来源。然而，随着林业政策的调整，以林业为主的经济发展模式逐渐衰落。1999年后，随着“天保林”工程的实施，部分林区被划为公益林，禁止砍伐销售，在一定程度上影响了当地居民的经济收入。被划为公益林的林区，林农有一定的补偿。下面以地笋苗寨1组一个具体实例分析一个家庭的经济收入。

LHG家林产情况及三年公益林分红

（1）独有林产亩数：18.5（杉木）+1.5（杉木）+12.7（马尾松）。

（2）共有林产10.2亩（阔叶林）：其中WZK 3份、DYS和DSW共7份、WDH 2份、WMJ 5份、HYB 5份、TKW 5份、LHG 5份、WJH 2份、HXC 7份、WCY 5份，共46份，每份0.22亩。

（3）共有林产48.8亩（毛竹）：LHG 5份、WZK 3份、WMJ 5份、HYB 5份、HXW 7份、DYS和DSW共7份、WDH 2份、WCY 5份、WJH 2份、TKW 5份，共46份，每份1.06亩。

① 黎平县县志编纂委员会办公室校注．黎平府志（下）［M］．点校本．北京：方志出版社，2014：1419-1420.

② 湖南省靖州苗族侗族自治县林业局编．靖州林业志［M］．北京：中国文史出版社，1993：67.

LHG 家林产亩数：18.5+1.5+12.7+0.23×5+1.06×5=39.15。

另外还有 10 多亩没发林权证，目前林地面积为 50 多亩。

（4）公益林分红情况：2014 年 173.9 元，2015 年和 2016 年共 260 元。[①]

通过以上数据可以看出，LHG 家林产面积不多，每年公益林的分红也比较少。经了解，LHG 的儿子外出打工，儿媳和两个孙子留守在家。LHG 平时给别人做木工，每天收入约 200 元，另外养猪、养鸡，这便是家庭收入的主要来源。

滥泥冲是上锹的一个侗族村寨，这里原来盛产山核桃，是主要的经济作物，目前仍有大片山核桃树，但是收入来源已发生变化，参见以下访谈资料：

这里原来的主要经济作物是山核桃，原来的榨油坊目前仍在使用，榨油坊只榨山核桃油和茶籽油，其他油不榨。每年的 9 月份核桃成熟的季节开始榨油，每次榨 700~800 斤山核桃，每 100 斤核桃可以出油 12~13 斤，核桃油现在卖 100 元左右一斤，茶油 70 元一斤。目前大部分村民家的经济收入都是靠外出打工，现在大部分年轻人都出去打工了。[②]

根据以上材料分析，三锹虽然是以林业资源为主，但是目前的收入主要靠外出打工，真正依靠木材谋生的占比很少。即使原来有经济优势的作物如山核桃，也逐渐淡出人们的视野。其他村寨的情况也大致如此。

粮食作物包括水稻和旱粮。据《靖州县志》（1978~2005）统计，

① 根据笔者 2017 年 7 月在地笋苗寨的调研资料整理而得。LHG，男，苗族，1951 年生，原为民办小学教师，务农，会木工。

② 笔者 2017 年 7 月 26 日的访谈资料。访谈对象滥泥冲杨主任，男，45 岁，侗族；访谈地点滥泥冲榨油坊。

1978年，种植水稻30.69万亩，总产值8443.2万公斤，旱粮1.03万亩，总产值160.5万公斤；2005年，种植水稻29.31万亩，总产值9938.8万公斤，旱粮4.53万亩，总产值1079.5万公斤。[①]根据县志的记载分析，总体上水稻种植面积略有减少，但是产量有所增加，产量增加的原因在于优质杂交水稻的推广。旱粮种植面积呈增加趋势，产量也大幅提高，所产粮食能满足人们的生活需要。

经济作物主要有草本油料、水果、中药材等。1980年，靖县经济作物种植面积为21122亩，占耕地面积的8.5%；2005年，靖州经济作物种植面积为185810亩，总产量219975吨，产值2.86亿元，占农作物播种面积的37.3%。[②]经济作物种植面积大幅增加。以茯苓产业为例，2001年，生产面积为3000亩，产值960万元；2005年，生产面积为13000亩，产值4290万元。[③]仅仅四年时间，生产面积增加10000亩，产值提高3330万元，有力助推了当地经济的发展。

锦屏平略镇的岑梧寨是外三锹寨子之一。在原来林粮间作种植模式下，岑梧烟叶曾是重要的经济作物，但是随着外部社会环境的变化，岑梧烟叶逐渐退出市场。1999年实施“天保林”工程后，所有用材林一律禁伐，喜欢生地的烟叶也因无新的造林地而无法种植，岑梧村经济受到影响。如今的经济收入主要靠外出打工，也有村民养鸡鸭和猪牛羊等家禽家畜，以满足生活基本需求。

总之，锹里地区丰富的森林资源既为人们的物质生活提供了重要保障，也为人们的精神生活提供了依托，成为区域经济发展的主要来源之一。除了用材林杉木的经济价值外，其他树种如松树可以提炼松脂，桐树

---

① 靖州苗族侗族自治县编纂委员会编．靖州县志（1978~2005）[M]．北京：方志出版社，2010：83–84.

② 靖州苗族侗族自治县编纂委员会编．靖州县志（1978~2005）[M]．北京：方志出版社，2010：84.

③ 靖州苗族侗族自治县编纂委员会编．靖州县志（1978~2005）[M]．北京：方志出版社，2010：87.

的桐籽提炼的桐油是优良的工业用油，茶树、山核桃树所产的茶籽、山核桃榨出的油是上等的食用油，木洞杨梅享誉省内外。林业副产品如杨梅、茯苓、灵芝是靖州的三大林产品。甚至山上生长的阔叶树在人们的衣食住行中都扮演着重要角色，既可以用作燃料，也可以作为木耳、香菇等食用菌以及灵芝的培养基。若能有效利用这些林木资源，在一定程度上可以增加经济收入。

## 三　三锹的文化样态

三锹地区以林业资源尤其是杉树为主，丰富的森林资源为特定文化的衍生与发展提供了载体，围绕林业资源形成了多样性的文化要素及独特的文化特色。这些文化特色通过契约文书、生计方式、建筑特色、饮食特色、语言特点、民间歌舞、节庆习俗、婚姻习俗、民间信仰等方面体现出来。

### （一）契约文书

明代中后期，木材贸易兴起并繁荣发展，原生木材很快被砍伐殆尽。为满足木材贸易及百姓日常生活的需求，人工造林兴起。随着人工造林的兴起，大量的林业契约开始出现，与之相关的木商文化亦丰富起来。清水江文书（亦称锦屏文书）是清水江流域苗、侗人民创造和保存下来的重要文化遗产，包括山林经营、青山买卖 、佃山造林、木材交易等方面的内容，反映了当地民众在历史上对混农林业和人工营林业的贡献，具有重要的历史价值，2010 年被列入《中国档案文献遗产名录》。《贵州清水江文书·黎平文书》《贵州清水江文书·天柱文书》则扩大了清水江文书在国内外的影响，丰富了清水江文书的内容，进一步推动了清水江文书研究。

笔者在锦屏县平略镇岑梧村调研时，收集整理到陆姓家族林契 240 多份，最早的是康熙五十四年（1715 年），最晚的到 1949 年，时间跨越 234 年。其中有 16 份契约，时间从康熙五十四年到乾隆二十三年（1758

年），共43年，为陆姓的家族契约。[①]这16份契约内容连贯，互相之间联系紧密，被村民称为“镇寨”契约，具有重要的研究价值。王宗勋对该组契约进行过研究，还原了契约的历史现场，从“入住权”的取得研究契约内容，并指出了契约中存在的几个问题。[②]这些问题至今还未得以解决，有待进一步研究。

（二）生计方式

乾隆二十六年（1761年）的《直隶靖州志》中有关于苗人习俗农功的记载：“山多田少，刀耕火种者居其半，田种禾稻，土种杂粮，相资为用，而二麦绝少。”[③]这样的记载反映了三锹人的基本生计方式，田间所产粮食不足以食用，需要向山间寻找补充。三锹人是一个迁徙的族群，起初没有自己的田地、林地，多数是给别人当佃户，开荒造林，以种植小米、玉米、䅟子等杂粮为生。有一点积蓄后，就买山造林。上面提到的岑梧寨就是典型的例子，陆姓先祖通过买山慢慢在岑梧定居，后来形成一个以陆姓为主的大寨子。因深知土地来之不易，在买来山场后不会让其荒芜，砍下树木后马上造林，并在林间种植粮食作物，形成“林粮间作”的种植传统。过去，经济上依靠木材收入，田间所产粮食仅能满足温饱问题。随着科技的发展与社会环境的变迁，尤其是杂交水稻的推广，温饱问题得以解决，靠木材解决经济问题已成为过去时。如今的经济收入大部分依靠外出打工。“林粮间作”种植模式也渐渐淡出人们的视野。正如一位乡土学者所言：

> 今天以杂交水稻为代表的高新技术革命，已基本解决了山地民族人多田少的吃饭问题。在科技化、城镇化高速发展的当下，靠木材

① 笔者2019年8月15日在岑梧村调研时拍摄。契约保存者为LXZ，男，苗族，1957年生，原来是村支书，现为农民。契约原件都已交给锦屏县档案馆保管，家里留存的是复印件。

② 王宗勋. 从清水江文书看清代清水江中下游外来移民“入住权”的取得——岑梧“镇寨”文书解读［J］. 贵州大学学报（社会科学版），2016, 34（02）：121-126.

③ 靖州苗族侗族自治县史志研究室整理.（清）乾隆直隶靖州志［M］. 影印版，第二册卷七风土·习俗，2019：441.

生存的人口已经下降到很少的比例。过去林粮间作的模式已经成为历史的记忆，至少很难再见到。特别是打工浪潮的兴起，农村已经空心化，许多的熟田都荒芜。事实上，据我所掌握的情况来看，大部分的家庭收入都源自打工收入或种植收入，单纯靠卖树收入比重很小。[①]

（三）建筑特色

锹里地区是杉树的主产区，杉树与人们的饮食起居密不可分。以地笋苗寨为例分析，地笋苗寨的房屋基本是两到三层的木质结构的干栏式建筑，最古老的房子在百年以上，至今还有人居住。房屋依山坡而建，屋基用石头竖着垒砌而成，或者用木柱子支撑而起，最下面一层放置杂物、干柴，养鸡养鸭，上面一层是厨房和居住处，走在上面吱吱作响。寨子里全为青石板路。村寨共有三座风雨桥，均为木质结构。寨门口的一座是最大的，一副对联写着："地接黔楚秀，笋连云天高"。旅游季节或有其他活动时，进寨的人要在这里喝"拦门酒"。另外两座风雨桥相隔不远，是村民休息聊天的好地方。笔者很多的访谈资料都是在风雨桥上和村民聊天得到。村寨中心有座鼓楼——地笋苗寨鼓楼，也为全木构造。

笔者到过的其他寨子有地妙团寨、万财寨、菜地湾、岩嘴头、黄柏寨、元贞寨、杨家湾、滥泥冲、康头寨、岑梧等，房屋也多为木质结构，但也有砖房建筑。受现代化的影响，一些房屋里面是木质结构，为了追求美观，村民在房屋外贴上瓷砖。也有房屋下面是钢筋水泥结构，上面是木质结构。这些都是仿照原来的房屋构造，只是材质由木头换为青砖或钢筋水泥。

（四）饮食特色

油茶是最具特色的饮食。油茶原料主要有大米、玉米、黄豆、花生等，用茶油或菜籽油将大米、黄豆、花生等炒黄炒熟，然后放适量晒干

① 2019年5月1日在靖州藕团乡康头村LXZ老师家里的访谈材料。LXZ，男，苗族，1963年生，大专文化，原是一位木商，做过中学语文老师，现是乡土学者，研究锹里地区文化。

的山茶叶和水煮沸，再用沸汤冲泡爆米花、炸好的“糖果”[①]等，加入适量的盐、葱、姜、辣椒等调味品，制成独具特色的油茶。油茶具有生津养胃、预防疾病的功效，而且能充饥。每家每户每天都吃油茶。这里是“吃油茶”而不是“喝油茶”，原因在于油茶里有糯米花、黄豆、花生、玉米、“糖果”等，并非像平时喝的茶只有茶汤。吃油茶时需要不断转动碗，油茶里的花生、黄豆、玉米等才能入口，称为“浪浪杯”。《靖州乡土志》载:“以冻米杂盐豉煮之，谓之油茶。”[②]这里的冻米即阴米，是糯米蒸熟后阴干而成的一种食品，阴干后较硬，吃油茶时需要用油炸制成糯米花，再配以豆类、盐、茶叶等其他调味品煮制，做成美味的油茶，故习惯称为“吃油茶”。无论哪家来了客人，到屋先以油茶款待，是待客的基本礼仪。吃油茶时不用筷子，或者只放一支筷子，意思是尚有饭在后面，或是一心一意待客。有俗语“宁可一日不餐，不可一顿无茶”，可见油茶在人们生活中的重要性。

腌鱼也是锹里地区的特色食品之一。制作腌鱼的容器是用杉木做成的腌桶，鱼是稻田养的稻花鱼。收谷时节，放干稻田里的水，捕捉放养的鲤鱼、草鱼用来制作腌鱼。制作方法是，将鱼从稻田捉回来后放入清水中静养 2~3 天，让鱼吐尽腮及体内的泥沙。然后把鱼从鱼背剖开，除去内脏清洗干净，配以米酒、辣椒粉、酸玉米、姜等调料，将调料抹在鱼全身，然后一层层放置在腌桶中，用盖板压平，盖板上放一青石，密封放置约半个月之后即可食用。腌鱼鲜香味美，是锹家人每年必备的美食。腌鱼既可以生吃，也可以油煎。腌制后的鱼可以存放 1~2 年，甚至十几年也不会变质腐烂，是待客的佳肴。

糍粑也是锹里地区常见的特色食品。糍粑有糯米粑和小米粑。将糯米或小米用山泉水浸泡后，放在蒸桶上蒸熟，然后倒在打糍粑的槽里，年

① “糖果”为糯米粉和黏米粉按一定比例混合，加入适量的糖和水，揉成大小中等的丸子，炸制而成。炸制的“糖果”呈金黄色，味甜软糯。

② 金蓉镜．靖州乡土志［M］．光绪三十四年刊本．卷四附录・靖州三十咏，第 2 页．

轻力壮的小伙子们轮流捶打，捶烂后，妇女们则趁热揉成团状，压平放凉即可。做好的糍粑用山泉水泡在容器中，来年春天上山造林或干活时，可以糍粑为午饭。

制作腊味和吃刨汤一般同时进行。锹里地区有年底杀年猪的习俗。杀年猪当天，把新鲜的猪内脏或肉配以萝卜、白菜等做成菜，邀请邻居或亲戚一起享用，剩下的猪肉则制成腊肉。腊肉的做法是，将猪肉切成宽约5厘米的长条状，用盐均匀涂抹，揉搓使盐充分融味，再撒上花椒，腌制3~5天后，挂在火塘上慢慢熏烤。腊味是每年必备的食材，腊味一般用猪肉制作，也有的用鸭肉、鱼肉等制作。

乌米饭。每年农历四月初八即将到来时，人们从山上采摘杨桐树（即南天烛）的叶子，用清水洗净后捣烂，汁液呈乌黑色。把事先备好的糯米放入乌水中浸泡，糯米就会变成乌黑色。然后，沥干水分，把乌米放入蒸桶中蒸熟，晒干做成乌米饭。《湖南方物志》记载："湘人以四月四日摘杨桐草，捣其汁，取汁渍米作乌饭，谓之'青精饭'。"[①]乌米饭味道鲜美，散发着淡淡的树叶清香，是做油茶的原料之一，深受人们的喜爱。

除了以上的特色饮食外，锹里地区的人们以大米为主食，杂粮有玉米、红薯、黄豆等。遇到饥荒年，粮食不足以果腹时，到山上挖蕨根，加工后制成蕨粑粉，做成蕨粑（又叫芒粑）充饥。当地人有制作酸肉、酸辣椒、酸菜的习惯。饮食习惯偏辣、偏酸。在蔬菜生长旺季，把吃不完的新鲜蔬菜加工成干菜，以备淡季时食用，如干白菜、干笋子、干蕨菜等，配以肉炒食，味道可口。食用油以菜籽油、茶油、核桃油为主，如今茶油、核桃油较少，菜籽油较多。平时养鸡、养鸭，捕捉河里的鱼虾以补充人体蛋白质的需要。还有烤米酒的传统。

在饮食礼节上，吃饭时先给老人、客人盛饭；有鸡时，鸡头给老人，鸡肝给客人，鸡腿一般给小孩；客人到屋，先喝油茶，再以酒肴招待；有

① （清）黄本骥. 湖南方物志［M］. 长沙：岳麓书社，1985：23.

吃龙头宴的习俗，有尊望的人或贵客坐龙头位置。

（五）语言特点

锹里地区人们交际的语言以“酸汤话”为主。酸汤话是以汉语为主的一个语言系统，也可理解为一种汉语方言，同时夹杂一些苗语和侗语。酸汤话的形成与汉族居民向少数民族地区不断移迁有关。有研究表明，讲酸汤话的人“其先祖于南宋至元期间由江西迁入湘黔边境，与土著的苗族、侗族形成大杂居，小聚居状态，各族之间互相通婚，生活互相影响”[①]而形成酸汤话。酸汤话“由历代汉族移民带来的汉语方言与当地苗语、侗语接触混杂而成，近代以来又受到西南官话的强烈影响。因此，混杂性是酸汤话的显著特征，其主体为汉语方言，同时也有一定苗语、侗语成分”。[②]历史上，锹里地区为苗族、侗族的聚居区，随着汉族人的不断迁入，汉文化传入，苗语、侗语、汉语逐渐融合，在语言特征上，逐渐形成了酸汤话，即人们一般会说四种语言——苗语、侗语、汉语、酸汤话，唱歌以酸汤话为主。酸汤话的形成体现了汉族与西南少数民族交往、交流与交融的过程。在酸汤话的分布区域内，主要盛行西南官话，故传统上把酸汤话区视作西南官话区。

（六）民间歌舞

锹里地区的人们崇尚“饭养身，歌养心”。由于没有文字记载，他们以口口相传的方式记录并传承自己的文化，以歌传情、以歌达意贯穿于日常生活的各个方面。境内的民间歌舞主要有苗族歌鼟、四乡歌、芦笙舞、麻绞舞、伞舞等。

三锹苗族歌鼟是一种多声部合唱形式，模拟鸟鸣、流水、蝉叫等大自然的声音，编成优美的旋律，经过长期的演变形成独具特色的苗族歌鼟，被称为“中国原生态民歌的活化石”。2006 年，以三锹乡为主要传承地的苗族歌鼟入选国家非物质文化遗产名录。歌鼟多为七言四句，按主要

① 刘宗艳，罗昕如．酸汤话记录的锹歌及其修辞［J］．云梦学刊，2013, 34（05）：133–137.

② 刘宗艳．酸汤话的混杂性观察［J］．南华大学学报（社会科学版），2013, 14（06）：102–106.

内容、歌曲风格等，主要有山歌调、茶歌调、酒歌调、烟歌调、饭歌调、担水歌调、嫁歌调、三音歌调、童谣调等，[①] 这些歌调与人们的生活紧密相连，贯穿渗透到人们社会生活的各个方面。

四乡歌又叫湘黔四乡歌或白头苗歌，是流传于靖州渠阳、藕团、新厂、平茶等乡镇的一种民歌。其唱腔独特、曲调婉转、通俗易懂，成为锹里地区苗族的传统歌曲之一，其中情歌占了一大半。四乡歌内容与苗族歌鼟一样，演唱风格和苗族歌鼟相似，用汉语演唱。歌鼟受四乡歌影响较大，由四乡歌演变而来。《锹里地理歌》中有“先开平茶四乡所，后开靖州花鼓楼”的歌词。四乡歌按其旋律分为“湖南腔”和“贵州腔”，其中“湖南腔”又分为“林源上堡腔”和“中洞新厂腔”，大致包括“襻腔”“叫鸡子调”“打地油调”“细叶子调”“酒令调”“佛歌调”等。清末，贵州省锦屏县敦寨的“贵州腔”流传至四乡河上游的康头等村寨，融合“湖南腔”等元素，成为新体“康头腔”。[②] 2013 年四乡歌被列入怀化市第四批非物质文化遗产名录。2023 年 11 月，四乡歌入选湖南省第六批省级非遗项目名录。四乡歌颇具自身风格，反映生活的各个方面，贯穿于日常生活之中，影响和辐射着锹里地区，推动了歌场文化的发展，促进了民族文化的交流。

芦笙舞也是锹里地区一种重要的民间艺术形式。芦笙舞又名“踩芦笙”、“踩歌堂”或“踏歌堂”，有 2000 多年的历史。相传，芦笙管为诸葛亮教苗族人制作而成，故芦笙管也叫孔明管。《老学庵笔记》中也有所记载：“农隙时至一二百人为曹，手相握而歌，数人吹笙在前导之。”[③]《苗荒小纪》记载：“芦管一物，几于无人不习，无家不备。芦管亦名孔明管……长数尺或一二丈不等，为窍十二，以竹管六贯之……苗人婚丧集会，多用此为乐。声调有一定格律，动作有一定规矩，故奏乐数人或百数

① 明敬群．锹里花苗风情［M］．广州：南方出版社，2009：14-18.

② 靖州苗族侗族自治县藕团乡人民政府编．藕团乡志［M］．郑州：中州古籍出版社，2018：331-332.

③（宋）陆游．老学庵笔记［M］．李剑雄，刘德权，点校．北京：中华书局，1979：45.

十人，而声调动作不少乱，听之，如出一口……岁节工暇，男女千百为群，遍游各寨。近寨，则吹芦管，寨人闻声，亦集众吹管出迎，男女相见，均握手为礼，款以酒食，数日而后去。有时两寨男女，空寨赛乐，胜者积薪燎火，熊熊触天，欢呼狂舞，以示其大捷焉。"[①]经过历史的演变，芦笙舞这种古老的艺术形式得以传承与发展，人们以吹芦笙、跳芦笙舞的形式展现自己的生活态度和精神面貌。道光年之前，芦笙节一般在农历正月、七月或十月的农闲时节举行，现在多在农历正月、七月举行。小伙子们在芦笙管上插几根野鸡毛或者其他枝条用作装饰。几十上百支芦笙管同时吹奏，姑娘们盛装起舞。节日往往会持续四五天，场面非常热闹壮观。《靖州乡土志》载："佳日无过春与秋，芦笙场在四山头；前寨逢迎后寨送，一生不解别离愁。"[②]芦笙舞作为苗、侗民族休闲娱乐的一种民间舞蹈，是在长期的农耕、狩猎采集生活中逐渐形成的歌舞形式，是融歌舞为一体的群体性的艺术活动，蕴含着农林复合系统文化以及祭祀礼仪，也承载着重要的历史文化信息。2006年芦笙舞被纳入国家非物质文化遗产名录。这些多姿多彩的民间艺术与人们的生活息息相关，渗透到人们的生产和生活中，展现了丰富的民族文化。

麻绞舞是男方到女方家娶亲时，接亲客和女方家之间的一种竞技性娱乐活动，主要流传于藕团、三桥、团山、新寨、林源以及康头村等。接亲队伍回答"关门对"之后，进入女方堂屋，给祖先上过香后，由女方兄长双手托圆形红漆盘，盘内放一根红彩布，走八卦步，边走边唱。伴郎需套着对方的脚步，如果步伐紊乱，女方兄长就将漆盘托起，让伴郎从腋下走过。如果伴郎顺利走完八卦步、古脑钱[③]等，就会赢得喝彩。[④]

① 刘介．苗荒小纪［M］．上海：商务印书馆，第十八章音乐，1928：28.

② 金蓉镜．靖州乡土志［M］．光绪三十四年刊本．卷四附录·靖州三十咏，第6页．

③ 古脑钱，铜钱的一种，外圆内有方孔，孔边为内凹形纹饰。清代寨市里、三锹里一带称这种铜钱为古脑钱。踩麻绞舞时古脑钱为一种舞步，四人分为两组，从对角线开始起舞，8次交换位置，每个人都要确保交换位置的准确性，以便立在矩阵的每一个角，也可理解为"矩阵交换"舞式。

④ 靖州苗族侗族自治县藕团乡人民政府编．藕团乡志［M］．郑州：中州古籍出版社，2018：334.

伞舞又名接龙舞，清末时由湘西传入境内的藕团、新街（滥泥冲）一带。伞舞是苗族进行接龙活动所跳的舞蹈，龙是吉祥的象征，起造房屋时，举办接龙活动。《藕团乡志》记载："接龙的动作有龙穿花、龙现爪、龙翻身、跳龙门、龙抢宝、龙护宝、龙进门、龙关门等。接龙舞多用半圆步行走，动作柔美；接到龙后，舞者撑开布伞，伞伞相接，或张或闭，变化队形。伴奏乐器为唢呐，曲调多为喜庆歌调。舞者男着青长袍，腰系五色飘带，穿布鞋，青布包头；女着花裙，戴银首饰，穿云勾鞋，未婚者戴红花辫，已婚者头包花巾。"[①] 接龙活动参与人员众多，仪式神圣而庄严，呈现一派祥和、欢乐喜庆的景象。由于接龙舞场面大，耗资较多，20 世纪 40 年代之后，在三锹境内这一活动逐渐消失。由此反映出文化的融合与变迁，由最初传入，慢慢发展，到最后消失。

（七）节庆习俗

锹里地区节日习俗除和汉族地区一样的节日，如除夕、春节、清明节、端午节、中秋节、重阳节等外，还有本民族传统的节日，如甜粑节、姑娘节、尝新节、歌会节、芦笙节等。正月初一是新年的第一天。新年有上山砍柴的习俗，取"进柴"与"进财"谐音。但是有些寨子如地妙、岑梧是在腊月二十八过年。岑梧寨陆氏族谱记载：

> 据忆，吾祖陆氏正本以来思宗有源，源之有头，我支始祖陆应财落业靖州，所生四子相富、相岁、相万、相晚。在靖州三脚屯因烧田坎失火上坡，烧死一妇人，要将一子赔命，弟兄商议无法，只有跑脱为上计，逼迫分散。于当年农历十二月二十八日会餐过年，称为难年之意，当时兄弟知无文凭无物为据，只有将一面鼎罐打破四瓣，各拿一瓣……[②]

---

① 靖州苗族侗族自治县藕团乡人民政府编．藕团乡志［M］．郑州：中州古籍出版社，2018：333-334.

② 笔者于 2019 年 8 月 15 日在岑梧寨 LXZ 家拍摄族谱。

从族谱可以看出，为了避难，岑梧的陆姓是从地妙迁徙过去的。在岑梧寨，陆姓人每次祭拜祖先时，都要面向东方默默祈祷，祈求祖先的保佑，也是追忆祖先。

表 1–4 罗列出锹里地区传统的节庆、时间、形式及内容、目的。

**表 1–4　锹里地区的传统节庆**

| 节庆 | 时间 | 形式及内容 | 目的 |
|---|---|---|---|
| 甜粑节 | 农历三月三日 | 甜藤捣烂取汁，与糯米粉搅匀，用粽叶或树叶包好蒸熟，做成甜粑 | 祭祀、待客 |
| 姑娘节（乌米饭节） | 农历四月初八 | 用杨桐树叶的黑色汁液浸泡糯米，蒸熟晒干，制作乌米饭。把已嫁出去的姑娘接回来过节 | 纪念杨八妹，探亲访友；也是牛王节，让牛歇气不耕田 |
| 尝新节 | 农历六月卯日 | 到田里摘回几株稻穗蒸熟尝新；做鱼肉等饭菜祭祖 | 祈求先祖保佑、五谷丰登 |
| 歌会节 | 每年一次，集中在农历六月、七月 | 湘黔四十八寨侗族、苗族群众赴歌场聚众集会玩山、赛歌 | 传承民间文化，促进民族团结 |
| 芦笙节 | 农历正月、七月 | 上锹老里、新街、江边等寨举行芦笙活动，身着盛装，吹芦笙、跳芦笙舞 | 娱乐，族群团结 |

（八）婚姻习俗

清代道光以前，锹里地区盛行“舅霸姑婚”“姑舅表婚”的婚姻习俗，即姑家之女必定为舅家之媳。南宋洪迈在《容斋随笔·渠阳蛮俗》中提到当时靖州一带“舅霸姑婚”习俗：“姑舅之昏（婚），他人取（娶）之，必贿男家，否则争，甚则仇杀。”[①] 这里的男家指舅家，若亲舅无子，则堂舅霸之；倘若舅家无子，允许将女儿另配他人，须向舅家补偿一定的钱财，谓之“外甥钱”。文献记载：“黑苗必以姑之女为舅妇，如舅无子，必重献于舅，谓之‘外甥钱’，又曰‘换种’，否则终身不能嫁。”[②] 如果不

① （宋）洪迈．容斋随笔［M］．上海：上海古籍出版社，容斋四笔卷第十六，1978：800.

② （清）吴振棫．黔语：卷下［M］// 罗书勤等点校．黔书；续黔书；黔记；黔语．贵阳：贵州人民出版社，1992：395.

赔偿舅家一定钱财，就会引起争端甚至仇杀。这种强制性的婚姻，引起苗族青年们的强烈反抗，甚至造成命案。道光年间，万财寨（今菜地村）姑娘潘学贵聪明美丽，被迫嫁给地背寨舅家儿子。因其表兄是个傻子且性情残暴，经常掐死鸡鸭，潘姑娘担心自己有一天也会被害死，于是放药毒死了自己的丈夫。后来亲家变冤家，舅家陈尸三年打官司，这一命案惊动了锹里 24 寨。道光二十一年（1841 年），锹里 24 寨集结款场合款，在地背立《群村永赖》碑，在楠木山立《流芳万代》碑[①]，禁止舅霸姑婚，试图废除这种婚姻习俗。但是实际上，这种婚姻习俗至今仍在影响着人们。2020 年“五一”在地笋苗寨调研期间，笔者所住房屋的女主人讲了这样的故事：

> 我和现在的老公是在浙江打工的时候认识的。去浙江打工的原因是，当时家里给定了一门亲事，按辈分来讲，叫男方舅舅，而且还是一个远房亲戚，是我妈的堂舅的儿子，不是亲舅。当时我 18 岁，不愿意这么早结婚，也没看上对方，就逃了出去，一人到浙江打工……还有我妹妹也是这样的，前年的事情，我亲舅舅家的儿子找不到媳妇，于是想着我们家的女儿。舅舅说要嫁出去的妹妹再还回来一个女儿，才算公平。后来我家没同意，为此两家还有怨气。[②]

通过所讲的故事可以看出，舅霸姑婚的习俗在 180 多年前被废除了，废除后提倡婚姻自主择配，可是现在仍有部分残余在影响着人们。

过去，在择偶方面，男女青年通过坐茶棚[③]或赶歌会等社交活动，寻

---

① 笔者分别于 2023 年 5 月 4 日、2023 年 3 月 6 日将碑文内容做成拓片。

② 笔者 2020 年 5 月 2 日在地笋苗寨的访谈资料。访谈对象 PSH，女，苗族，1986 年生，初中文化，访谈地点 PSH 家。

③ 坐茶棚是男女青年结交伴侣、结交朋友的地方，被认为是一种古老的婚约关系缔结形式。一般在戌月或农闲时间坐茶棚，现在这种活动已消失。茶棚即在寨子边的空旷坪地里，用四根木柱竖起，上面盖上木皮，周围用木片围成简陋的房子，供男女青年娱乐、交朋友之用。坐茶棚结交的朋友，有的终成眷属，有的只是普通朋友。

找意中人。双方父母同意后，按婚俗订婚、结婚。姑娘出嫁时，男方一般要在房族中请六位能歌会说又有酒量的男性为礼客，带着聘礼去接亲，叫“六亲客”。“六亲客”身穿蓝色长袍，头围黑包帕。新娘到新郎家后，不与新郎同房，陪嫁的两位姑娘时时刻刻陪着新娘，在新郎家住三晚之后，再回娘家住。直到十天半月或者一年、三年之后，再由新郎把新娘接回来，正式开始夫妻生活，此习俗叫“不落夫家”。

20 世纪 50 年代以前，三锹人实行族群内婚配制度，很少与外族人通婚，且同宗不通婚。直到 80 年代后，传统的婚姻圈解体，婚姻的范围慢慢扩大，外嫁的人越来越多。

（九）民间信仰

苗族、侗族受万物有灵论信念影响，逐渐发展出对自然、祖先、鬼神的崇拜、祭祀。人们相信万物有灵，形成自然崇拜的习俗，如祭树神、祭石头、祭山神、祭土地神、祭河神、祭井、祭五谷神等，对一些鬼神也有敬畏之情。

在自然崇拜上，锹里地区的寨子周围都有风水树或护寨树，严禁砍伐。苗族有枫香树崇拜的习俗，寨子周围会栽植枫香树，有些寨子栽植杉树或红豆杉树。地笋苗寨有百年以上的枫香树，即使枫香树死亡也不允许砍伐。岑梧寨有一株 200 多年的古杉树，村民视其为“护寨树”。每个村寨都有保寨的门楼和保佑村寨的土地神，有的在自家门口安有土地神，还有的将其安放在桥头、地头、井边等。如有小孩在算命先生算过之后被认为犯“关煞”，就要祭拜古树或石头，用红纸写上祭拜语贴在古树或石头上，祈求小孩“长命富贵，易养成人”。人们相信树有灵魂，可以守住孩子的灵魂，保护孩子长大。进山伐木之前，要先祭拜山神、树神，祈求平安。放排时要烧香焚纸，祭祀河神，请求保佑。

在祖先崇拜上，每家住房内设有神龛，贴有“天地国（君）亲师位”，农历每月初一、十五或者逢年过节时，都要在神龛前焚香烧纸。过节时，还要奉上祭祀品，祈求祖先庇佑，家道兴旺。

在祭祖上，苗族、侗族最隆重的祭祀活动要数椎牛祭祖，又称为“吃牯脏”。锹里地区流传有歌谣“三十三锹开茶房，古一古二吃牯脏”，讲的就是锹里地区曾流行的椎牛祭祖习俗。明清时期，此习俗盛行，改土归流后，曾严饬禁止，但事实上禁而不止。直到1951年之后，此习俗消失在人们的视野中。

在地方神崇拜上，有两个地方性神明受到人们的敬仰，一个是水神杨公，另一个是飞山太公杨再思。水神杨公据说是出自渠水下游与清水江交汇处的青木村（今托口），因不满朝廷横征暴敛以及大征皇木而造反，最终遇害的英雄人物，后来演变为保佑放排平安的水神。过去放排时，沿途遇到杨公庙都要停排，上庙里烧上几炷香，祈求水神杨公保佑平安。杨再思为唐末五代“飞山蛮”酋长，号十峒首领，颇有惠政，死后被奉为神，称为“飞山太公”。如孩子多病多灾，父母则会带着孩子到飞山庙祈福，祈求“飞山爷爷”祛病消灾，健康成长。

锹里地区还流传着树神矮爷山鬼的传说。所谓的山鬼是有生命的一种动物，这种动物俗称“矮罗子”“惑子”，生活在崇山峻岭的丛林中，貌似猴子，脚反向生长，与人共居，无害人之心。据说这种动物非常有灵性，若你敬重它，它就会到你家里居住，你会收获意想不到的好处或帮助；若冒犯它，将会招来灾祸，家中鸡犬不宁。因而，畏之者称之为“山鬼”，敬之者称之为“山神”。

文化是多要素的复合体，一个民族特有的文化特征通过诸多文化要素的不同侧面呈现出来。文化的表现形式既有可视的实物，也有内在的观念和思想，通过有形的物或无形的观念，呈现民族的文化样态。在文化的作用下，人们有效利用特有的资源，维系着民族的生存、发展与延续。

# 第二章　农林复合系统的结构

本书所探讨的农林复合系统，是以杉树为目的树种而与其他动植物复合共生的系统。因而，本章分析农林复合系统的结构，主要探讨杉树与其他树种、农作物、动物的复合共生，包括种植结构与养殖结构，具体包括林间种植、林下种植、林下养殖、树上放养。

## 第一节　种植结构

踏入锹里地区，首先映入眼帘的是四季常绿且成片的森林植被覆盖着每一座山头，曲折蜿蜒的小路盘旋在山谷中，石缝里渗出的潺潺溪水从高处细流而下，汇集在低处的小溪中。小溪清可见底，鱼虾在溪中游动。稻田位于山间坝地，星星点点式分布在村寨周围。村寨临溪而建，每寨户数不多，少的 20 多户，多的 100 多户。房屋大多为木质结构，错落有致。寨子旁古树参天，风雨桥横跨溪水而建，鼓楼既是寨中最高的建筑，也是标志性建筑。走入村寨，可见古井、古树、鸡鸭猪狗等，时不时能听见鸡鸣声、狗吠声。这一幅幅优美的画面是笔者的第一感受。这一整体景观布局与农林复合系统密不可分。以下从整体结构与局部结构加以分析。

### 一　杉树与阔叶树复合种植

锹里地区的森林生态系统为亚热带常绿针叶树、阔叶树混交林。按照国家林业部门对森林生态系统功能的划分，可分为生态防护林与人工林。防护林中多为阔叶树，人工林中多为杉树。这些森林远看为连片分布，近看是不连片的，林地与林地之间有防火带。总体呈现的景观是阔叶林中有杉树，杉树林中有阔叶树。

按树木类型及用途划分，针叶树主要有杉树、松树、水杉、红豆杉、篦子三尖杉，杉树、松树多为用材树种，水杉、红豆杉、篦子三尖杉为国家保护的稀有树种。阔叶树主要有楠木、樟树、榉树、枫香树、钩栲（卡栗木）、毛竹（楠竹）、泡树、檫树、青枫树、鹅掌楸、木荷树等，这些多为用材树种。阔叶树中主要经济树种有油茶树、山核桃树、油桐树、杨梅树、梨树、柑橘树、猕猴桃树、板栗树、木姜子、盐肤木（五倍子树、抱木树）、女贞树等。这些经济树种中有油料类树种、水果类树种、坚果类树种、药用类树种等。树木种类繁多，可利用的树木资源丰富，树的用途多样化。

在农林复合系统中，人们根据需求的不同，选择留下的目的树比重各有差异。就杉树林而言，杉树主要用在建造房屋等方面，因而，目的树种是杉树，比重占80%以上。走在锹里地区的山间小路上，可看到小路两旁的山坡上有成排的杉树，这些杉树长势较为一致，杉树林中伴生有阔叶树，也有与松树伴生的，杉树与这些树复合共生。阔叶树如油茶树、油桐、木姜子、檫树等，这些树也可称为混交树，对于混交树而言，既有人为种植的，也有部分是树上落下的种子自己长成的。从杉树与混交树复合共生的时间上来讲，既有长期共生的，也有短期共生的。长期共生的有松树、檫树、漆树等，与杉树的生长周期基本保持一致，待杉树成材时，杉树与混交树皆伐；短期共生的如三年桐，油桐树结实七八年后结实量下降，就需要间伐，为杉树生长腾出空间。就阔叶林而言，其主要起生态防护作用，以及为人们提供生活上的需要，目的树种是阔叶树。例如，油茶树、山核桃树是人们食用油的主要来源；阔叶树为人们提供柴薪，也提供制作器具的原材料，还可以作为菌类的培养基，为人们的生活提供保障。阔叶林中零星生长的杉树，多为掉落在地上的杉树种子自然长成，呈不规则分布。

在树龄分布上，杉树林多为同龄树，阔叶林多为异龄树。同龄的杉树林，树龄 1~20 年不等，既有栽植 1~2 年的幼杉，也有生长中等待成材的杉树林，甚至有生长超过 20 年的杉树。这些杉树林从外观来看，整整齐齐，宛若一道美丽的风景。一些林地中有少量长势较好的杉树，树龄超过 50 年甚至在百年以上，这些树是人们特意留下的，备作棺木，人们称为“防老树”。阔叶林中的异龄树，从幼树到百年古树都有，特别是枫香树、榉树、青㭎树等古树，树龄达 300 年以上。当地林业部门将这些古树登记在册，挂牌加以保护，这些古树甚至成为人们崇拜敬仰的对象。

从大范围整体森林景观来说，锹里地区的农林复合系统是针叶林与阔叶林的复合。从局部层面分析，针叶林与阔叶林中的树种分布及结构有差异，不同的树木在人们的生活中所起的作用也不尽相同。

## 二　林间种植

在杉树与阔叶树混交种植的复合系统中，杉树林与阔叶林没有严格的界线之分。在林间种植结构上，既可以在杉树林中种植，也可以在林间的防火带上种植，或者在阔叶林间种植。

### （一）“林粮间作”

杉林中的林间种植，主要是在杉树定植后的 3~5 年内间作，一般称为“林粮间作”。这里的“粮”是一个广义的概念，既包括粮食作物，也包括经济作物。粮食作物有粟、玉米、红稗、旱稻、豆类、红苕等；经济作物如烟叶，一些蔬菜类及水果类作物如西瓜等，以及一些中药材如钩藤、天麻等。笔者在地笋苗寨调研的几年，经常见到乡民从林间收获钩藤，少部分是野生的，大部分为林间空地种植所获。

林间种植还可以在林间的防火带上实施。防火带为林间空旷之地，宽 6~10 米，每年人们定期对防火带进行检查、维护。人们可以在防火带区域种少量粮食作物如粟、旱稻、玉米、饭豆、红苕等，满足人们的物质生活需要。

（二）“林－林”间作

杉树与混交树种植，常见的有油茶树、杨梅树、漆树、檫树等，这些树木零星点缀在杉林中，一方面可以促进杉树的生长，另一方面可以收获其他林副产品。也有的在防火带上或山脚下种植木荷树，木荷树叶含水量可达40%左右，脂类液较少，且叶子浓密，是一种理想的阻燃树种。一旦发生森林火灾，木荷树像“绝缘体”一样，可以有效阻挡火势的蔓延。木荷树树冠高可达30米，木质坚硬，能够进一步发挥阻燃作用。再者，木荷树再生能力强，即使被烧伤的木荷树第二年也可以萌发出新枝叶，恢复生机，号称“烧不死的铁木荷”。在林区防火带上、山脚下种植木荷树，既能为森林构建起一道生态防火屏障，也有利于保障人们的生活和生产安全。

在阔叶林中，也有林间种植的做法。以楠竹林为例，可以在楠竹林中种植四分之一的杉树，杉树与楠竹可以和谐共生。但是从生长时效上看，在楠竹林中的杉树生长较为缓慢，但是杉树的材质要优于纯杉林中的杉树。竹林中生长的杉树因材质坚硬，非常适宜建房时用作梁柱。基于此认识，有经验的木商在收购杉树时，对竹林中的杉树格外青睐。

（三）“林－菌”间作

茯苓也采取林间种植方式。茯苓栽培是利用砍伐后的松树蔸、松树枝以及采伐松树后的剩余物就地种植茯苓。茯苓栽培方法常见的有树蔸栽培法、段木栽培法、袋料栽培法等。

树蔸栽培法。首先要亮蔸备料，选择无腐烂、向阳的松树蔸为宜，亮蔸时间一般在冬至后到翌年谷雨前。具体做法是清除松树蔸周围的灌木、杂草、腐殖质，削去树蔸地面上的粗皮，保留韧皮，然后将树蔸周围的土抛开，亮出根来，根离土层约20厘米。留下松树主根不要砍断，每个树蔸留根4~6条，且每条根都要削去粗皮，留下韧皮，称为削皮留

“筋”，使其暴晒干燥。备好料后，为引种做准备。将亮蔸后的松树根砍断，锯成短筒状，收集分散的树料，成“井”字形码成堆，堆高约1.5米，底层距离地面约15厘米，晒干备用。菌种下种时间一般在4~6月，平均气温在15℃以上为宜。

段木栽培法。选择树龄18年左右的松树为宜，在冬至至翌年谷雨前将松树砍倒，削去树枝，锯成1米左右长的段木，削皮留“筋”，按“井”字形摆在向阳通风处，晒干备用。选择适宜的时间下菌种。

袋料栽培法。选择无霉变的松屑、松树根、松树枝或者边角料中的任一组合，截断加工成长约30厘米的菌材，削去粗皮，晒干扎捆备用。袋料栽培法能充分利用松树原材料，物尽其用，提高松树资源的利用率，提高茯苓的产量和质量，缩短生长周期，也是茯苓产业可持续发展的有效途径。

茯苓喜阳光，种茯苓的场地，应选择通风、向阳、排水良好的林地，最好选荒土或抛荒3年以上的林地，栽过茯苓的地块也应抛荒5~10年方可再种。

以上农林复合系统中林间种植的一些做法，种植的既有粮食作物，也有木本作物及菌类植物。这些植物既有短期共生的，也有长期共生的，这些共生作物在农林复合系统以及人们的生活中发挥着不同的作用。

## 三　林下种植

在农林复合系统中，也有林下种植的做法。林下种植既可以在阔叶林中实施，也可以在杉树林中实施。林下种植多为喜阴类的菌类。

### （一）“林－菌”种植

林下仿野生灵芝种植是典型林下种植的做法。目前锹里地区有林下仿野生灵芝种植的做法。笔者在调研中了解到，靖州藕团乡三桥村的JHY父子致力于发展林下仿野生灵芝种植，在山上的阔叶林中开辟了仿野生灵芝种植示范基地（基地生长的灵芝见图2–1）。笔者曾到培养灵芝的基地实地察看周围的环境，并咨询了他们种植仿野生灵芝的做法。以下是部分访谈材料：

笔者：对灵芝的生长环境有选择吗？知道在哪个地方长得好？

JHY：我这里没有这个说法。我是在坡上砍一段树，就放在坡上排着，（如果在）林下排，就挨着树脚排。

笔者：就近排。这块林地是你自己家的吗？

JHY：不是我的，也像我家的。

笔者：你的种植理念是就近排放？

JHY：是的。

笔者：培养基的材料是什么？

JHY：枫树，水分比较重，菌子长得好。这是第三年的菌子。

笔者：种一年管三年？

JHY：是的，一段材料只放一年菌种，可以长三年。[①]

**图 2-1　仿野生灵芝种植示范基地生长三年的灵芝（笔者拍摄）**

① 笔者 2020 年 8 月 11 日的访谈资料。访谈对象 JHY，男，苗族，1973 年生，初中文化，靖州藕团乡三桥村人；访谈地点仿野生灵芝种植示范基地。

JHY父子的做法是在阔叶林中砍下几株枫树，锯成长约1米的段木，顺山坡摆放，在段木上植入灵芝菌种，进行灵芝培育，种一次灵芝可以收获三年，中间不需要过多的管护。这样的做法省时省力，还有较大的产出。

（二）“林－药”种植

一些喜阴药用植物如黄精、七叶一枝花、石斛等中药材适宜在林下种植。高大的乔木为喜阴植物提供了良好的生长环境，特别适宜在阔叶林下种植。笔者在调研中，经常见到乡民从山中带回的七叶一枝花、黄精等。七叶一枝花为典型的林下种植的一种中药材，可以通过根茎种植、播种种植，或者通过育苗的方式种植。因种植方法较为简单，有乡民从山中引种，在房前屋后的庇荫处种植，长势较好。笔者曾从地笋苗寨的乡民家搬回两盆七叶一枝花种植，放在家里的庇荫处种植，因无良好的生长环境，抑或缺少了生长的“伙伴”，生长两年后自然死亡。可见，植物若离开适宜的生长环境和“伙伴”，即使精心照料，也达不到预期的生长效果。

铁皮石斛也适宜在林下种植。铁皮石斛为多年生附生草本兰科植物，附生在林内树干上，或者盆栽后固定在树干上。在生长环境方面，石斛喜欢阴凉湿润的环境，对环境要求较高，林下种植石斛，茂盛的树叶可以遮挡住部分强光，给石斛生长创造良好的生态环境。在树种选择上，可用来种植铁皮石斛的树木有很多，松树、杉木、一些阔叶树都可以，直径达20厘米即可种植。把石斛附生种在树上的做法，既不与农业争田地，也不与林业争林地，有效提高了森林资源的利用率，既保护了生态，又产生了经济效益。

农林复合系统的种植结构，根据不同的空间与时间维度，在人为的作用下，选择适宜的物种，把这些成分有机结合起来，使系统的结构朝多层次、多组分方向发展，系统呈现复合性、多功能性等典型特征，综合效益得以提升。

## 第二节　养殖结构

农林复合系统除了林与粮、林与林间作外，还有林下养殖及树上放养的做法。养殖的动物多为家禽类动物或昆虫类动物。

### 一　林下养殖

林下养鸡是农林复合系统常见的做法。农林复合系统中的林有柑橘林、核桃林等，林间空地为鸡提供活动空间，鸡还可以在林间觅食，减少人工饲养的成本费用。以下为两则林下养鸡案例：

> 案例一：2016年，康头二组杨某和胡某合伙在长岭冲圈次生林地10余亩养鸡。上半年，鸡的长势很好，6个月出栏7000余羽；下半年随着天气变冷，林间储存养料逐渐消耗，只出栏500余羽。第二年，杨某退出，胡某又勉强支撑半年，后来亏损严重遂放弃。
>
> 案例二：2017年，康头三组蒋某在本寨庵堂对面造棚舍放养"生态土鸡"，上半年出栏300余羽，下半年，扩大鸡舍规模后，由于过多放养，盈利不佳，遂放弃养殖转而外出打工。[①]

以上两则案例说明有林下养鸡这一事实，虽然都以失败告终，但从中可以吸取教训，为以后养殖提供经验借鉴。分析其原因在于，忽视了生态系统承载力而随意扩大规模，造成鸡的食物给养不足，破坏生态系统平衡。除了小规模的林下养鸡外，还有以家庭为单位养鸡的，家庭养鸡少则十几只，多则不过三十几只，因数量不多，多为自家食用。以家庭为单位养鸡，早上把鸡放出去，白天鸡在村寨周边的林下活动觅食，晚上则归

---

① 以上材料由LXZ于2021年3月30日提供。LXZ，男，苗族，1963年生，大专文化。

巢，主人家辅以适当的饲料作为鸡食物的补充。这种以家庭为单位的养鸡方式，在锹里地区很常见。

除了养鸡外，还有林下养蜂。林下养蜂的地点多随季节变化而变动，种蜂多由野蜂驯化而成。养蜂规模一般都不大，少则几箱，多则20~30箱。锹里地区每寨户数不多，100多户算是大寨子，村寨周边的蜜源有限，若在一个寨子周边放养50多箱蜜蜂，很可能会没有足够的蜜源供蜜蜂采蜜。这是在调研中乡民和笔者提起的现实情况。也有笔者亲眼所见的养蜂做法。在地笋苗寨调研时，笔者发现紧邻山而居的一家农户养了几年的蜜蜂，蜂巢已经有五层，大如脸盆。据说开始是野蜂进入屋内筑巢，这家主人就留心驯化蜜蜂，在房屋顶端留有小孔，供蜜蜂飞进飞出。春夏季节蜜源丰富时，蜜蜂采蜜较多，可以收获一定数量的蜂蜜；冬天蜜源匮乏时，就保留蜂巢中的蜂蜜供蜜蜂度过食物匮乏季节。如此做法已经延续了6年，每年都有纯天然的蜂蜜可取。

林下养殖的做法，多是利用林间空地或林下植物、昆虫作为载体，通过这些载体直接或间接为动物提供生长空间、提供动物生长所需养料。

## 二　树上放养

除了林下养殖外，还有如今仍可见到的树上放养。树上放养最典型的就是白蜡虫（俗称蜡虫）的放养，在蜡树上放养蜡虫（见图2-2）收取白蜡。有文献记载："取蜡之法，于四月内将蜡虫置女贞树上，虫吸树脂，两三月后渐长如蚕，遂吐蜡卷抱树枝，莹白成片。九月间采取，煎熬作饼。各夷洞惯畜蜡虫，汉民亦间畜之。"[①] 女贞树可以放养蜡虫。锹里地区蜡树较为常见，也易种植，在蜡树上放养蜡虫效果较好。"各夷洞惯畜蜡虫"说明苗族、侗族人民有蜡虫放养的丰富经验，这种传统的生计方式至今仍部分存在。笔者了解到靖州有一位杨姓老人目前仍从事白蜡虫的放

① （清）李宗昉．黔记：卷三［M］// 罗书勤等点校．黔书；续黔书；黔记；黔语．贵阳：贵州人民出版社，1992：235.

养。这位老人当时已经 88 岁，他提起放养蜡虫的经历：

> 放养白蜡虫蛮多年了，原来都会做的，新中国成立后，就开始放。旧社会做了一阵子。开始到处访问，去云南曲靖、四川峨眉山找虫子，走得蛮宽的。四川峨眉山女贞树放，云南是蜡树，白蜡树好一些。女贞树不太好，我是用白蜡树放的，一斤虫子有 3 斤白蜡。清明过后放虫子，立夏的时候虫子上树，5~6 月树上就白了，白露后就可以收。虫子容易管，不累。现在虫子是从陕西买的，飞机运到芷江再运过来……[①]

**图 2-2　蜡虫局部照（笔者提供）**

笔者 2021 年 4 月 4 日再次到杨老家里，他说目前靖州放养蜡虫的人很少。放养蜡虫所选择的树，蜡树最好。在笔者的介绍下，地笋苗寨一位何姓老人也试图着手蜡虫的放养，但是要提前种蜡树。在杨老的建议和帮助下，杨老给何姓老人一些蜡树枝，头两年内先种蜡树，然后再放养蜡虫。

目前靖州放养蜡虫的人已经不多，上面提到的杨姓老人，还有元贞凤冲村的村委会主任在从事蜡虫放养，他们放养的蜡虫是从芷江转买的。

① 笔者 2021 年 1 月 21 日的访谈资料。访谈对象 YJY，男，侗族，1933 年生，靖州横江桥官团组人；访谈地点 YJY 家。

在多方打听下，笔者了解到芷江桥边村有一个蜡虫放养基地，该基地主要研究蜡虫种虫种源优化、树体管护、种虫挂放以及病虫害防治等蜡虫高产、稳产技术。建设面积 102 亩，建设时间 2018~2028 年（见图 2-3、图 2-4）。目前芷江白蜡为 2021 年批准的怀化市非物质文化遗产。

图 2-3　芷江蜡虫放养基地（笔者拍摄）

图 2-4　芷江蜡虫放养基地蜡树局部照（笔者拍摄）

另一种树上放养的昆虫是五倍子蚜虫，做法类似于蜡虫放养。五倍子蚜虫寄生在盐肤木上，形成一个个如同“肿瘤”的突起，是一种药材。

关于五倍子蚜虫的放养，在锹里地区流传的《十二皮》[①]中也有提到："一个六月，一个七月，一个摘五倍子往上，一个摘五倍子往下，你摘到屋，我摘到冲头。"[②]从流传的颂词中可知，锹里地区原来从事五倍子蚜虫放养的人较多。据了解，20 世纪 90 年代，五倍子蚜虫非常值钱，靖州大堡子镇有很多人从事五倍子蚜虫的放养。后来随着化工原料的兴起，放养五倍子蚜虫的人越来越少，其慢慢淡出人们的视野。

## 小　结

通过分析农林复合系统的结构得知，农林复合系统改变了常规林业、农业单一种植模式的特点，该系统至少包含传统认识上的两种种植模式，即"农"和"林"。狭义上讲，"林"是指乔木、灌木等树种，这些树可作为用材树或者经济树，甚至包括一些可食用的木本作物；"农"是指种植的粮食作物或经济作物。但是笔者探讨的是广义上的"农"，"农"包括"林"，林及林副产品都被纳入农业的范畴。在此认识的基础上，"农"不但包括第一性的粮食作物、经济作物（包括蔬菜类作物、药用植物、食用菌等），还包括第二性的产品如家禽、家畜等，甚至包括一些可供狩猎采集的对象。农林复合系统作为一种多产业的有机组合，在同一土地单元上，将"一维"的林业生态系统转为"多维"的农林复合生态系统，以农林复合系统为载体，最大限度提高资源利用率，同时实现对生态的保护功能。农林复合系统中既有野生动植物，也有经过人工驯化的动植物，生物多样性丰富。各动植物在生态系统中扮演着不同的角色，能够带来不同的经济效益与生态效益，综合效益好。

① 《十二皮》为靖州锹里的婚礼颂词，共十二段，主要讲述婚礼仪式的一系列活动。通过活动的展开，实现族群间的认同、婚姻制度的文化认同等。笔者在靖州调研时，获得《十二皮》内容，用苗语和汉语共同呈现。

② 《十二皮》中的第一皮。

# 第三章 农林复合系统的兴起

围绕一个特定文化群体的自然环境与社会环境而建构的农林复合系统，需要有一套自成体系的文化系统。在这个系统内，文化是工具，自然环境是加工利用的对象，认识与加工的主体是特定民族的人。

## 第一节 农林复合系统兴起的自然环境

农林复合系统的兴起与特定的自然环境密切相关。在特定的自然环境下，民族文化基于对环境的认知与资源的利用建构起一套地方性本土知识。

### 一 刀耕火种的自然背景

锹里地区是苗族、侗族的聚集区，自古以来，森林资源丰富。陆游的《老学庵笔记》记载："辰、沅、靖州蛮有犵狑、有犵獠、有犵榄、有犵狻、有山猺……皆焚山而耕，所种粟豆而已。食不足则猎野兽。"[①]"焚山而耕""种粟豆""猎野兽"为刀耕火种的明显特征，也是早期狩猎采集时代的一种生计方式，这样的生计方式至今仍有部分遗迹。炼山是刀耕火种生计方式的部分延续。

朱辅的《溪蛮丛笑》[②]记载："出入坐卧，必以刀自随，小者尤铦利，

① （宋）陆游 . 老学庵笔记［M］. 李剑雄，刘德权，点校 . 北京：中华书局，1979：44.

② 共记载 79 个条目的民族风俗和事迹，涵盖地理范围大致为今湖南怀化、贵州黔东南和铜仁地区。宋代靖州辖境指今天的会同、靖州、黔阳、洪江以及天柱、锦屏、黎平等地。

名仡党。”[①]《溪蛮丛笑研究》一书中说：“‘仡’为苗语器物名词前惯用词头。‘党’在苗语中原意为‘环首刀’，是刀耕火种的利器，间作狩猎工具和作战武器。环首刀刀尖呈圆形，做成窄身长刃型，在刀耕火种作业时，用以剜地播种，利于从事山地生产。”[②]西南地区苗族、侗族居民生息的地带，为亚热带低山丘陵地区，草木茂盛，出门携带刀的目的主要有：一是便于行走，在草木茂盛的山中行走时，需要用刀砍出一条通道；二是管护林木，用刀修整多余的树枝、砍伐染病树木、砍断缠绕树木的藤类植物等；三是防御敌害，山中多野兽，如遇到野兽的攻击，可以用作防御武器。使用此类生产工具乃是对生存环境的适应。笔者在田野调查中，曾和乡民一起上山，无论路途远近，只要上山，必定要随身带砍刀。为此，笔者在地笋苗寨赶场的集市上也买了一把砍刀，外出调研时，放在车的后备厢中备用。明代诗人江进之写《黔中杂诗》十首，其中有这样的诗句：“耕山到处皆凭火，出户无人不佩刀。”“绝壁烧痕随雨绿，隔年禾穗入春香。”[③]这里的“耕山”“凭火”“佩刀”都是刀耕火种生计方式的特征，“刀”是刀耕火种的必备工具，“烧痕”是指刀耕火种留下的黑色痕迹。

通过对文献记载内容进行分析，明代以前五溪地区曾存在刀耕火种的生计方式，而从事刀耕火种生计方式的前提是要有大片森林。从人们的生计样态及所使用的生产工具来看，这是山地居民利用特定的文化对生态环境适应的结果，也是对生态环境的一种适应性选择。清代编纂的文献更是提供了详细资料：“下有月潭寺，古杉万本，垂荫蔽亏，为黔中第一奇境。”[④]“郡内自清江以下至茅坪二百里，两岸翼云，承日无隙，土无漏荫，

① （宋）朱辅．溪蛮丛笑［M］．钦定四库全书．史部十一・地理类十，第1页．

② 符太浩．溪蛮丛笑研究［M］．贵阳：贵州人民出版社，2003：71–73.

③ 转引自杨庭硕．相际经营原理——跨民族经济活动的理论与实践［M］．贵阳：贵州民族出版社，1995：78.

④ （清）爱必达．黔南识略：三十二卷［M］．乾隆十四年编纂，道光二十七年罗氏刊本．卷十五天柱县，第107页．

栋梁宲桷之材，靡不备具。”[①]杉木数量多、品质优良，丰富的森林资源为农林复合系统的兴起奠定了基础，也为后来木材贸易的开启提供了便利。

## 二　生态系统中的物种种类

农林复合系统是按照仿生模式构建的森林生态系统，既遵循了自然规律，又融入了文化因素，在该系统中，既包括部分野生动植物，也有经过人工驯化的动植物，物种种类繁多。

根据光绪《靖州直隶州志》的记载，靖州境内动植物种类繁多，日用所需及常见动植物有14类，分为谷之属、果之属、花之属、草之属、药之属、蔬之属、木之属、竹之属、土之属、禽之属、兽之属、鳞之属、介之属、虫之属，另外还包括蛇类、菌类、两栖类等。以下仅选取有代表性的动植物列举：

谷之属45种，包括富贵黏、洗粑黏、冷水糯、四乡禾、糯粟、苞谷、云南粟、高粱、大麦、红豆、黄豆、老鼠豆、穇子、芝麻……

果之属47种，包括桃子、樱桃、梨、枇杷、杨梅、柿子、核桃、柑橘、石榴……

花之属79种，包括金银花、水仙花、月季、兰花、映山红、蔷薇、茉莉、紫薇、桂花、菊花、栀子花……

草之属13种，包括葛、苎麻、吉祥草、夜光草、排草、排楼……

药之属57种，包括五倍子、金樱子、苍耳、蒲公英、淫羊藿、土茯苓、菖蒲、黄精、钩藤、金银花……

蔬之属56种，包括冬笋、韭、葱、蒜、葍、芥菜、白菜、茼蒿、芹、辣椒、魔芋、瓜……

木之属23种，包括松、柏、杉、樟、梓、椿、槐、檀、楠木、银杏树、桐树、油茶树、乌桕、皂荚树、漆树……

① （清）爱必达.黔南识略：三十二卷［M］.乾隆十四年编纂，道光二十七年罗氏刊本.卷二十一黎平府，第147页.

竹之属10种，包括水竹、金竹、紫竹、楠竹、斑竹、箭竹、苦竹……

土之属5种，包括红土、白土、黄土、沙土、石灰土。

禽之属44种，包括燕、雉、鹰、鸡、鸭、鹅、鸠、鸽、画眉、啄木鸟、锦鸡、白鹭、乌鸦……

兽之属29种，包括虎、豹、獐、麋、兔、鹿、牛、马、狗、猫、鼠、野猪、獾……在调查中，村民说锹里地区的老虎、豹子、獐、麋、鹿多年没有看到了。

鳞之属13种，包括鲤鱼、青鱼、鳜鱼、鲫鱼、草鱼、黄刺骨……

介之属7种，包括龟、鳖、蚌、螺、虾、螃蟹、穿山甲。

虫之属14种，包括蜂、蝴蝶、蜻蜓、蝉、蚱蜢、螳螂、蟋蟀、蜘蛛、蜣螂、蚂蚁、纺织娘……[①]

蛇类有乌梢蛇、眼镜蛇、水蛇、竹叶青、菜花蛇、蝮蛇、银环蛇等10多种。菌类有枞菌、木耳、银耳、灵芝等。两栖类有青蛙、蟾蜍、山蛙、树蛙、黄蛤蟆（林蛙）等。

以上列举的动植物种类，一些是繁衍生息于此的野生动植物，一些是经过人类文化筛选的动植物。多样性动植物彼此之间相互依存、相互影响，构建了稳定和谐的森林生态系统。反过来，森林生态系统又为这些动植物提供了栖息的环境。

## 第二节　农林复合系统兴起的社会环境

农林复合系统的兴起除了与自然环境相关，更与特定的社会环境有关。这样的社会环境包括两方面因素，一是外部力量的推动，二是内部生活的需求。在这两方面因素的合力作用下，农林复合系统兴起。

① 靖州苗族侗族自治县史志办公室整理.（清）光绪靖州直隶州志［M］.影印版，上卷卷四贡赋，2016：246-250.

## 一　外部力量的推动

外部力量的推动与木材贸易关系密切。木材贸易从萌芽、兴起到繁荣发展，与国家力量的推动和市场需求等社会环境密切相关。

早在宋代，就有志书记载有关木材交易的情形。《溪蛮丛笑》中关于杉木的分类和品质等级有这样的记载："枋板，皆杉也。木身为枋，枝梢为板。又分等则：曰出等甲头，曰长行，曰刀斧，皆枋也。曰水路，曰笏削，曰中杠，皆板也。脑子香以文如雉者为最佳，名野鸡斑。"[①] 其对杉木做了明确的分类，将其分为枋材和板材，又对每个类别进行品质和等级的划分。枋材分为出等甲头、长行、刀斧三个品级，板材分为水路、笏削、中杠三个品级，还提到顶尖的杉木为"脑子香""野鸡斑"。从这些描述中可以看出，在宋代，五溪之地（包括靖州地区）就有大量杉木产出。对杉木品质和等级的记载，反映了在当时的靖州地区，杉木是作为一种交换的物品，这样才可能有等级的划分，据此可以推断此区域存在木材交易活动，否则这样的等级标准难以建立起来。

范成大的《桂海虞衡志》和周去非的《岭外代答》中也有关于杉木的记载。《桂海虞衡志》记载："沙木，与杉同类，尤高大，叶尖成丛，穗少与杉异。"[②]《岭外代答》记载："沙木，与杉同类，尤高大，叶尖成丛，穗小与杉异。瑶峒中尤多，劈作大板，背负以出，与省民博易，舟下广东，得息倍称。"[③] 在古代"少"同"小"。在古今植物学典籍中，沙木即杉木。《农政全书》记载："杉，一名樧，一名沙，一名檆，有赤白二种。赤杉实而多油，白杉虚而干燥。树类松而干端直……杉木斑文有如雉尾者，谓之野鸡斑，入土不腐，作棺尤佳，不生白蚁。烧灰最能发火药。今

---

① （宋）朱辅．溪蛮丛笑［M］．钦定四库全书．史部十一・地理类十，第 4 页．

② （宋）范成大．桂海虞衡志［M］．钦定四库全书．史部十一・地理类八・志草木，第 32 页．

③ （宋）周去非．岭外代答［M］．钦定四库全书．史部十一・地理类杂记之属・卷八・花木门，第 2 页．

南方人造舟屋多用之。”[①] 从宋代到明代关于杉木的记载，说明杉木在当时社会中发挥着重要的作用。《桂海虞衡志》成书时间要早于《岭外代答》，但后者关于杉木作为一种商品的记载较为详细。“瑶峒”是指当时的少数民族，“省民”为宋代汉族人的习语，将王朝管辖之地的人称为省民。“与省民博易，舟下广东，得息倍称”说明在宋代此区域的少数民族就与汉族从事木材交易活动。

《溪蛮丛笑》中关于杉木分类的记载，说明当时人们对杉木的品质有所了解，这样才能建构起相关的知识体系。《岭外代答》记载了瑶峒人与省民的木材贸易往来，进一步证实了该地杉木之多。通过这些记载可以推测出少数民族地区的人们与中原地带的汉人有密切交往，这种民族与民族之间的交往可以通过政治活动、经济活动、文化活动等多种形式体现出来。政治、经济与文化各要素之间相互影响，而经济活动往往成为民族间交往的重要形式，木材贸易就是其中之一。

到明末清初时期，广袤的五溪大地以政治和军事行为推动文化的发展，主要有明朝的“屯军”制度和“人口迁徙”，清朝则为“改土归流”“开辟苗疆”。洪武年间，明王朝在黎平建立军事机构，推行“拨军下屯，拨民下寨”的政策。为巩固国家政权需要，在全国范围内设置卫所，洪武十八年（1385 年）在靖州设立靖州卫、五开卫、铜鼓卫。[②] 随着卫所的设立，屯军人口增多，一些良田被屯军掠走，引起当地少数民族的不满从而引发农民起义，具有代表性的是洪武十一年到十八年的吴勉[③] 起义、洪武三十年的林宽起义。“明洪武间，古州蛮作乱，杨文讨之，由沅州伐山开道抵天柱，遂涉苗境。”[④] 明王朝的大军在镇压渠江、清水江流域

---

① （明）徐光启 . 农政全书：下册［M］. 北京：中华书局，卷三十八种植・木部，1956：760–761.

② 靖州苗族侗族自治县编纂委员会编 . 靖州县志［M］. 北京：生活・读书・新知三联书店，1994：11.

③ 吴勉（1334~1385），男，侗族，元末明初五开洞（今贵州省黎平县中潮镇上黄村兰洞寨）人，为当地侗族款首，领导了反抗明朝暴政和抵御外族入侵的起义，被侗族人民尊称为勉王，明朝官方称其为“吴面儿”。

④ （清）爱必达 . 黔南识略：三十二卷［M］. 乾隆十四年编纂，道光二十七年罗氏刊本 . 卷十五天柱县，第 105 页 .

少数民族起义过程中，对这一带杉木优良的品质有了发现和认识，该地杉木数量多且品质优良的信息传到中原。永乐后，朝廷因修建宫殿而在全国征集“皇木”。于是，“明代正德年间，优质杉木开始作为‘皇木’伐运中原地区”。[①]身负皇命的皇商到清水江流域采办木植，规模宏大、持续长久的木材贸易兴起。

木材贸易到清代更是达到鼎盛。对木材的大量需求，促进了木行的开设，木材贸易开始规模化。雍正七年（1729 年），贵州巡抚张广泗在茅坪、王寨、卦治三寨设立木市，管理三寨木政，并募征民夫疏通上自下司、下迄湖南黔阳的清水江河道。雍正九年，黎平府规定茅坪、王寨、卦治三寨按地支逐年轮流“当江”经销清水江木材。雍正十二年，茅坪、王寨、卦治三寨原店铺改设木行，领取“牙贴”。[②]木材贸易的发展，自然会吸引外来木商的进入，于是安徽、江西、陕西三大木商纷至沓来。“茅坪、王寨、卦治三处商旅几数十万，距府治几二百余里，前经贵东道会同总兵官，于三处地方设卡巡缉，派拨兵役，互相稽查，稍稍敛迹。”[③]木材贸易的兴起促使清水江流域外来人口增加。

随着木材贸易的发展、朝廷对地方政权的巩固，清水江流域官兵、商人、手工艺人、难民等外来人口不断增多。《黔南职方纪略》记载：“其间客民之住居苗寨者，又较别地为多，盖其地虽有崇山峻岭，而两山之中每多平坝，溪流回绕，田悉膏腴，村墟鳞比，人户稠密，其富庶之象易引起客民觊觎之心。且地利肥美，物产丰亨……杉木、茶林到处皆有，于是客民之贸易者、手艺者、邻省邻府接踵而来，此客民所以多也。”[④]明代以来对清水江流域的早期开发，与清水江流域以木材采用为中心的区域经济发展之间，实际上存在着多重复杂的因果关系，也反映出王朝国家力量、

① 贵州省锦屏县志编纂委员会编 . 锦屏县志［M］. 贵阳：贵州人民出版社，1995：7.

② 贵州省锦屏县志编纂委员会编 . 锦屏县志［M］. 贵阳：贵州人民出版社，1995：8.

③（清）爱必达 . 黔南识略：三十二卷［M］. 乾隆十四年编纂，道光二十七年罗氏刊本 . 卷二十一黎平府，第 147 页 .

④（清）罗饶典 . 黔南职方纪略［M］. 道光二十七年刊本 . 第 157 页 .

市场需求、地方社会自身发展逻辑等交互作用的一种历史趋势。[①]

通过以上分析可知，一方面，国家出于对边疆管理的需要而开辟苗疆，屯军人口增多；另一方面，木材贸易开启，外来人口增加。中央王朝对苗疆的管理、木材贸易的发展以及外来人口的迁入，所有这些因素衍生出两大现实问题：一是需要提供更多的木材，以满足木材贸易的需求；二是需要解决不断进入人口的口粮问题。面对两大现实问题，当地百姓不得不考虑对山地资源的开发利用，垦辟梯田，在林间间作粮食作物，以解决温饱问题，农林复合系统慢慢兴起并繁荣发展。

## 二　内部生活的需求

内部生活的需求可以从“林”与“粮”两方面体现出来，“林”主要是目的树种杉树及阔叶树的需求，“粮”主要是人们食用的粮食作物以及饲养家禽所用的饲料。

### （一）杉树的需求

农林复合系统中的目的树种是杉树，杉树在人们的日常生活中扮演着重要角色。这可以从居住的房屋、建造的鼓楼和风雨桥、使用的器具等方面体现出来。

杉树是一种优良的速生用材树种，其枝干通直且材质较轻，深受人们的喜爱。锹里地区的气候潮湿温热，受自然环境的制约以及生活习惯的影响，人们所居住的房屋大多为木质结构的两层或三层干栏式建筑。房屋的梁柱多选用生长 25 年以上的杉树，因为这样的杉树材质坚硬，承重力强。房屋墙壁、顶板及地板多选用生长 20 年左右的杉树，建屋的木材大多直接取自自家的林地。房子与地面隔离，从而达到有效防潮的目的，还可以防虫害、蛇的侵扰及猛兽的攻击。房屋下面也可以饲养家禽。木质结构的房屋，只要使用得当，寿命远超过如今的钢筋混凝土房屋。在地笋

① 张应强．木材之流动——清代清水江下游地区的市场、权力与社会［M］．北京：生活·读书·新知三联书店，2006：49.

苗寨，至今仍有三座杉木材质的房屋，使用时间均已超过 100 年。鼓楼、风雨桥的用材也多为杉木。

杉木不仅是建造房屋、制造家具、建造鼓楼和风雨桥的优质材料，也是做棺材的首选材料。棺木多选用生长 50 年左右的油杉。在苗族、侗族的杉木主产区，人到中年后，会专门在自家林地选留 1~2 株至少生长 50 年的杉树，以备专门制作棺材之需。人们习惯称这些树为“油杉”，也叫作“防老树”。用油杉制作的棺材埋在地下不易腐烂。因为这一优良特性，油杉格外受到人们的青睐。

锹里地区的人们多用腌桶制作腌鱼、腌肉、腌菜等，用来制作腌桶的原材料也为杉木。原因在于杉木耐腐蚀，且没有异味，用杉木制作的腌桶经久耐用，且不会串味，因而受到人们的青睐。

杉树皮也是人们利用的对象。杉树皮可以用作屋顶和牲畜的棚顶（见图 3-1）。锹里地区的居民大多饲养鸡、鸭、猪、牛、羊等动物，这些家养动物是人们日常生活补充营养的重要来源。鸡舍、猪圈、牛圈的棚顶

图 3-1　杉树皮覆盖的棚屋（笔者拍摄）

多用杉树皮覆盖，结实耐用，使用年限久，不易腐烂。尤其是下冰雹时，杉树皮可以缓冲冰雹的撞击力，使棚顶不至于被冰雹打烂，起到保护动物安全的作用，减少经济损失。

（二）阔叶树的需求

杉树林中的阔叶树或阔叶林中的树木在人们的生活中也发挥着重要作用。从人们的日常生活需要来看，做饭用的柴薪、农具用的把柄、桌子和板凳甚至木质挂钩等，多选用阔叶林中的树木。锹里地区几乎每家每户的房屋下面都堆有存放至少三年的柴薪，这些柴薪多取自山间阔叶林，砍成长一米左右的木段，整齐排放在屋脚下备用。尤其在冬季，在火塘里烧火做饭取暖，从早烧到晚，需要大量的柴薪，每天需要约 50 斤，一年约需要 15000 斤柴薪。只是做饭、取暖这两项需求，就需要大量的木头。

油茶树是间作的树种之一，除了获取油茶籽榨油外，还可以用油茶树的树干制作砍刀、锄头等农具的把柄。原因在于油茶树密度大，材质坚硬，用这样的木头做把柄结实耐用。除了做把柄外，还可以选带钩的油茶树枝做挂钩，用其做出的挂钩承重力强，受到人们的喜爱。

在锹里地区，家用桌子、板凳也多选用材质较好的阔叶树制作。笔者在地笋苗寨调研的几年，得知一位木匠加工板凳，选用的木材为钩栗（靖州称卡栗木），这种木材纹理顺直，切面光滑，心材耐腐蚀，油漆黏性良好，是制作板凳的首选木材。在一次谈话中，木匠告诉笔者，有人请他做 20 个板凳，作为嫁妆使用。在村寨里，也有其他家庭找上门，请他做板凳家用。若是售卖的话，一个板凳卖价约为 100 元。这样小规模生产的林产品，都是农林复合系统的产出物。

（三）食物给养的需求

以农林复合系统为载体而生产的“粮”对百姓来说，也是日常生活的重要组成部分。山多田少是锹里地区的典型特征，过去田间所产粮食不足以食用时，需要向山间寻求补充。“林粮间作”是这一复合系统的典型。

农林复合系统中间作的粮食作物种类较多，根据农作物的生长习性以及林木的生长情况间作不同的粮食作物，主要有小米、玉米、红薯、旱稻、䅟子（红稗）等。在缺粮少吃的年代，这些杂粮作物成为山地人们重要的食物给养和补充。以间种小米为例，小米的成熟期比稻谷要靠前，在青黄不接的时候，小米成为主要的粮食作物。每年腊月底制作小米粑，将做好的小米粑存放到杉木桶中用泉水浸泡，来年春天到山上植树造林或干农活的时候，会带上小米粑作为午饭。

间作的杂粮不仅用于满足人的口粮需求，还能为山地民族饲养的家禽如鸡、鸭，牲畜如猪、牛、马等提供饲料。玉米作物耐旱、耐贫瘠，在海拔 200~1300 米地区都能良好生长且产量可观，在山地民族地区很受欢迎。在锦屏魁胆村、岑梧村调研的时候笔者发现，这里的林农在林间间作玉米，收获后的玉米主要用来喂猪、喂马，玉米成为牲畜的主要饲料来源，还可以用来酿酒。林间间作的红薯收获后，除少部分用作食物外，大部分作为猪的饲料。由此可见，以农林复合系统为载体而收获的粮食作物，不管是满足人们的口粮之需，还是作为家禽、牲畜的饲料，都起到了食物给养的作用。

对于锹里地区的苗族、侗族来讲，经营农林复合系统，某种程度上也可以理解为一种适应。当地人的主要目的树种为杉树，是因为杉木是优质的速生用材树种。与其他用材树相比，其生长成材周期相对较短，而且对国家和民众来说也起着重要作用。满足木材贸易需要，满足居民建屋、造风雨桥等需求，以及解决不断迁入人口的口粮问题，这三方面的因素促使“林粮间作”生计方式形成，农林复合系统得以兴起并繁荣发展。从自然选择到人为选择，文化在其中起着重要作用。生态系统经过特定民族文化的加工，变成与该民族文化相适应的一个体系，继而形成一套文化策略，达成生态与文化的耦合。

# 小　结

农林复合系统是按照仿生模式构建起来的，其中既包括一些物种的适应性选择，也包括一些物种的不适应性选择。当选择的物种改变其生态位而不适应原生的生态环境时，需要借助文化的力量，通过技术要素，规避物种的不适应性，使其能够在不适宜的环境中较好地生存。因为森林不仅具有物理性，其也必然与人类构成复杂的关系。这层关系可以理解为环境、资源与技术、组织、理念等概念相联结构成的社会自然系统。[①]这里森林的物理性可理解为自然资源的客观存在，而对资源的认知与利用，就建构起了资源与人之间的一种关系，搭建这种关系的中介即文化，包括技术、组织、理念等。通过人类文化的作用，自然与人之间的关系包括自然与社会两个层面的意思，形成一种社会自然系统。

任何一个民族的生存与发展都离不开所依赖的自然生态环境，在特定的生存空间内，自然特征构成该民族特有的生存环境，这个特定的生存环境就是该民族的自然生境。同时，一个民族也需要以不同的方式同其他民族共存，民族间的交流、交往所构建起来的社会环境又构成了民族生存的另一种环境，即社会生境。自然生境与社会生境共同构成一个民族的生存环境。[②]农林复合系统的兴起，其中既有自然层面的生态环境因素，又有社会层面的社会环境因素，也即包括自然生境与社会生境。归根结底，这是人与自然打交道的过程。在这一过程中，不仅包含人与自然之间的关系，也包含人与人、人与社会之间的关系。

① ［韩］全京秀．环境　人类　亲和［M］．崔海洋，译．贵阳：贵州人民出版社，2007：77.

② 参见杨庭硕，罗康隆，潘盛之．民族文化与生境［M］．贵阳：贵州人民出版社，1992：1.

# 第四章　农林复合系统的价值

农林复合系统是在特定文化规约下建构的森林生态系统，其文化价值是显而易见的。除了文化价值外，其还有特殊的生态价值与经济价值，这种生态价值、经济价值、文化价值表面上是通过具体物体现，但实质上是通过整个生态系统得以体现的。

## 第一节　农林复合系统的生态价值

农林复合系统是一个以树木为主的多物种共生的复合系统，既有多样性的植物物种，又有多样性的动物物种，还有多种微生物的存在。农林复合系统中“林粮间作”、混交树匹配种植，其生物物种、微生物多样性的存在，使该系统具有水土保持、气候调节、碳汇的功能，并有较强的自我修复能力。然而，此前的研究对这一问题缺乏足够的认识，在此需要进行广泛深入的探讨。

### 一　多物种互利共生的生态价值

以杉木为目的树种的农林复合系统，既可以间种多样性的粮食作物、经济作物（包括蔬菜、中药材等），也可以混种不同的其他树种，同时还可以进行林下养殖，其生物多样性显著。这些多样性的动植物在生态系统中有着互利共生的生态价值。以下仅选取有代表性的几种类型加以分析。

“杉－粟”间作互利共生的生态价值。“杉－粟”间作在管理小米、收获小米的同时，也对杉苗进行了管护，具有“一举两得”之效果。其间作的科学原理如下。

其一，第一年栽植的幼杉苗是喜阴的，要避免阳光的直射。小米的茎不高，不会影响幼杉的生长，种植小米可以在一定程度上为幼杉提供保护。

其二，小米喜欢生地、碱地，而炼山后的土壤略呈碱性，为小米的生长提供了条件。

其三，小米在贫瘠的土壤也可以生长，不需要额外施肥。

其四，小米成熟收割后根部留在地里，一方面增加土壤中的空气含量，起到透气作用，另一方面腐烂后可以作为肥料。

“杉－粟”间作需要注意的是，要选择坡度小于25度的林间空地进行。小米种子是直接撒播在地面上，然后用耙子平整土地，使种子落入土缝中，或者用树枝将作物种子扫至地面的缝隙中。这种直接撒种的作物种植方法减少了对土壤的深挖、翻动，可以保持水土，最大限度地防止水土流失。

“杉－玉米”间作遮阴透光的生态价值。“杉－玉米”间作的科学原理如同“栽杉种粟”。玉米是高秆作物，遮阴性强，适宜在造林的第二年或第三年种，可以为幼杉遮阴。间作玉米时，要注意与杉苗保持一定距离，不要离杉苗过近，这样能更好地利用阳光和地力，有利于透光和通风，达到间作的良好效果。玉米收割后，玉米秆铺放在地上任其腐烂成肥，通过叶秆还山增加林地有机质，增强土壤肥力。但要注意玉米秆不要堆积在杉苗周围，以免引起病虫害。

“杉－烟”间作巧妙利用地力的生态价值。烟叶喜欢新地，且不能连续在同一块土地上种植。烧山后的林地满足了烟叶生长的环境要求，适宜烟叶的生长。造林的第一年或第二年在幼杉地里间种叶烟，可以在一定程度上为幼杉遮阴，有利于杉苗生长。在管理烟叶的同时对杉苗实行管护。

“杉－豆”间作土壤固氮的生态价值。豆科类作物的根瘤菌有较强的固氮作用，能将空气中的氮转化为植物可以吸收的含氮物质，在土壤中储存起来满足植物生长需要。在杉林地间作豆类作物，可以使土壤中的含氮量增加，提高土壤肥力。再者，豆科类作物与杉苗的根系深度不同，互相不争夺阳光和水分，能为杉苗的生长提供良好空间。

"林－菌"间作分解采伐剩余物的生态价值。常见的菌类有香菇、木耳，比较珍稀的菌类有灵芝、牛肝菌等。香菇、木耳在阔叶树中的枫树、栎类树木等腐朽的木头上自然生长，也可以用这些木材的采伐剩余物做培养基，进行人工培育。锹里地区的大多数农户，从杂木林中砍伐一些阔叶树，截成一米多长的木段，放在山上的林中进行木耳、香菇的培育，也在房前屋后进行培育，这些菌类多为自己食用。还有一些菌类与其他树木是共生或寄生的关系。例如，枞菌只能生长在松林下面。枞菌对温度和湿度要求苛刻，在每年的5~6月和9~10月等雨水较多的月份，枞菌才可生长。枞菌目前只有野生的，尚不能进行人工培育。野生茯苓主要依赖松木为其提供养分，是由茯苓菌丝体在适宜的条件下寄生在已死的松树蔸上，不断分解松树根的纤维素、半纤维素中的营养，并将菌化后的多余物质积聚、膨大，形成一个营养贮藏器，俗称"松茯苓"。野生茯苓一般生长在较老的松林中。《靖州乡土志》载："山谷中老松余气结为茯苓，抱根者为茯神，作块如拳，有赤白二色。"① 野生灵芝主要生长在阔叶林下，对环境有一定的要求，要求湿度高且光线昏暗。由于灵芝自身不能进行光合作用，只能从腐树或者其他有机物中汲取营养，因而其主要生长在腐树或其他树木的根部。

"杉－松"混交是两种针叶树的匹配种植，就两个树种的生物属性而言，它们都属于针叶树，但是地下根系不同。杉树为浅根性根系，侧根较为发达，穿透力弱；马尾松为深根性根系，穿透力强。匹配种植生长十几年后须根在土层中的分布也不同，杉木须根密集于0~50厘米的土层

① 金蓉镜．靖州乡土志［M］．光绪三十四年刊本．卷四志物产・植物，第32页．

中，马尾松须根则垂直分布于0~150厘米的土层中。[①]由于杉树和马尾松根系分布的深度不同，吸收的地下水分和养分不同，因而二者匹配种植矛盾不大。在嗜肥性上，杉树和马尾松也有所不同，杉树喜肥沃土壤，需要氮肥、磷肥较多，马尾松耐贫瘠且有共生的菌根。由于土壤肥沃度、贫瘠度不同，“杉－松”混交后杉树和松树的后期生长也有差异。在土壤较为肥沃的地理条件下，杉树在马尾松的保护下度过幼年期，超过松树而居于林冠上层，而马尾松的生长受到一定的压制，这时候马尾松对杉木生长无妨碍。在土壤较为贫瘠的地理条件下，马尾松生长具有优势，居于林冠上层，杉木生长则受阻。在马尾松妨碍杉树生长时，可以适当对马尾松进行修枝砍伐，伐去上层木给下层的杉木提供充足的生长空间，但是马尾松不能砍光，以使其继续发挥隔离墙的作用。杉树和马尾松被砍伐后，留在土壤中的树桩和根系的腐烂速度有差异。杉树被砍伐后，留在土壤中的树桩和根系不易腐烂；松树被砍伐后树桩和根系腐烂较快，在土壤中留下许多孔道，有利于提升土壤的透气性和透水性，起到疏松土壤的作用，对杉树根系的生长和发育都有好处。

因桐树的结实年限不同，“杉－桐”混交有两种方式，一种是短期混交，一种是长期混交。短期混交的桐树是肉角桐（三年桐），长期混交的是铁角桐。杉林中短期混交油桐，可以提高土壤中的氮元素和有机质含量，降低土壤PH值，提高林分的光能利用率，有利于杉木生长，还可以取得一定的经济收益。三年桐是喜光树种，且在林内只能结实3~7年，在杉林郁闭后油桐产量就会降低。在杉林接近郁闭时，为避免杉木与油桐树竞争生长，争夺养分和空间，就要砍除油桐树。铁角桐结实年限较长，可以长期混交，需要在杉林中零星种植。在杉林中零星间种铁角桐，桐树的落叶腐烂后为杉木的生长提供营养，促进了杉木的生长，在一定程度上也起到隔离病虫害的作用。

---

① 吴中伦主编．杉木［M］．北京：中国林业出版社，1984：374.

杉树与阔叶树种间作，杉树属于针叶树，叶子掉落在地上不易腐烂，而阔叶树每年落叶后叶子易腐烂，腐烂后土壤中的有机质和微生物数量增多，可以提高土壤的渗透性。土壤的渗透性主要取决于土壤的水分物理性质，与土壤容量、排水能力密切相关，影响土壤水分物理性质的因素主要有土壤的疏松程度、有机质和微生物数量。杉木林通过林冠层、林地植被和林地土壤涵养雨水，除部分供林木的生长需要而蒸发外，大部分通过土壤渗透到地下，以地下水的形式慢慢潜流到林间小溪或者汇入河流。在植被茂密的山间，经常可见清澈的溪水从山间的石缝中慢慢渗出，汇集成泉水。有经验的乡民会判断哪里的泉水质量好，家里的饮用水可直接从山间取用，优质的山泉水也是酿酒的必备原材料之一。

多样性植物的共生，根据不同植物属性的生长需要，具有巧妙利用地力、增加土壤养分、合理利用地下水等不同方面的生态价值，做到不同物种间的优势互补。这样的互补作用不仅仅体现在多样性的植物方面，多样性的动物也发挥着同样的互补作用。

地笋苗寨的房屋多为木质两层或三层结构，房屋最下面的一层一般放置干柴和杂物，或者用作鸡圈、鸭圈、猪圈，这样的建筑结构和养殖的家禽、家畜与农林复合系统密切相关。喂鸡、鸭的饲料多是林间的杂草或者林间所产出的玉米、稻谷。家里有劳动力的一般会养猪，养猪的饲料多从山上获得。夏天草木茂盛的季节，村民带着砍刀到山上打猪草。冬天猪草匮乏的时候，利用林间所产出的玉米、红薯等杂粮作为补充。家养动物的食物大部分依赖林间杂草，特别是养猪，70%依靠猪草。如果在林间进行养殖，鸡可以吃杂草中的种子、林间害虫；猪食用林间杂草，且猪在觅食过程中，会用鼻子拱土，不仅清除了杂草，还可以吃掉地下无法收获的一些块根类作物，因为“少量生猪的觅食不仅利用了可能被浪费的块茎，也有利于次生林的木质成分生长”，[①] 同时疏松林地土壤。疏松后的土

---

① 〔美〕罗伊·A. 拉帕波特 . 献给祖先的猪——新几内亚人生态中的仪式［M］. 赵玉燕，译 . 北京：商务印书馆，2016：160.

壤有利于蓄水，且动物的粪便能为林中各种植物的生长提供养分，动物与林木构成一个能量循环系统。

马是山地民族运输货物的重要工具之一。2019年8月15日在岑梧村调研时，笔者所居住的主人家养了一匹马。当时正值玉米丰产季节，喂马的主要饲料是新鲜玉米，马一天可吃3~5斤玉米，另外主人每天到山上割草喂马。只要不下雨，每天傍晚时分，主人会牵着马到村寨外的一块平地上，让马在地上打滚。马作为重要的运输工具之一，拥有强健的体质非常重要。马打滚则是判断其强健与否的一个标识，一匹健壮的马打滚时，会从一侧转向另一侧，其间不用站起。让马每天在地上打滚，一方面方便察看马的健康情况；另一方面，对于马来说，舒展了脊柱、脖子以及两侧的肌肉，同时除去身上的寄生虫，有利于保持灵活性和健康。

另外，主人家还养了一头牛，养在村寨外的稻田边。下面是笔者与这家主人LXZ的对话：

笔者：为何要养在稻田边而不是养在自己家里？不担心被偷盗的危险吗？

LXZ：在稻田边搭一个牛棚养牛，可以方便喂食，每天割了草之后，直接把草放到牛棚里面，不用再带回到家里。牛粪是很好的肥料，可以直接施到稻田里，省时省工。不用担心牛被盗的危险，是因为派了一条狗看护，隔天到牛棚里给狗送食物。[①]

笔者调研时，看护牛的狗回来过一次，主人家喂了食物之后，狗又返回到牛棚那里去了。在稻田边上养牛能充分利用空间和资源，以简便、实用的方式饲养，并把牛的粪便直接施回到田间，达到有机肥料的有效利用。在节省人力、财力方面，派狗看护牛的安全，省去了不必要的劳工。

① 根据笔者2019年8月15日在岑梧村的调研资料。访谈对象LXZ，男，苗族，1957年生，做过村干部；访谈地点LXZ家。

从乡民养殖的动物类型可知，家养的动物都是生活中常见的。乡民饲养的都是对他们的生产、生活有助益的动物，并且乡民熟知动物的生活习性，可以利用不同动物之间的属性，发挥动物之间“互助”的作用。

稻田养鱼是常见的家养水生动物方式，鱼的种类主要有鲤鱼、草鱼等。稻田养鱼一般在栽秧后一到两周内，待秧苗开始返青后按照一定的比例投放鱼苗。鱼游动时不断碰撞稻秆，可以使稻秆上的害虫掉落下来，害虫成为鱼的食物，还可以将稻谷上的露珠碰落，减少水稻病虫害的发生。鱼在水中游动还可以翻动泥土，使水中的含氧量增加，同时促进肥料分解，鱼排泄的粪便可以提高稻田的肥力，为水稻创造良好的生长条件，达到水稻增产增收的目的。稻田养鱼得益于便利的地理条件，利用稻鱼共生的关系，以水稻为主，兼顾养鱼，达到水稻增产、鱼丰收的双重目的，并且使稻田朝更生态化的方向发展。

总之，家养动物大多是为满足人们的日常生产和生活需求而饲养的。作为生产工具饲养的主要有牛、马，作为生活资料饲养的主要有鸡、猪、羊、稻田鱼等。饲养的动物多为家庭养殖，规模较小，主要目的是满足人们的日常生活需求。一些动物如鸡、猪、牛，在三月三、四月八、尝新节等重大节日以及祭祀场合中用作祭祀品，从而演变为一种民间信仰，是民族民间文化的体现。从经济发展、产业化发展角度考虑，林下养鸡、林下养猪的养殖模式在一定程度上有利于提高家庭收入。

## 二　抑制水土流失的生态价值

农林复合系统中，与杉树间作的不同植物，根据生物属性的不同，在复合系统中具有不同的生态价值与功能，其中固定土壤、有效抑制水土流失是主要功能之一。

“杉－旱稻”间作水土保持的生态价值。旱稻性耐旱，根系发达，生长较快。在山坡或半山坡的杉林地间作旱稻，发达的根系具有固土、截留雨水的功能，有利于提高土壤蓄水能力。有研究表明，旱稻根系深可达

1.2 米，密度大，在土壤中穿插交错，增加了土壤孔隙。播种 15~21 天后即可全部覆盖地面，起到截留雨水、增加入渗、减缓地表径流的作用。[①] 若在造林的第二年种植豆科类作物，第三年种植旱稻，土壤中的氮元素对旱稻生长非常有益，能更好地发挥水土保持的功能。

杉树与灌木丛树或者落叶乔木混交时，落叶乔木的树叶和根系都有良好的水土保持功能：

其一，植物的蒸腾作用可以增加大气中的湿度，有利于促进降水。

其二，植物的叶子能够阻挡雨水对地面的直接冲刷，减缓地表径流。

其三，堆积在地上的落叶可以储藏水分，有利于地表草类植物的生长。

其四，灌木、落叶乔木和杂草的根系在地下形成密密麻麻的网状结构，进一步减轻雨水对土壤的冲刷。

所有这些因素都有利于水的渗透，可以涵养水源，避免水土流失，还可以增加土壤中微生物的含量，提高土壤肥力，肥沃的土壤又可以促进树木的快速生长。混交林的间作方式起到了涵养水分、固定水土的作用，也发挥了一个微型“水库”的作用，具有良好的生态效益。有句谚语说得好：“治山治水不栽树，有水有土保不住。”正如史密斯在《树木作物：永远的农业》中提出建立“山地农业研究所”的设想，其目标之一就是通过种植树木阻止土壤继续恶化。[②]

不同植物根系分布的广度和深度不同，有浓密的地上部分和强大的地下根系。植物的根系如同一个小型“粮仓”，一方面吸收土壤中的水分和养分，另一方面能抵制雨水的冲刷。有研究表明植物根系能提高边坡稳定：“（1）在坡度及滑坡尺寸相同的条件下，由于根系的加固作用，有根系的边坡稳定安全系数要大于无根系边坡的安全系数。（2）边坡的安全系数与根土面积比呈正相关关系，随着边坡中植物根系的增加，边坡稳定

① 王安明，梅道亮，郑朝东．旱稻的水土保持作用及应用前景研究［J］．中国水土保持，2003（10）：19–21+46.

② Smith, J. Russell. Tree Crops：A Permanent Agriculture［M］.New York：Devin–Adair Company, 1950：26.

安全系数也随之增加。”[①] 植物的根系对边坡的稳定具有重要作用，稻田边的一些田埂上特意保留部分杂草根系的存在，以防止田埂坍塌造成稻田里水的流失。特别是在有坡度的地方，土壤如果失去了植物根系的固定，碰上大雨难以避免雨水对土壤的冲刷，就会造成水土流失的生态安全隐患。

以乔木与葛藤共生为例分析。乔木落叶后，年复一年的堆积形成腐殖质层，在雨水的作用下，部分被冲到山下的沟溪旁汇集起来，形成相对疏松的土壤。且山上的雨水汇流下来，部分汇入溪流，部分在土壤中储存，这样为葛藤的生长提供给养。葛藤是多年生植物，枝叶繁茂，根系发达，在生态维护方面，能固定土壤，防止水土流失。葛不仅能满足人们的生活需要，对生态环境也有一定的维护作用。葛的生长不择环境，在荒山、湿地、沙地、森林甚至荒漠地带都可以种植，且不需要规模性的翻地和施肥。葛覆盖土地后再配种其他植物都会变得易行。葛作为粮食作物主要是依靠地下块根，但是又不同于马铃薯，马铃薯需要每年收获，而葛的块根在地下不挖的话也不会腐烂，会继续生长，可以随时挖取，且挖过之后不会影响地面植株的成活，进一步起到生态维护的作用。

根据植物根系深浅的差异，其在土壤中的分布广度有别，可以汲取土壤中不同层面的养分及水分，形成一个立体的空间利用格局。地下根系呈网状分布，可以固定土壤，截留雨水，增强土层团聚体的整体性，有效防治水土流失。“山上种满树，等于修水库”这一俗语很好地说明了植物的生态维护效益。一些植物的根系在岩石的缝隙中生长，不断撑裂岩石，引起岩石的破裂，也可以不断包裹岩石，固定岩石使其不至于滚落。在植物群落密布的山区，丰富的植被资源在预防山体滑坡方面有着重要作用。

---

① 冯国建，朱维伟．草本植物根系对边坡浅层稳定性影响研究［J］．草原与草坪，2015, 35（4）：23–26.

## 三　阻断病虫害蔓延的生态价值

在阻断病虫害蔓延方面，混交树种的匹配种植是有效的措施之一。

杉树与漆树、白蜡树等其他树种混交时，各树种之间相互隔离，增强了林分的抗病害能力，对杉树来说，起到了防治病虫害的作用。杉树与其他树种混交时，树种选择很关键。就混交林中树种的作用和用途来说，主要树种经济价值较高，是经营的对象；伴生树种经济价值略低，促进主要树种的生长。遵循合理搭配、因地制宜的原则，采用深根性与浅根性、耐阴与喜光、乔木与灌木树种的混交，可以充分利用林地空间，缓和不同树种生长过程中的矛盾。混交树的匹配种植，增加了森林生态系统的多样性，“森林多样性就像是一个保险政策，而简单化的森林是一个很脆弱的体系，特别是从长远看来，对土壤、水、害虫数量的影响就明显地表现出来。使用化肥、杀虫剂和杀菌剂也不能完全制止这些危险”。[①] 森林的多样性对生态系统的维护起到重要作用。

“杉－菜”“杉－药”间作也可以在一定程度上减少病虫害的发生。种植一些有刺激性的蔬菜如大蒜、葱等，释放出有刺激性气味的气体，对杉树来说可以起到隔离病虫害的作用。杉林中间作一些耐阴中药材如黄精、石斛等，收获药材的时候，适当翻土，在一定程度上可以改良土壤，并且一些药材自身有防病虫的能力，还能提高杉树的防病虫害能力。

杉树活着的时候，一些树干里面会出现空心现象。中空的树心里大多是白蚁或蚂蚁，有时山老鼠、蛇也会在中空的树干里面造窝居住。穿山甲是洞穴动物，以蚂蚁为食，白天睡觉，晚上外出到树林中寻找蚂蚁穴。穿山甲没有牙齿，当发现蚂蚁穴后，用细长的舌头伸进去，把洞穴内的蚂蚁粘住，然后送到口中慢慢吃掉。穿山甲的存在，可以消灭杉树中的有害

① 〔美〕詹姆斯·斯科特. 国家的视角：那些试图改善人类状况的项目是如何失败的［M］. 王晓毅，译. 北京：社会科学文献出版社，2004：21.

动物，减少杉树病虫害的发生。

从生态效益上分析，农林复合系统物种多样性增加，各生物间的化感作用增强，林木的抗病虫害能力提高，与单一树种种植相比，防范病虫害能力增强。

## 四　生态公益服务效益显著

农林复合系统也有一定的生态公益服务效益。例如，“林粮间作”中的“杉－辣椒”间作有改善林地小气候环境的生态价值。杉苗长到一定高度后，在林间间作辣椒，杉苗适当给辣椒遮阴，减少辣椒病虫害的发生。且辣椒植株不高，不会影响杉苗的日照条件。这种间作方式有利于降低林地温度，改善林地小气候环境。“杉－红苕”间作有降低地表温度的生态价值。红苕耐阴且匍匐生长，在杉林中间作红苕，直立生长的杉木与匍匐生长的红苕形成高低错开的搭配，可以提高对光能的利用率，也可以降低地表温度。

在空间布局上，高大的乔木与低矮的灌木、藤本植物、草本类植物、附生植物等共生，形成层次分明的立体空间。由于空间布局的层次性差异，各种植物间互相不争夺阳光与水分，有利于不同植物的共生共长。在能量利用上，处于不同林冠层的植物，对阳光与水分的利用度有差异，各取所需。在动植物能量供应方面，林上动物以森林害虫为食，林下动物则以林地上的生物为食，每种动物都有获取食物的空间，这些空间相对独立却又是一个整体。在能量循环上，植物的生长为动物提供了生存空间，动物的觅食减少了危害植物生长的病虫害，在一定程度上“帮助”了植物，且动物的排泄物为植物生长提供了养分，由此形成一个能量循环系统。在这个循环系统内，不同空间布局的多生物并存，和谐共生，构建起一个层次结构复杂的森林生态系统。

在亚热带低山丘陵地区，森林生态系统以常绿阔叶树为主，阔叶树会产生大量的森林凋落物，这些凋落物堆积在地上，形成厚厚的落叶层。

落叶层在森林动物及微生物的作用下，会进行有效分解，分解过程中释放养分，这些养分在维持土壤肥力、促进植物的再生长方面发挥着重要作用。已死的生物体在土壤中经过微生物的分解形成有机物质即腐殖质。腐殖质并非单一的有机化合物，而是由多种成分构成，主要为氢、氧、碳、氮、磷、钾等元素，有机质总量可达 50%~70%。在土壤中，腐殖质在一定条件下缓慢分解，释放供给植物生长需要的养分，同时释放出二氧化碳，加强植物的光合作用。特别是在生态公益防护林中，不同种类的树木交互生长，做到优势互补，生态效益显著。

总之，在中国西南山多田少的山地民族地区，农林复合系统可以优化利用有限的土地资源，既包括人工林的种植培育，也包括农作物、中药材、食用菌等的种植与培育，还包括家禽、家畜的饲养，发挥土地资源的最大价值，取得较多的森林产品，以满足人们的生活需求。农林复合系统是多物种的复合体系，能充分利用光、热、水、土壤等自然资源。地下林粮根系分布不同，可以全面利用土壤养分，实现资源高效利用和生态维护的辩证统一，做到林粮优势互补。在这个系统中，利用不同生物之间的化感效应，各生物共生共存，达到和谐的生存样态。生物多样性增加，有利于调节林地温度和湿度，防止水土流失，改善局部小气候环境，在构建生态屏障方面具有重要作用。

## 第二节　农林复合系统的经济价值

经济是衡量社会进步的重要标准之一，影响经济发展的因素有很多，比如人口、资源、生态环境等。不同地域由于生态环境、社会环境不同，资源分布与资源分配有差异，各地的经济发展水平高低有别。即使在同一个区域内，由于人们思维差异性的客观存在，对区域生态环境认识有差异，文化差异对资源的认知与利用方式不同，所产生的经济效益就会不同。农林复合系统中不同种类的动植物资源都有潜在的经济价值，既有林产业的经济价值，又有农产业的经济价值，还有林下产业的经济价值，以及衍生出的其他经济价值，都值得人们去关注。

## 一　林产业的经济价值

农林复合系统以林业资源为主，既包括用材树种，也包括混交树种，这些树种都有重要的经济价值，甚至伐木后木材的剩余物，只要利用得当，其经济价值也不可小觑。

### （一）用材树的经济价值

明代中后期木材贸易兴起，到清代达到繁盛，根本原因就在于杉木具有较高的经济价值。这与杉木自身的特性和人们对杉木价值的认识与利用密切相关。杉树的经济价值主要体现在两个方面：一是木材贸易中的经济价值；二是日常生活中的使用价值。经济价值是显性的，可以通过货币的形式直接体现出来；使用价值是隐性的，杉树的使用价值说到底也是经济价值的一种体现，使用价值是经济价值的隐性表达。

显性的经济价值直接体现在木材贸易中的交易数量及数额上。光绪年间的《靖州乡土志》记载："杉木由水路运出本境，在常德及湖北各处销行，每岁运出之数约值银五万两，其由贵州、广西、通道运过本境之木约值银十余万两。"[①]人工营林中的"林"主要是杉树，杉树作为一种重要的用材树种，在明代中后期木材贸易兴起的时候，就发挥着重要的经济作用。木材贸易的兴起，刺激了地方经济的发展，带动了商业的繁荣。张肖梅编著的《贵州经济》载："每岁黔省木材输出总额，盛时尚可达千余万元，衰落后约仅三百万元。"[②]《黎平府志》载："黎郡杉木则遍及湖广及三江等省，远省来此购买……每岁可卖二三百万金，黎平之大利在此也。"[③]当时的二三百万金折合现在的人民币约为 8 亿元。木材贸易催生了大批以

---

① 金蓉镜. 靖州乡土志［M］. 光绪三十四年刊本. 卷四志商务，第 46 页.

② 张肖梅编著. 贵州经济［M］. 中国国民经济研究所，1939：10.

③ 黎平县县志编纂委员会办公室校注. 黎平府志（下）［M］. 点校本. 北京：方志出版社，2014：1419.

贩运木材为生的商人，吸引了“三帮”“五勷”[①]经营木材商人的进入，这些商人控制着清水江流域的木材贸易。木材水运自清水江而下经过沅江，在洪江形成集散地进行中转，因可观的经济效益促使“花帮”[②]在洪江设立驻点。“花帮”因资本雄厚，常常高出市场价格收购木材，而又低于市场价格售卖日常用品，以此垄断整个清水江流域的木材贸易市场。《锦屏县志》记载，“花帮”深入洪江、锦屏等地经营木材，带来斧印至少20把，多则60~70把。一个斧印一个木号，一个木号一般收购1000两码木左右，最多达5000两码。最多年收购10万两码以上，约占清水江木材外销量的80%。以高于市场10%的价格收木材，低于市场5%~10%的价格抛售带来的布匹、百货、食盐。[③]由于价格的反向浮动，木材贸易带来了两种影响，一是木商获得了巨大的经济收益，二是山客处于相对贫困地位，这种经济上的悬殊源于木材贸易背后所蕴含的经济价值。

在少数民族地区人们的日常生活中，杉木的使用价值不亚于其经济价值。在过去，因林地是私有的，人们就地取原材料建屋，材料成本往往没有在人们考虑的范围之内。建屋的人工费用往往被村民之间的“亲情”所掩盖掉，木工师傅大多请的是自己家族内或者村寨里的“能工巧匠”，所支出的人工费用以酒饭居多。就是因为这样一种亲情关系的存在，建造一座房屋的费用并不是很多，若全部折算为货币来衡量的话，必定是一笔不小的支出。在苗族、侗族地区，人们制作棺材的原材料可以用自家林地生长的杉树，除了杉树生长需要时间外，并没有购买原材料的成本。与此相比，中原地区的汉族人去世后，棺材大多是买的，中上等的多为柏树棺材，一副棺材价格8000~10000元不等。若按照油杉的价值换算，价格会

① “三帮”是指安徽省的徽州、江西省的临江、陕西省的西安三大商帮，分别称为徽州帮、临江帮、西安帮。“五勷”即贵州天柱、湖南芷江、黔阳等地的木帮。天柱瓮洞、巨潭为一勷，黔阳托口、原神为一勷，黔阳金子、大龙为一勷，黔阳西溪和天柱柳寨为一勷，芷江碧涌、冷水为一勷。贵州省锦屏县志编纂委员会编．锦屏县志［M］．贵阳：贵州人民出版社，1995：522.

② “花帮”是清代后期经营木材的最大商帮，在汉口等地为日本三菱、三井洋行收购棉花，故称“花帮”。贵州省锦屏县志编纂委员会编．锦屏县志［M］．贵阳：贵州人民出版社，1995：523.

③ 贵州省锦屏县志编纂委员会编．锦屏县志［M］．贵阳：贵州人民出版社，1995：523.

更高。

杉木类型丰富，按颜色可分为红杉、白杉，按质地可分为油杉、糠杉等，不管哪种类型的杉木，在人们的生活中都有重要的经济价值。还有一种较为稀有的杉木类型，其质地优于油杉，用这种杉木做的橱柜，即使夏天存放鱼肉也不会腐烂变质。这种类型的杉木可能是杉木变异中的一种，由于很难见到，人们对它的称呼也不同。笔者在靖州地笋苗寨调研时，木匠 LHG 提起自己见过，他称为“香杉”。LHG 描述道：

> “香杉”树皮上的刺是往里面钻的，所有的刺都往里面钻，没有一根刺是往外钻的。“香杉”是野生的，一般人看不出。听老一辈讲，树皮上长的刺钻到树干里面去，树叶比一般的杉树要软一些，不怎么扎手。这种树是比较贵的，价格比一般杉木要贵一倍。用树干做碗柜放的食物不会坏。[①]

LHG 母亲的棺材是用“香杉”做的。据 LHG 回忆，当时一位卖木材的商人不懂，而 LHG 懂得，就用 400 元买了 2.4 米长的一段。靖州康头村的 LXZ 原来做过木材生意，他也说只见到过一次，他称为“树王”。LXZ 描述道：

> 做了很多年的木材生意，只看到过一次。树长得比较丑，长得也不高，枝丫较多，木刺非常多，树皮里面都有刺，并且刺是往里面长。但是很结实，用这种树做的器具，盛放食物不会变质。“树王”的比重较大，是正常的两倍以上，直径只有 20 多公分，需要 4 个人抬起来。“树王”是不同于阴沉木的。[②]

① 笔者 2019 年 5 月 2 日在地笋苗寨的访谈材料。访谈对象 LHG，男，苗族，1951 年生，会木工；访谈地点 LHG 家。

② 笔者 2019 年 5 月 1 日在靖州藕团乡康头村的访谈材料。访谈对象 LXZ，男，苗族，1963 年生，大专文化，从事过木材生意，现研究锹里地区文化；访谈地点 LXZ 家。

从 LHG 和 LXZ 的描述中可以看出，不管是哪种叫法，他们所描述的这种变异类型的杉木外观是一致的，树上都有刺，并且刺是往里面生长，不同于一般的杉木。除了外观相似，其内在的使用价值更是胜于油杉，用这种材质的杉木做橱柜存放食物不会变质腐烂。分析其原因在于，这种特异的杉木树干能分泌出草酸盐，而草酸盐具有毒性，可以抑制霉菌的滋生，因而起到防腐的作用。

由于这种类型的杉木较为少见，笔者在 1993 年版的《靖州林业志》、1990 年版的《黔东南州志·林业志》中都未发现对此的记载，只有 1995 年版的《天柱县林业志》（内部资料）中提到过，书中称为“贵木”，群众称为“神木”。“似杉非杉，枝微往下垂，针叶弯软柔和，不刺手，稍弯曲，树干通直，皮色与杉相似，非精通者不易分辨，需砍倒剥皮后，才能从皮内的纹理中与杉区别（杉木皮内无明显纹理，木质刺往皮内钻；贵木皮内有不规则纹理，纹理往木质部凹深约 1 毫米，皮质刺往木内钻）。木质雅细紧密，比杉坚硬沉重，木心紫红色，吐芳香，有的整株系油质，不易腐烂。用它作棺材，能使死尸不朽不臭，用它做橱柜，伏天存放鱼肉，也不变质霉腐”。[①] 书中所描述的杉木的外观、使用价值和功能与 LHG、LXZ 的描述一致。据《天柱县林业志》记载，民国时期，“坌处乡三门塘木材集散地，曾在水上木排里发现贵木一株，被外商识宝，以高出五倍杉木的价格买走”。1967 年、1975 年、1980 年、1984 年、1989 年在天柱县境都曾发现“贵木”。[②] 杉木有如此优良独特的品质，具有重要的经济价值，只可惜这种树木目前已经很少存在，尚未引起有关部门的重视，也未对其加以寻觅、驯化，对此进行的研究也不够，其蕴含的经济价值一定程度上被忽略掉。

松树也是重要的用材树种，在靖州境内有大面积分布，蓄积量大，

---

① 天柱县林业志编纂领导小组编 . 天柱县林业志［M］. 天柱县包装印刷厂印制，1995：367.

② 天柱县林业志编纂领导小组编 . 天柱县林业志［M］. 天柱县包装印刷厂印制，1995：367-368.

性耐干旱，适应性强，在贫瘠的土地上也可以较好生长。“松，靖人谓松为枞，树高者十余丈，皮粗厚有鳞形，叶细如针。三月抽蕤生花，长四五寸，结实叠成鳞砌，状如猪心，入秋则老，子长鳞裂，其子风吹堕地又长小松。”[①]松树又叫枞树，与杉树相比，树干多突起，密度较大，放在水中不易漂浮。过去，因以水路运输为主，松树运出境的较少，一度被人们称为“穷树”。随着经济的发展，对木材的需求量增多，松树的经济效益开始显现。

松树强度大，耐腐朽，具有刚柔相济、负重而不折、挺直不变形等特点，用途广泛。木纤维细长且含量多，是造纸的重要原料。亦可以从松树中采集松脂，松脂经加工除去杂质，蒸馏后生产出松香、松节油产品，是重要的工业原料。新中国成立后，对松脂的需求量增加，收购价格逐步提高。《靖州林业志》载：“1958 年，每百公斤收购价 17.40 元；1963 年调整为 36 元；1985 年实行议价收购，1988 年，每百公斤甲级 106 元，乙级 100 元，丙级 94 元，等外级 80 元。”[②]在松脂产量上，“至 1988 年，累计生产松香 19663.5 吨，松节油 4090.5 吨，松香产品合格率 99.94%，特优率 99.95%，出口松香 9962 吨”。[③]如今，仍有林农采集松脂，松脂售价约每斤 3 元，加工成松香后售价每斤 5~10 元不等。受市场价格波动影响，每年收购价格有变。

2020 年 10 月 18 日，在向导的带领下，笔者到靖州新厂附近的斗篷坡遗址走访。内有大片松林，该松林是 20 世纪 50 年代种下的，松树已经成材。入口处的松树保存完好，再往里面走，可发现很多松树受损严重。人们采松脂或者砍取树干部分用作引火燃料。松树一层又一层的树皮被割断，呈倒三角形，被采过松脂的松树伤痕累累，一些松树可自行愈合，但伤口过深的，会留下厚厚的树皮瘤子和突起；一些松树因屡次被采脂，一次次被割伤，濒临死亡。还有村民因引火需要，会找一些富含油脂

---

① 金蓉镜．靖州乡土志［M］．光绪三十四年刊本．卷四志物产·植物，第 31–32 页．

② 湖南省靖州苗族侗族自治县林业局编．靖州林业志［M］．北京：中国文史出版社，1993：165.

③ 湖南省靖州苗族侗族自治县林业局编．靖州林业志［M］．北京：中国文史出版社，1993：167.

的松树，割破树皮，肆意砍松树枝干，获取点火燃料。被砍伤的松树露出黄色发亮的枝干，新伤旧伤叠加，“奄奄一息”（图片见附录 A）。即使在科学技术发达的今天，山地居民还热衷于靠自然物引火。这种不顾后续发展而肆意获取的做法是不可取的。

除了松树自身的使用价值外，与松树伴生的其他菌类植物，同样具有重要的药用或食用价值。与松树伴生的两种菌类为茯苓、枞菌，这两种菌类离开了作为母体的松树就难以生存。《靖州乡土志》载：“山谷中老松余气结为茯苓。”[①] 茯苓寄生在松树蔸上，茯苓的菌丝分解松树蔸中的纤维素以获取营养物质，松树蔸在菌丝的“帮助”下慢慢被分解掉，茯苓与松树形成和谐共生的“命运共同体”。“枞菌又名斯茅菌，色淡黑味浓厚，八九月生松树山土内茅草丛中，相传为枞树汁堕地而生，然无草之地，虽枞林亦不生也。”[②] 枞菌的生长离不开成片的松林，松针落到地上，形成厚厚的落叶层，下面的松针逐渐腐烂，在多雨的季节，会生长出枞菌。目前，枞菌只有野生的，尚不能进行人工培育。

（二）混交树的经济价值

农林复合系统中杉树与阔叶树混交种植，阔叶树主要有茶树、油桐树、核桃树、白蜡树、木姜子树等，这些混交树都有一定的经济价值。

光绪年间的《靖州乡土志》记载：“茶油每岁所制约一万六千石，本境食用并灯油、烛油约销八千石，其余运出本境在会同之洪江销行或过广西。收成歉薄间亦运销广西之长安皆系水运，惟运广西路至坪坦改陆运三十里至林溪，仍由水运。”[③] 如今，茶树、核桃树在锹里地区仍有种植。茶树在三锹乡元贞凤冲村一带分布较多，核桃树在藕团乡滥泥冲一带分布较多。生长多年的老茶树、老核桃树，只要管护得当，每年都可有经济收入。目前的价格，干茶籽每斤 8~10 元，1 斤茶籽出油 3 两多，茶油每

---

① 金蓉镜．靖州乡土志［M］．光绪三十四年刊本．卷四志物产・植物，第 32 页．

② 金蓉镜．靖州乡土志［M］．光绪三十四年刊本．卷四志物产・植物，第 13 页．

③ 金蓉镜．靖州乡土志［M］．光绪三十四年刊本．卷四志商务，第 47 页．

斤 80~100 元；山核桃每斤 5~10 元，1 斤核桃出油 1 两多，核桃油每斤 120~140 元。茶油主要含油酸、亚油酸等不饱和脂肪酸及多种维生素，易被人体吸收；核桃油含有丰富的亚油酸、亚麻酸、磷脂及维生素 A 等人体需要的元素，被称为“液体黄金”。这两种高端的食用油，因营养价值高而备受人们的青睐，市场前景良好。

油桐为落叶小乔木，是重要的工业油料植物，桐油为传统的大宗商品之一。油桐易生长，收效快，桐籽、桐油在人们的经济生活中扮演着重要角色，“家有千蔸桐，一世不受穷”①这一谚语很好地说明了油桐在人们心目中的地位。油桐树结的果实可用来榨油，桐油曾是重要的经济产品。“桐油每岁所制约二千石，本境灯油并杂用约销一千石，其由水路运出本境者，在会同之洪江销行约一千石。”②原来桐油多运送至洪江，经过复杂的工艺制成洪油。洪油色泽金黄，清澈明亮，具有良好的防潮、防腐、防蛀等性能，是上等的生态涂料，曾红极一时，颇受欢迎。洪油被运往常德、武汉等地销售，有的甚至远销海外。由此可见，早在 100 多年前，茶油、桐油的产出就已具有一定的规模，并且成为当地的传统产品，在人们的日常生活中发挥着重要作用。

木姜子树（山苍子树）也是常见的混交树种。《靖州林业志》记载：“山苍子树资源丰富，每年结实很多。建国前有利用山苍子果实提炼山苍子油的传统。”③靖州境内木姜子树资源丰富，曾有提炼木姜子油的传统，并形成一定的规模。20 世纪 50~70 年代，木姜子油多由供销部门组织收购、加工。1958 年产油 300 公斤，1975 年产油 1700 公斤。1958~1988 年总计产油 1.81 万公斤。④目前，境内木姜子树仍很多，只是提炼木姜子油的传统一改往日景象。笔者连续 4 年在靖州进行田野调查，每年的 8~9 月，妇女们三五成群结伴而行，带着干粮一起到山上寻找木姜子果实。一

① 怀化市民族宗教事务委员会编 . 怀化市民族志［M］. 北京：线装书局，2014：99.

② 金蓉镜 . 靖州乡土志［M］. 光绪三十四年刊本 . 卷四志商务，第 47 页 .

③ 湖南省靖州苗族侗族自治县林业局编 . 靖州林业志［M］. 北京：中国文史出版社，1993：167.

④ 湖南省靖州苗族侗族自治县林业局编 . 靖州林业志［M］. 北京：中国文史出版社，1993：168.

天收获约 20 斤，以每斤 2 元的价格卖给当地的小贩，其他地方售价每斤 5~8 元。木姜子具有独特的香味，可以去腥防腐，是人们喜爱的调味品之一，也可以提炼精油。若将木姜子做深加工，制成木姜子油、提炼精油等，价格会翻 20 倍甚至更高。但是目前该村并没有加工木姜子油的传统，木姜子潜在的经济价值没有被充分发挥和利用。

利用杂木培养灵芝也是具有发展前景的产业之一。在靖州藕团乡的三桥村，灵芝产业是主产业。三桥村是靖州最先开始人工培育灵芝的，甚至在湖南省也处于前列。培育的灵芝既有观赏用的，也有食用的。三桥村灵芝培育第一人是 LZG，1996 年开始研究，1999 年获得成功。笔者曾对他进行访谈，了解灵芝培育的过程及灵芝的销售情况。以下是部分访谈材料：

笔者：开始是种观赏的，还是食用的？

LZG：开始种食用的，现在种观赏的。

笔者：什么时候开始种的？

LZG：1996 年开始的，蛮多年了。培育技术是从书上看到的，看资料。

笔者：那你挺有智慧的。

LZG：没什么智慧。最开始起步的是食用菌（香菇），用段木种植香菇，香菇培育成功之后，开始用段木培育灵芝。那几年香菇是有人收购的。枞菌还没培养成功。

……

笔者：买材料的成本一般是多少钱？

LZG：一袋的成本是 11~12 元。

笔者：总投入是多少？

LZG：只算孢子。25 包为一朵[①]，一朵大的观赏用的。

① 25 包原材料堆到一起，培养一个大朵观赏灵芝出来，即 25 包的营养培养一朵。

笔者：一朵可以卖到上千元吗？

LZG：卖不起，卖几百元。

笔者：这样算下来，25包原材料成本300元。没算人力管护成本。

LZG：个人劳力没算的，卖到500~600元才有点钱赚。

笔者：市场价多少？

LZG：市场价不稳定。山东人买的多。

笔者：其实作为装饰品，艺术品的价格蛮高的。

LZG：但是我们卖只有几百元，种植户赚不到钱的，中间商赚钱多。

笔者：食用灵芝价格呢？

LZG：晒干60元一斤，外面卖100元一斤。①

从访谈资料可以得知，三桥村的灵芝产业发展至今已有20余年。LZG是初中文化，他的技术是看书自学的，连续试验3年才培育成功。笔者见到他时，他说正在研究枞菌的人工培育，已经有10年了还未成功，但是从未放弃。在他的引领下，三桥村大多数农户都种植灵芝，目前三桥村已发展成为靖州灵芝种植的示范村。

LZG同时种植观赏灵芝与食用灵芝，培育出的灵芝大而品质好。一朵观赏灵芝售价600元左右，培育时间为一年，除去买原材料的费用300元，不含投入的人力成本，一朵灵芝毛利润300元。但是经过中间商转手之后，价格可以卖到2000~5000元不等，早已翻了几番。食用灵芝售价60元一斤，而市场上售价至少100元一斤。灵芝蕴含潜在的经济价值，但是对于种植户来说，其收益并不乐观，主要原因在于销售渠道及销售信息的闭塞。基于这种情况，需想办法减少销售的中间环节，同时利用网站、微信、抖音等进行推介，让更多的人知晓。据笔者了解到的情况，

① 笔者2020年8月11日的访谈资料。访谈对象LZG，男，苗族，1964年生，初中文化，务农，靖州藕团乡三桥村人；访谈地点LZG家。特别感谢靖州史志办刘主任，在他的介绍下，认识LZG及JHY父子，并且刘主任亲自开车带笔者实地考察。

LZG虽然灵芝种植得好，但是灵芝大多卖给中间商，自己获益不多，而且他至今没有使用微信，信息的闭塞某种程度上制约了灵芝产业的发展。

**图4-1　笔者与灵芝（笔者提供）**

经济价值不仅可以通过货币形式直接展现出来，还可以通过对本地资源的最大化有效利用，使资源的使用价值得以体现，或者在人们的日常生活中发挥作用，实现使用价值到经济价值的转化。这样的使用价值其实是经济价值的另外一种表现形式，通过人们有效利用的方式而体现出来。价值的转化可以折算为货币，只是转化过程不明显，没有引起人们的重视罢了。山地民族日常生活中用的燃料就是最好的例子，燃料大多取自山中的杂木。在农闲时节从山中砍伐后运至家中，堆放起来阴干以备日后使用。在苗族、侗族地区，几乎每家每户屋下都堆有摆放整齐的劈好的小木段，这些木头是做饭和冬天取暖的重要原料。杂木的种类繁多，质地不同对其利用的程度亦不同，除了用作燃料外，还可以制作板凳、桌子、扁担、挂钩等日常用品。在地笋苗寨，居民家里的板凳多为当地的木匠制作而成，原材料选用山中的杉木或其他杂木。目前一个原木板凳的市场价格约为100元。随着人们对高质量生活品质的追求，原木产品受到人们的青睐，若能更好地利用资源，将其潜在的经济价值充分发挥出来，对山地居民来说，至少可以在一定程度上增加家庭收入。

（三）木材剩余物经济价值的转化

用材树有着可观的经济效益，历来被人们重视。受惯性思维的影响，所谓木材的剩余物如杉树皮、杉树枝、杉树蔸、松树蔸、锯屑等，被认为是无价值或价值不大的材料。其实只要利用得当，也能获得一定的经济效益。

由于主体不同，人们的知识结构和认识存在差异，对杉树皮价值的认知和利用也就不同。在中医眼里，杉树皮是一种常见的中药，需要在医生的指导下方可有效利用。杉树皮的药用价值随着人们认识水平的不断提高而被充分挖掘和利用，杉树皮的药用价值也是其经济价值的一种体现。

杉树含有一定的油分，尤其是油杉的根油分含量更高，可以从杉树根中提炼工业用油。2019 年元旦笔者在地笋苗寨调研时，有经验的村民提到：

> 原来很多人榨油。十八年前地笋的油杉还较多，杉树砍了之后把树根挖出来提炼工业用油。做法是把树根劈开放到一个容器里面，在下面加热，油就会变成蒸气，通过竹筒流入水中，冷却之后变成液态的油。油漂浮在水上，用瓢取出。油杉的树枝也可以炼油，但是油量少些。约 300 斤的油，可以卖 500 元的样子。[①]

从村民的话语中得到的信息是，只要有可利用的资源，村民就会发挥聪明才智，利用本土知识合理利用资源，将资源转化为经济价值，实现经济价值的最优和最大化。笔者调研行走在锹里地区的不同村寨，经常见到有“大量收购老杉树蔸”的小广告，说明被人们遗弃的杉树根仍有潜在

① 笔者 2019 年 1 月 24 日在地笋苗寨的调研资料。访谈对象 WCF，男，苗族，1963 年生，初中文化，务农；访谈地点 WCF 家。

的经济价值可以利用。

造林的时候，需要砍伐一些阔叶树，这些被砍伐的阔叶树也可能具有经济价值。调研的时候，LXZ 曾讲了他家的一个例子：

> 2006 年造了几块林，造林的时候砍了很多枫树放在山上。过了几年之后，有人告诉我说，“陆老师我在你的山上发了很大的财”。我问发了什么财。他说：“我在你的那片林地里得了很多野灵芝，一斤多一朵的，100~200 元一斤。我和我老婆守着那片山林三年，至少 5 万元收入。”而且还有其他收入，发现面积 1 亩左右的林地，一大片的七叶一枝花，第一年挖大的，又搞了三年。前后共得约 10 万元。2008 年开始就发现这些野生植物。100 多亩的林地，长灵芝和七叶一枝花的范围有 10 亩左右。[①]

从这个例子可以看出，造林的时候被砍伐的树木被视为无用，但是在适宜的环境条件下，这些“废弃物”产出了有经济价值的灵芝、七叶一枝花等中药材。如果不算砍伐树木投入的人力成本，这些经济收入基本是纯利润。

若从宏观的经济效益考虑，木材剩余物的经济价值不被人们重视，但是从百姓生活的微观层面来讲，这些剩余物在他们的生活中发挥着重要作用。如村民利用山上死掉的阔叶树树桩培植木耳、香菇、蘑菇等菌类。做法是在木头上挖一小洞，置以菌种，定期喷水保持木头湿润，过段时间便会长出木耳或菌子。这些菌类成为农民日常生活的有益补充。也可以在林间进行规模化培植，借此获取一定的经济收入。

木材剩余物经济价值的最大化利用还体现在对锯屑的合理利用上。锯屑的吸水性和透气性较好，经过日晒、雨淋，挥发掉一些芳香物质之

① 笔者 2020 年 8 月 10 日的访谈资料。访谈对象 LXZ，男，苗族，1963 年生，大专文化，原是一位木商，现是乡土学者，研究锹里地区文化；访谈地点 LXZ 家。

后，可以作为食用菌或花卉的培养基。利用锯屑种植绿萝、石斛等兰科植物，是非常实用的方法。锯屑也是造纸的原材料，还可作为蚊香的填料，发酵后可转化为动物的饲料或者做有机肥使用，等等，这都是其经济价值的体现。对木材的剩余物加以收集合理利用，其经济效益也是可观的。

杉树与混交树种共生，既促进了杉树的生长，又体现了混交树种的价值。对于木材的剩余物，也可以实现“剩余价值”到使用价值再到经济价值的一系列转化。这个有效的转化过程需要人们的合理认知，以及对木材剩余物价值的充分认识和利用，这样方可实现价值的最大化。农林复合系统不仅具有良好的生态效益，而且具有林业的经济价值，同时还可以进一步提升农林复合系统中农业的经济价值。

## 二　农产业的经济价值

农林复合系统中林业与农业是互为一体、相互补充的，林业为农业的发展提供保障，农业又促进林业的发展。林业属于大农业范畴，从广义层面上讲，林业的经济价值可包含在农业的经济价值中，从狭义层面理解，农业主要是指种植农作物的产业。上文已经分析了林产业的经济价值，以下在狭义层面上分析农产业的经济价值。农业生产所产出农产品价值的体现，既有显性的，又有隐性的，显性的通过农产品直接体现出来，隐性的则通过民族文化呈现出来。

### （一）农产品的显性经济价值

经营农林复合系统的头三年，林地里一般间作粮食作物，作物种类有小米、玉米、豆类、红苕等。这些作物收获后除了留足自己食用外，剩余的如玉米、红苕可作为家养动物的饲料。林粮间作生产出的农产品被称为高端的森林产品，其营养价值高、品质有保障，因而售价不低。若进行森林产品的再加工，可进一步提升农产品的经济附加值。

以种小米为例，林粮间作的第一年种植小米，种植方式不同，小米产量略有差异。如果采用撒播的方式种植，产量约为 400 斤 / 亩；如果用移栽的方法种植，产量可达 500 斤 / 亩。小米富含维生素 B1、铁、磷等多种对人体有益的维生素，具有健脾和胃、补气养血、改善忧郁、促进睡眠等功效。随着人们对高品质生活的追求，小米愈来愈受到人们的青睐，尤其是高端的森林生态产品，更是受到人们的追捧。以锦屏县平秋镇的魁胆村为例，“2018 年小米总产量约 1.5 万公斤，生产小米酒约 1.1 万公斤。2018 年小米售价 15 元 / 斤，小米酒售价 25~30 元 / 斤，产值约 42 万元，带动 80 户农户脱贫致富。2019 年小米总产量 16080 公斤，生产小米酒 7879 公斤。2019 年小米售价 18 元 / 斤，小米酒售价 35 元 / 斤，产值 725194 元，带动 111 户农户脱贫致富”。[①] 需要说明的是，该县于 2019 年成功申报“贵州锦屏杉木传统种植与管理系统”中国重要农业文化遗产，魁胆村是林粮间作的代表村。通过数据可以看出，种植小米的经济效益较好，自成功申报农业文化遗产之后，价格有上升趋势，进一步提高了农产品的经济附加值。生产的小米不仅满足了自己食用的需求，还带来了可观的经济效益，带动农户脱贫致富。

除了种植小米外，还种植玉米。收获后的玉米部分食用或用作牲畜的饲料，部分制作成玉米酒（俗名苞谷烧），玉米酒的价格约为 5 元 / 斤。在特定区域自产的酒类中，一般认为玉米酒为低端产品，小米酒为高端产品。不同种类、不同品质的酒，有不同的口味、价格，可以满足社会各阶层人们的需求。

豆类作物如黄豆的经济价值也值得关注。黄豆除一般磨豆腐食用外，还可以进行深加工，如制作腐乳、熏豆腐、豆瓣酱、豆豉、腐竹、发豆腐等。贵州天柱县远口镇的发豆腐比较出名，是当地的特色农产品之一。其制作方法是：用优质的泉水、黄豆制作豆腐，将豆腐切成薄片，放入油锅中炸制。油用的是茶油，炸好之后沥干油分即可。发豆腐软香可口，是炒

---

① 此数据由锦屏县政府提供。

菜、吃火锅的上等食材，深受人们的喜爱。目前市场售价为 10~12 元 / 斤。锹里地区的其他地方，在赶场的时候，也有发豆腐售卖，或因茶油较少，炸制的油用的是菜油，售价为 8~10 元 / 斤。有市场的需求，这些特色农产品就有生存的空间。

（二）农产品的潜在经济价值

农产品的潜在经济价值一般不直接显现出来，而是蕴含在民族文化中，或者通过传统习俗呈现出来，其载体离不开农林复合系统中的农产品或其他物种。

油茶是锹里地区的传统食物，吃油茶也是传统习俗之一，每天早上起来先煮油茶、吃油茶，然后再吃饭。家里来了客人先要吃油茶，用油茶招待客人是锹里地区的一种基本礼仪。该地区流传着关于油茶的俗语，如“宁可一日不餐，不可一顿无茶”“一日不喝油茶汤，满桌酒菜都不香”，可见油茶在人们日常生活中的重要性。

做油茶的原材料主要有炒米、玉米、黄豆、花生等杂粮，这些杂粮大多由自家田间产出，原材料成本非常低。2019 年“五一”期间笔者到地笋苗寨，时值旅游旺季，善于做生意的乡民就在村寨里支个桌子卖油茶，一碗 5 元。在笔者所居住的人家，问及油茶原料成本，他们说一碗油茶的成本只有五六毛。售出时，一碗的价格可翻 10 倍。在旅游旺季，按一天卖 100 碗计算，每天卖油茶的总收入达 500 元。这对于村民来说算是一笔额外收入，因为油茶是他们生活中很平常的食物，每天早上都吃，但是对于游客来说就是新鲜事物。一碗 5 元的价格可以接受，吃油茶的同时，也体验了民族地区的饮食习俗。村民在聊天休闲的同时又赚得了收入。经过加工包装成可方便携带的桶装油茶，类似方便面的包装，更是受到游客的喜爱。油茶所蕴含的经济价值值得进一步深入挖掘。

锹里地区农历四月初八有吃乌米饭的习俗，以传统习俗的饮食带动旅游的发展，也是农产品潜在经济价值的一种体现。以地笋苗寨为例，在每年的乌米饭节，一些农户将事先做好的乌米饭以民俗活动的形式免费分给来参加活动或旅游的客人。表面上看，农产品的价值没有实现，但是其价值通过民俗文化的形式转移到旅游上，通过民俗文化活动吸引游客，从而带动旅游业的发展，增加旅游经济收入。也许正如一些人所讲，到一个地方去旅游，就是体验不同地方的文化，吃带有文化附加值的“美食”。

## 三　林下产业的经济价值

农林复合系统除了收获林木、粮食作物外，还可以利用林地间的杂草或者林间产出的粮食作物饲养家禽或牲畜，以实现经济增收的目的，特别是对于小农户家庭来说，这是家庭收入的有益补充。也可以利用林间自然环境，进行仿野生菌类的培植，亦可以取得可观的经济效益。

### （一）林下种植的经济价值

前面提到林下仿野生灵芝的种植，与人工种植相比，其综合经济效益要好。以下是对仿野生灵芝种植户的访谈：

> 笔者：仿野生灵芝种植累吗？
>
> JHY：原来大棚种，很累的。现在种仿野生的不累。
>
> 笔者：仿野生灵芝，多少钱一斤？
>
> JHY：新鲜的大的 160 元一斤，小个的 130 元一斤；晒干的大的 260 元一斤，小的 210 元一斤。
>
> 笔者：销路如何？
>
> JHY：销路还不够。没货。[①]

JHY 父子目前正在做的是培育仿野生灵芝。这种半野生灵芝在营养成分上与野生灵芝没有差别，外观上也差别不大，不懂行的人无法区分野

① 笔者 2020 年 8 月 11 日的访谈资料。访谈对象 JHY，男，苗族，1973 年生，初中文化，靖州藕团乡三桥村人；访谈地点仿野生灵芝培育基地。

生与半野生，半野生灵芝售价与野生灵芝相当。林下仿野生灵芝的培育，至少有以下四大优势：

第一，不置换灵芝生长的自然环境，阔叶林中多物种并存，灵芝被病菌感染的概率下降，灵芝的质量得以保证。

第二，就地伐木顺山坡摆放，减少了购买灵芝培养基的成本及人工搬运木材的劳动力投入。

第三，种植一次可以连续收获三年，投入时间短，产出时效长。

第四，对生态环境没有影响。仿野生灵芝的培养基，只是零星砍伐一些阔叶树，并没有成片砍伐，而且种植三年后的培养基，在山上慢慢腐烂，可作为肥料循环利用。

但是目前存在的问题是，树木不让随便砍伐，灵芝的培养基缺乏，不能大面积规模化种植。这是一个现实问题。换一个角度考虑，如果规模化种植，势必要砍伐大量林木，林木被砍伐后，如果没有得到及时更新，整个森林生态系统会受影响，从而破坏灵芝生长的自然环境。这也是一个值得考虑的问题。如何平衡二者，是发展仿野生灵芝产业需要考虑的问题。这既需要国家层面政策的支持，也需要村民有自觉保护生态的思想认识，在砍伐与保护之间做出权衡，适度采伐，不破坏灵芝生长的自然环境，实现生态保护与产业发展双赢。

实施循环砍伐也许是一个可行的办法。阔叶林中阔叶树居多且生长较快，一般 10~15 年即可长成，能达到做灵芝培育基的要求。如果把一块 100 亩的林地划为 10 块，每块 10 亩，每年砍伐一块，10 年一个轮回，砍伐时并非把所有林木全部砍完，而是有选择性地进行砍伐，那么 10 年后，第一块被砍伐的林地已经更新。JHY 有培植野生灵芝的经验与技术，他曾算了一笔账：

1 亩林地培植仿野生灵芝的产量，第一年约 300 斤，第二年约 3000 斤，第三年约 1500 斤。当前市场价：直径 10 公分以上 160 元 /

斤（生货），10公分以下120元/斤（生货），平均价140元/斤。[①]

按这样的产量计算，除去购买菌种及投入的人力成本，那么三年内1亩林地灵芝收入共672000元，平均一年224000元。如果是10亩林地的话，实现林地的循环利用，所产出的经济效益是巨大的。就林木的生长规律而言，其一旦长到成材年限，就生长缓慢甚至停止生长，一些林木出现老化现象，林分的积材量下降。实施循环砍伐不仅符合林木生长的自然规律，而且能使地方获得最大的经济利益。

（二）林下养殖的经济价值

林间除了种植外，还可以进行林中或林下养殖。养殖包括树上放养与树下养殖。树上放养典型的有蜡虫的放养。有关蜡虫的放养文献中有这样的记载："各夷洞惯畜蜡虫，汉民亦间畜之。每二三月进洞收买，虫凡一斗常价用银一两四五钱，贵至二两外。贱极亦一两。"[②]"白蜡每岁所制约一百石，本境约销五十石，其余由陆路运至黔粤境内销行，其由沅州运过本境者约二百石。"[③]从中可看出原来苗族、侗族从事蜡虫放养的生计方式，且蜡虫、白蜡价格昂贵。每年4月放养蜡虫，蜡虫成群栖息在白蜡树或女贞树上，雄虫分泌白蜡，待到白露后从树上收取白蜡。放养蜡虫收取白蜡的效益可观，但是目前少有人放养蜡虫。笔者经过多方打听咨询，得知锹里地区现在还有个别老人从事蜡虫的放养。以下内容是笔者访谈靖州横江桥官团组YJY老人的部分资料：

买虫子是300元一公斤。去年（2019年）收白蜡40斤左右，今年（2020年）没放了，还留有几十斤，明年（2021年）要养了。三锹乡元贞凤冲村吴主任明年也要放蜡虫。蛮多钱的，2019年得2

① 此数据由JHY于2020年8月28日提供。

② （清）李宗昉.黔记：卷三［M］//罗书勤等点校.黔书；续黔书；黔记；黔语.贵阳：贵州人民出版社，1992：235.

③ 金蓉镜.靖州乡土志［M］.光绪三十四年刊本.卷四志商务，第47页.

万多元。90年代，30元一两；现在白蜡700元一斤。好多人买，一些人买不到。我要出去干活，找我买白蜡，就留了条子在门上……[①]

YJY老人已经88岁的高龄，笔者找到他时，他正在屋里看电视，门上贴着一张纸条，上面写着如有买白蜡的请拨打他的电话……和笔者交谈思维敏捷，原来从事蜡虫放养的经历历历在目。他说放养蜡虫不累，而且效益好，只是年轻人不愿学，目前只有老人在做。这一说法在第二天笔者去地笋苗寨同何姓（书中其他地方也提到）老人交谈时也得到印证。何姓老人1939年生，原来也放养过蜡虫，听说靖州还有人放养蜡虫，坐在凉亭凳子上的他立马站了起来，让我告诉他联系方式，说明年他也要买点虫子放养，并说一点不累，看得出他对白蜡价值的认可。有位86岁的老人说了一句话："黄金白蜡水牸牛。"意思是从价格上比较，黄金价值第一，其次是白蜡，第三是水牸牛，并说现在700元一斤的白蜡价格不贵。YJY老人还举了一个例子，靖州林业科学院的院长到他这里两次，想在靖州搞一个重点项目。林业科学院负责买虫，找地方，派技术员专门做，放养面积50~100亩，要高标准来做，当示范项目做。但是没找到地方，因为成片的林地被划分之后，分属不同的家庭，一些人同意，一些人不同意。即使产的白蜡白送，一些人还是不同意。何姓老人也提出，让笔者联系放养蜡虫的YJY老人买虫子，第一年产的白蜡给笔者，他只要虫子。从这个例子可以看出，放养蜡虫的优势在于：第一，技术简单，效益好；第二，劳动强度不大，老年人、妇女也可从事。既然有这样的优势，目前为何仍没有进行产业化发展，这是一个值得思考的问题。

林下养殖的动物主要有鸡、猪、牛、羊等。在山地民族地区，在饲养的家禽类中鸡较为常见，饲养规模有大有小，以家庭为单位饲养是为了自己食用，以补充人体需要的氨基酸、维生素、蛋白质等营养。对于家庭

① 笔者2021年1月21日的访谈资料。访谈对象YJY，男，1933年生，靖州横江桥官团组人；访谈地点YJY家。

来说，也可以节约购买食材的费用。如果规模化养殖，则需要专业的技术人员及大面积的林地，只要科学养殖，管理得当，前景乐观。以饲养土鸡为例，土鸡生长周期约为半年，市场价格为 30 元左右一斤，一只土鸡约 2~3 斤重，一只鸡的价格 60~100 元不等。以一个林场饲养 2000 只土鸡计算，平均一只土鸡价格为 80 元，总价至少 16 万元。除去投入成本，半年约获利 10 万元。近年来，随着乡村旅游业的兴起，“后备厢经济”是乡村旅游经济效益的最直接体现，为林下养殖业提供了良好的发展契机。

养鸡除了获得显性的经济价值外，隐性的经济价值在于促进林木的快速生长。发展林下养鸡，可以收获至少两方面的效益：一方面，鸡可以啄食林间的杂草、害虫等，获得天然的饲料，提升鸡蛋、鸡肉品质；另一方面，可以节约养鸡的成本。这两方面对于消费者和销售者来说都是有益的。散养的鸡肉质鲜美，满足消费者的喜好；养鸡成本减少，可以增加销售者的收入。在维护林木生产方面，地上留下来的鸡粪是天然的有机肥，肥料返还给土壤，增加土壤肥力，促进林木的快速生长，缩短林木的成材年限。由此可见，林下养殖对促进林农增收、抚育林木生长都有良好的经济效益与社会效益。

随着物质生活水平的提高，人们的消费观念也在提升，天然的原生态消费品备受人们的欢迎。林下饲养土鸡可以带来可观的经济效益，但是由于种种因素的制约，规模化养殖并不多，主要原因如下。一是从事养殖产业主体的缺失。当下外出务工人员多，留在农村发展养殖业的人较少。规模化养殖需要资本投入与技术保障，既有资金又懂技术的人不愿从事农村养殖产业。养鸡产业投资高、风险大，收益不稳定，一旦染病或者出现其他突发状况，加上成本的投入，几乎没有收益。二是市场秩序的混乱。土鸡的价格比其他饲养鸡的价格要高很多，一些唯利是图的商贩利用假的土鸡投放到农村放养，以假充真，低于市场价格来销售，从而对土鸡养殖产业造成一定冲击，一定程度上影响了产业的发展。鉴于此，需要调整人们的思维，规范人们的行为，帮助人们树立正确的价值观，寻求立足于文化层面的经济发展。

## 四　狩猎采集价值的认识

森林资源丰富的地区，动植物类型多样，为狩猎采集生产活动提供了必要的条件。为平衡林业生产与农业生产之间的空间、节律关系，以及满足人们日常生活的需求，狩猎采集生产活动成为山地民族地区人们日常生活的重要组成部分。

### （一）狩猎的对象

狩猎是山地民族常见的生计方式，如今，这种生计方式被部分保存并延续下来。狩猎的对象主要是森林中的山地动物，也包括湿地动物和一些昆虫类。以下选取有代表性的动物加以分析，其也是目前锹里地区常见的动物。

#### 1. 山地动物

目前，常见的兽类野猪是国家保护动物，不允许随意捕杀。尤其在国家实施退耕还林、“天保林”工程后，生态环境有所改善，野猪的数量也逐渐增多。一些地区野猪成灾，每年都会下山啃食玉米、红薯等，毁坏庄稼，甚至发生过野猪伤人事件。村民也很无奈，知道不能随意猎杀，只能想办法驱赶，如采取放鞭炮、鸣锣，或者在地里撑稻草人等形式驱赶，但收效甚微。在这样的情况下，为保护农业生产与百姓的人身安全，一些地方政府会在特定季节组织捕杀野猪，以便控制野猪数量，达到既保护野生动物，又考虑群众利益的双重效果。在锹里地区，有捕捉野猪的“高手”，有经验的猎手会判断野猪的行踪，在野猪经常出没的地方放夹子或者绳套，待野猪经过时将其捕获。捕获的野猪有时可达300~400斤重。当村民得知有捕获到的野猪时，会叫上其他村民，一起将野猪抬下山，处理后自己食用。①

---

① 捕捉野生动物，是在过去生产力低下、肉类匮乏年代，为补充人体蛋白质需要而延续下来的一种生活习惯。在山多田少的山地民族地区，适量捕捉不会造成生态失衡问题，但对于肆意捕杀以获取经济效益并造成生态环境破坏的情况，笔者予以反对。

蛇、山老鼠、竹鼠也是人们狩猎的对象。夏天捕蛇，冬天捉鼠。蛇与鼠是生物链中的一环，如果过度捕杀蛇，则会造成鼠患，危害森林和庄稼，反过来，如果蛇的数量增多，也会造成生态失衡，一些毒蛇甚至会危及人的生命安全。有谚语称“蛇吃鼠半年，鼠吃蛇半年”。自然界中，蛇与鼠互相以对方为食物，是天然制衡法则。但是在游耕生计方式下，人们捕鼠、捕蛇是特定文化选择与利用的结果。在田野调查中，笔者了解到捕蛇也有地方性知识，即用狗帮忙寻蛇。让狗作为向导，找到蛇后让狗在一旁守候，捕蛇人采用适宜的方法捕蛇。如果狗扑上去咬蛇，则要制止，若是毒蛇，就会存在狗被蛇咬死的风险。对于无毒的蛇类如菜花蛇，也可利用捕蛇笼捕蛇，在笼中放置诱饵如小鸟，引诱蛇到笼中吃小鸟而加以捕获。一些地方在经济利益的驱动下，肆意捕蛇，造成蛇类减少，鼠患成灾。蛇是鼠的天敌，无论捕猎哪种野生动物都要适度，以维持物种之间的平衡。

在自然林中，多块根类植物，如葛根、蕨根、芋头等，还有一些豆科类植物，鼠类多以此类植物为食，但是这些植物又是人们利用的对象。为减少鼠类对这些植物的破坏，一定条件下，要实施必要的人工干预进行适量捕捉，在人为作用下维持自然界中生物链的平衡。可食用的鼠类有山鼠与竹鼠。锹里地区，人们有时也食用山鼠。

竹鼠被人们视为佳肴。文献记载：“竹鼦，穴地食竹根，毛松，肉肥美亦松。肉一二脔可盈盘，色紫，味如甜笋，血鲜饮之益人。傜中以为上馔，谓之竹豚。予诗：海人花蜇蛤，山子竹鸡豚。”[①] 竹鼦即竹鼠，生活在竹林中，以竹根为食。如今，竹鼠已被列为国家保护动物，禁止私自捕捉，原来可食用的竹鼠多为人工养殖。自新冠疫情之后，山鼠、竹鼠等野生动物被列入禁食野生动物之列。

捕捉野生动物的目的之一是保护农业生产。斑鸠是常见的野生鸟类，

① （清）屈大均．广东新语：下册［M］．北京：中华书局，1985：543.

在稻谷即将成熟的季节，人们认为斑鸠会“偷食”稻谷，为减少斑鸠对稻谷造成的破坏，一些乡民会在田埂边放置捕捉工具。在乡民眼里，斑鸠偷吃了他们的稻谷，他们是为了保护稻谷才捕捉的。从生物多样性角度分析，如果一种动物生长量过大，进行适当的捕捉可以维持生态系统的平衡。

黄蛤蟆是一种稀有的蛙类，每年重阳节前后出来，其他时间则没有。《靖州乡土志》载:“黄蛤蟆，身长啄尖，四足能跳，其色黑黄。”[①]一般寒露前后群聚于田间交配。黄蛤蟆是成批出来的，第一批出来的个体略大，后面出来的比较小，如果发现比较小的出来，则可以判断黄蛤蟆快没了。根据出现的时间及个头的大小判断黄蛤蟆的有无，这是特定区域的人们利用特定的文化对黄蛤蟆的一种判断与认识。由于过度捕捉，能捉到的黄蛤蟆越来越少。笔者认为这是一种不可取的做法。

2. 湿地动物

除了狩猎外，渔猎也是捕获野生动物的一种方式，这样的野生动物主要指水生生物。渔猎的主要对象是河鱼、河虾、螃蟹、黄鳝、泥鳅等。乡民也会在适当的季节捕捞河鱼、河虾、螃蟹、黄鳝、泥鳅等。捕食小鱼、小虾及捉螃蟹的主要时间是每年的 7~9 月，这段时间气温较高，也是相对农闲的季节。村民到村寨周边的水库中布网，渔网里置放鱼饵，把渔网放入水中，隔天收网，收获数量不等的河鱼、河虾，少则 1~2 斤，多则 5~8 斤。捕获的鱼虾一般都是自己食用，也是招待客人的优良食材。螃蟹则要在小溪中的石头下面去翻找，故一些地方叫“翻螃蟹”。笔者在地笋苗寨调研时，曾和乡民一起到水库中布网、收网，并亲身参与“翻螃蟹”。

泥鳅是一种淡水鱼类，对环境的适应能力非常强。在含氧量较低、水质较差的环境中仍能生存，甚至在水源枯竭的干旱季节里，也能钻入泥中而不死掉，在稻田的泥土中可以很好地生长。由于泥鳅对生长环境要求

---

① 金蓉镜．靖州乡土志［M］．光绪三十四年刊本．卷三志物产・动物，第 18 页．

不高，且肉质鲜美，营养丰富，受到人们的青睐。

狩猎、渔猎的对象除了兽类、鼠类、蛇类、禽类、蛙类、鱼类以外，还有部分昆虫类动物，如蚱蜢、蜂蛹等，对这些不同类别的野生动物进行捕捉，都有特定的文化策略与技巧。捕捉的目的有二：一方面补充农业生产的不足，尤其是补充人体所需的蛋白质；另一方面平衡生态系统中的物种数量。正如美国生态学家提出"适度干预学说"的生态维护理念，指出有限度地猎取数量过多的野生动物，有助于生态环境健康。[①]也即依靠特定民族独有的文化，人为建构起特定区域下文化与生态间的一种平衡关系。

对于狩猎、捕捉野生动物，各国并非一味地加以禁止。捷克斯洛伐克狩猎历史悠久，允许狩猎野生动物，有文明狩猎的传统。为保证狩猎活动健康发展，采取了一系列措施，如成立狩猎者协会，建立狩猎场；颁布并完善《狩猎法》，对狩猎的组织管理、狩猎者的权利和义务、猎枪的管理和使用等都做了明确规定；参加打猎的人必须经过学习，通过严格的考试后，方可购买猎枪；为保持生态平衡，采取饲养和狩猎相结合的方式，猎取野生动物严格按计划进行。[②]由于采取了许多保护措施，尽管狩猎者较多，捕获野生动物的数量也相当，但野生动物仍能够得到繁衍生息。这样既没有破坏人与生态环境间的平衡关系，也满足了狩猎者的需求，从而实现了人与野生动物友好相处。"林区狩猎由全国统一的狩猎协会在林业经营部门的规约下进行经营活动，林业经营部门收取一定数额的实利。"[③]这样也可以获得一定的经济效益。

具体到西南民族地区而言，狩猎是千百年来形成的文化习俗，民族地区的人们至今仍有这样的传统。原因在于靠山吃山的民族，在过去肉类匮乏的时代，有狩猎野生动物的习惯，捕杀野生动物是为了弥补食物上的短缺。现在肉类食品不再短缺，但是这种习惯仍被保留下来。因为文化的

① 杨庭硕，罗康隆等 . 美丽生存——贵州［M］. 贵阳：贵州人民出版社，2012：99.

② 丁建民 . 前捷克斯洛伐克的文明狩猎［J］. 云南林业，1993（03）：29.

③ 龙宇晓 . 少数民族林业经济市场化的桎梏何在——湘黔桂边区林业生产传统与现状的剖析［J］. 贵州民族研究，1993（03）：37–45.

变迁是一个长时段的过程，要纠正人们的思想观念，需要一个漫长的过程，这个过程不是靠法律法规的实施一次性到位，而是需要人们内心深处思想与文化观念的转变。

狩猎的对象主要是山地动物，渔猎的对象主要是湿地动物。锹里地区常见狩猎、渔猎动物如表 4-1 所示。

**表 4-1　常见狩猎、渔猎动物种类一览**

| 序号 | 动物名称 | 狩猎、渔猎时间 | 所属种类 | 所属类别 |
|---|---|---|---|---|
| 1 | 山鼠 | 冬季 | 哺乳类 | 山地动物 |
| 2 | 竹鼠 | 秋冬季 | 哺乳类 | 山地动物 |
| 3 | 野猪 | 一年四季 | 哺乳类 | 山地动物 |
| 4 | 野兔 | 一年四季 | 哺乳类 | 山地动物 |
| 5 | 野羊 | 一年四季 | 哺乳类 | 山地动物 |
| 6 | 斑鸠 | 一年四季 | 鸟类 | 山地动物 |
| 7 | 野鸡 | 一年四季 | 鸟类 | 山地动物 |
| 8 | 麻雀 | 一年四季 | 鸟类 | 山地动物 |
| 9 | 蛇 | 夏秋 | 爬行类 | 山地动物 |
| 10 | 石蛙 | 夏秋 | 两栖类 | 山地动物 |
| 11 | 黄蛤蟆 | 秋季 | 两栖类 | 山地动物 |
| 12 | 蚱蜢 | 夏秋 | 昆虫类 | 山地动物 |
| 13 | 蜂蛹 | 夏秋 | 昆虫类 | 山地动物 |
| 14 | 葛虫 | 秋季 | 昆虫类 | 山地动物 |
| 15 | 螃蟹 | 一年四季 | 鱼类 | 湿地动物 |
| 16 | 河鱼 | 一年四季 | 鱼类 | 湿地动物 |
| 17 | 河虾 | 一年四季 | 鱼类 | 湿地动物 |
| 18 | 河蚌 | 一年四季 | 鱼类 | 湿地动物 |
| 19 | 泥鳅 | 一年四季 | 鱼类 | 湿地动物 |
| 20 | 黄鳝 | 一年四季 | 鱼类 | 湿地动物 |
| 21 | 鲫鱼 | 一年四季 | 鱼类 | 湿地动物 |
| 22 | 鲇鱼 | 一年四季 | 鱼类 | 湿地动物 |

注：以上所列动物大部分是笔者在调研中亲眼所见，一些是听乡民提起。

### （二）采集的对象

森林资源丰富的地区，植物种类多样，可供采集的植物繁多，包括山地植物、湿地植物与一些菌类。一年四季中，根据不同的空间、不同的节律，采集的对象也不同，采集植物的时间和对象有别。采集活动成为生产生活的重要组成部分，这也是长期以来人们适应生态环境的结果。常见可供采集的植物大致有以下几类：

野菜类有香椿、蕨菜、鸭脚板（紫花前胡）、春笋、野葱（胡葱）、野韭菜、水芹菜、鱼腥草、马齿苋、蒿子、蒲公英、春笋、冬笋等。

野生水果类有野草莓、拐枣（鸡爪子）、黑老虎（布福娜）、八月瓜、野生猕猴桃、野柿子、山葡萄、南酸枣、野山楂、野石榴、血藤果等。

坚果类有山核桃、野板栗、松子等。

调味料类有木姜子、山胡椒、花椒、山奈等。

油料类包括食用类和工业用类，食用类有油茶籽、核桃，工业用类主要有桐油籽、松脂。

块根类有葛根、蕨根、山姜等。

药用植物类有野艾、何首乌、钩藤、七叶一枝花、黄精、金银花、苍耳、石斛等。

菌类有木耳、蘑菇、枞菌、竹荪、羊肚菌、牛肝菌等。

可供采集的植物种类繁多，不胜枚举，粗略估算，可达上百种。根据季节变化以及用途各异，对不同植物采集的部位也不同，有的采集叶子，有的采集花朵，有的采集果实，有的采集根茎。从食用、药用到药食同源，从食用油到工业用油，多样性的植物为山区人们的生活提供了重要保障。一些植物从原来被认为是不可食用的，到现在成为人们追捧的对象，还有些甚至演变为民间信仰的一部分，现列举几种较为常见的植物加以说明。

#### 1. 山地植物

葛与林业、农业是共生的，一般生长在田间地头、林缘旁。葛的适应能力强，对环境要求不高，但在疏松肥沃的土壤生长良好。在山区，当粮食作物不足以支撑生活需要时，葛就作为有效的食物来源，补充生活的基本需要。笔者在地笋苗寨调查时了解到，当地居民有挖葛根的传统，并对葛的价值有深刻的认识，从葛藤、葛花、葛根到葛虫，都是人们利用的对象。

> 葛藤可以用来喂猪，葛花是优质的蜜源，葛根可以做水果吃，也可以制作葛根粉、葛粑粑。另外还有葛虫，是一种高蛋白的虫子，每年的 9 月到次年 2 月、3 月较多。判断有无葛虫的方法是，观察一根藤子，如果有凸起的地方，则有葛虫，有的多达十几只，一些被葛藤缠绕的树里面也有。[①]

葛藤、葛花、葛根甚至葛藤里面的虫子都是人们所利用的对象，在饲养动物及维持人们生活需要等方面都有重要的价值。葛根中含有大量淀粉，经过一系列程序后，可提取其中淀粉，制成葛根粉食用，也可以做成葛粑粑。提取葛根中淀粉的程序包括清洗捣烂—粉碎磨浆—浆渣分离—淀粉沉淀—烘干等过程，其中要经过 1~2 次沉淀，目的是除去葛根中的杂质及有害物质。

木姜子现在以野生为主，是常见的香料作物，具有防腐去腥的功效。人们采摘木姜子主要用来做调味品。其他香料有山胡椒、花椒等，根据人们的需要在特定的季节采摘。

坚果类的采摘在锹里地区也很常见。主要的坚果有山核桃、野板栗、松子等。山核桃、野板栗都可以在 10 月进行采摘。自古以来，锹里的上锹地区是产山核桃的地方，在文献及一些碑刻中都有记载。光绪三十四年（1908 年），牛筋岭款场所刊立的《万世永赖》碑刻中明确记载了当地人

---

① 笔者 2017 年 7 月 23 日在地笋苗寨的调研材料。访谈对象 LCG，男，侗族，1952 年生，高中文化，务农；访谈地点风雨桥。

对山核桃的依赖，并且制定地方规范禁止外人随便抢摘山核桃、茶籽等。直到如今，锹里地区的人们仍有上山捡山核桃的传统，每年 10 月山核桃成熟的季节，就会有人到山上捡拾山核桃。捡拾的核桃既可以直接食用，也可以榨成核桃油，成为人们生活中的一种有益补充。

“社饭”是苗、侗等民族祭祀时的一种食品。祭祀主要在农历二月初（立春后的第五个戊日）进行。“社饭”的主要原料有糯米、大米、腊肉、野葱、青蒿等。制作方法是将山坡上、溪边采摘来的野葱、青蒿洗净，青蒿焯水以便除去苦涩味，野葱、青蒿剁碎，然后焙干，与糯米、大米、腊肉丁混合，加少许盐蒸制而成。苗族、侗族地区，每年农历三月，家家户户都会蒸上一大锅，跟家里人一起分享，邻居之间也要互相赠送品尝，这种淳朴的乡风民情延续至今。

青蒿除了用于制作“社饭”外，还可以制作蒿子粑粑。具体做法是把青蒿洗净剁碎，和糯米粉混合，揉成团状，用树叶包好放锅上蒸熟即可食用。关于蒿子粑粑，还流传着“三月三，蛇出山，蒿子粑粑扎蛇眼”的俗语。农历三月气温升高，蛇出洞。据说，把青蒿做成蒿子粑粑敬神，便可以将毒蛇堵在洞内出不来，避免人畜遭受其害。蒿子粑粑演变为祭祀的物品。每年农历三月做蒿子粑粑的习俗一直流传至今。如今，蒿子粑粑已成为南方地区的传统小吃之一。

蕨菜是中国西南地区常见的一种野菜，蕨菜嫩芽和蕨根都可以食用。春季采其嫩芽，洗净，用辣椒、蒜、姜等爆炒，是一道美味的时令蔬菜。如果有多余的也可以制作成酸菜，或者焯水后晒干制成干菜，以备冬天蔬菜短缺时食用。秋天可以挖蕨根做成蕨根粉，制作蕨粑（锹里地区叫芒粑）。采挖蕨根一般在 9 月到来年的 2 月、3 月，蕨根挖出洗净后，先用蕨粑石和蕨粑捶打碎蕨根，然后装入木桶内并加适量清水，搅动使淀粉析出，再把蕨根滤渣，沉淀后形成蕨根粉。蕨根粉含有一定的植物纤维素和蕨菜的大部分营养，可以用来制作蕨粑。在食物短缺、物质匮乏的年代，人们采集蕨根从中提取蕨根粉制成蕨粑，蕨粑成为人们的救命粮，用以战胜饥荒。随着时代的发展，蕨粑已经成为一道地方美食，曾在《舌尖上的中国》第二季第三集“心传”中被报道。从过去到现在，蕨菜、蕨根的利用价值不仅仅体现在食用方面，其更是民族文化的传承和延续。

2. 湿地植物

常见的湿地植物山奈为多年生宿根草本植物，多生长在温暖潮湿的水沟边。根茎可以作为一种调味料，也可以入药。山奈有淡淡的香味，锹里地区的人们在炒牛肉、鸡鸭时会放入一些山奈叶，为食物提香。

香蒲为多年生水生植物，其穗呈蜡烛状，故又称“水蜡烛”。“水蜡烛，草本，生野塘间，秋杪结实，宛与蜡烛相似。有咏者云：风摇无弄影，煤具不燃烟。”[①] 夏季花柱成熟，采摘花柱晒干，点燃后有淡淡的香味，可用来驱蚊。香蒲的花粉可用来止血，具有一定的药用价值；叶子可以用来造纸或者编制垫子。对香蒲不同部位的认知与利用，是人们在生产过程中实践认知的结果。

一些湿地植物如菖蒲与民间习俗联系在一起。端午节是中国的传统节日之一，过节所用的物品可从森林中获取。在中国西南地区，端午节的习俗是吃粽子、赛龙舟、挂香包，在门上悬挂艾叶、菖蒲以辟邪，在屋内、屋角洒雄黄酒以驱蛇杀虫，祭神祭祖以祈祷五谷丰登、平安健康。在农村地区，端午节孩子们佩戴的香包一般是手工制成，用布缝成自己喜欢的样式，里面塞上棉花团，棉花团里面有一些中草药或香料，如艾叶、雄黄、菖蒲、青蒿、白芷等。最初，香包的功效是驱瘟辟邪，农历五月气温升高，毒虫应季肆虐，在香包中装入雄黄、艾叶等，可达到驱虫避蛇的效果。随着社会的发展，端午节挂香包、佩香囊逐渐演变为一种民间习俗。

3. 菌类植物

枞菌是一种稀有的、野生的伴生菌类，目前尚未实现人工培育，只

① （清）屈大均 . 广东新语：下册［M］. 北京：中华书局，1985：728.

能在适宜的季节采摘野生的。枞菌的生长离不开马尾松（也叫枞树），其与马尾松树是一种共生关系，枞菌从马尾松的根部获得生长所需要的养分，而马尾松也需要枞菌为其提供一些微量元素，二者和谐共生。《靖州乡土志》记载了枞菌与松树的伴生关系："枞菌又名斯茅菌，色淡黑味浓厚，八九月生松树山土内茅草丛中，相传为枞树汁堕地而生，然无草之地，虽枞林亦不生也。"[①] 枞菌生长的条件还需要有充沛的雨水、20℃左右的气温，以及排水性能好的土壤。对于共生的马尾松树的树龄也有要求，树龄太小不能生长，树龄太大也不能生长，要求树龄一般在10年左右。正是因为枞菌的生长条件苛刻，其难以进行人工培育，抑或是人工培育成本要高于自然生长成本。物以稀为贵，在枞菌采摘季节，新鲜的枞菌可卖到60~80元/斤，也可以把采摘来的枞菌制成枞菌油。枞菌油的制作方法是：将新鲜枞菌洗净晾干水分，将茶油或菜籽油烧熟后放入枞菌，慢慢熬制，蒸发掉枞菌中的水分，放凉后装瓶备用。在古代，枞菌油是供奉土司、苗王的上等物品；如今，枞菌油是面食调料、冷盘配料的佳品。

其他菌类植物有灵芝、茯苓及部分野生蘑菇等。灵芝多生长在气温高且光线昏暗的阔叶林中，主要长在腐树或树木根部，从腐树中摄取养分而生长。茯苓与松树伴生，在适宜的条件下茯苓菌丝体寄生在已死的松树蔸上，不断分解松树蔸纤维素、半纤维素中的营养，菌化后的物质积聚膨大，形成一个营养贮藏器官，因而俗称"松茯苓"。灵芝、茯苓具有极高的药用价值。目前，野生灵芝、茯苓已少见，锹里一些地区的人们在林间模拟灵芝生长的自然环境，按照仿生模式进行半野生灵芝的培植。投入较少的人力和劳力，可以获得较多的灵芝产出。这样的种植模式，既没有破坏森林生态环境，又获得了经济效益。

锹里地区常见采集植物、菌类如表4–2、表4–3所示。

---

① 金蓉镜.靖州乡土志［M］.光绪三十四年刊本.卷四志物产·植物，第13页.

**表 4-2　常见采集植物一览**

| 序号 | 植物名称 | 采集时间 | 采集部位 | 主要用途 | 所属类别 |
|---|---|---|---|---|---|
| 1 | 杉籽 | 秋季 | 种子 | 育苗 | 山地植物 |
| 2 | 松籽 | 秋季 | 种子 | 育苗 | 山地植物 |
| 3 | 苍耳 | 夏秋 | 种子 | 药用 | 山地植物 |
| 4 | 杨梅 | 夏初 | 果实 | 食用 | 山地植物 |
| 5 | 枇杷 | 春季 | 果实 | 食用 | 山地植物 |
| 6 | 草莓 | 春季 | 果实 | 食用 | 山地植物 |
| 7 | 野柿子 | 秋季 | 果实 | 食用 | 山地植物 |
| 8 | 野板栗 | 秋季 | 果实 | 食用 | 山地植物 |
| 9 | 野山楂 | 秋季 | 果实 | 食用 | 山地植物 |
| 10 | 野石榴 | 秋季 | 果实 | 食用 | 山地植物 |
| 11 | 扣子梨 | 秋冬 | 果实 | 食用 | 山地植物 |
| 12 | 八月瓜 | 秋季 | 果实 | 食用 | 山地植物 |
| 13 | 血藤果 | 秋季 | 果实 | 食用 | 山地植物 |
| 14 | 山葡萄 | 夏秋 | 果实 | 食用 | 山地植物 |
| 15 | 野生猕猴桃 | 秋季 | 果实 | 食用 | 山地植物 |
| 16 | 油茶籽 | 寒露至霜降、初冬 | 果实 | 榨油食用 | 山地植物 |
| 17 | 山核桃 | 秋季 | 果实 | 榨油食用 | 山地植物 |
| 18 | 桐油籽 | 秋季 | 果实 | 榨油工业用 | 山地植物 |
| 19 | 山胡椒 | 夏秋 | 果实 | 食用、榨油 | 山地植物 |
| 20 | 木姜子 | 夏秋 | 果实 | 调味料、加工香料 | 山地植物 |
| 21 | 节骨茶 | 夏季 | 茎叶 | 药用 | 山地植物 |
| 22 | 艾草 | 夏秋 | 茎叶 | 食用、药用 | 山地植物 |
| 23 | 香椿 | 春季 | 嫩茎叶 | 食用 | 山地植物 |
| 24 | 钩藤 | 秋冬 | 茎 | 药用 | 山地植物 |
| 25 | 五叶藤 | 夏秋 | 茎 | 药用 | 山地植物 |
| 26 | 蕨菜 | 春季 | 茎 | 食用 | 山地植物 |
| 27 | 蒲公英 | 春秋 | 根茎 | 药用 | 山地植物 |
| 28 | 野葱 | 春夏秋 | 根茎 | 食用 | 山地植物 |
| 29 | 春笋 | 春季 | 根茎 | 食用 | 山地植物 |
| 30 | 野菊花 | 秋季 | 根茎 | 药用 | 山地植物 |

**续表**

| 序号 | 植物名称 | 采集时间 | 采集部位 | 主要用途 | 所属类别 |
|---|---|---|---|---|---|
| 31 | 七叶一枝花 | 秋季 | 根茎 | 药用 | 山地植物 |
| 32 | 黄精 | 春秋、秋末初冬 | 根茎 | 药用 | 山地植物 |
| 33 | 鱼腥草 | 一年四季 | 根茎 | 食用、药用 | 山地植物 |
| 34 | 车前草 | 一年四季 | 根茎 | 药用 | 山地植物 |
| 35 | 芭蕉 | 秋季 | 根茎 | 药用、饲料 | 山地植物 |
| 36 | 蕨根 | 秋冬 | 根 | 食用（芒粑） | 山地植物 |
| 37 | 山姜 | 夏秋 | 根 | 食用、药用 | 山地植物 |
| 38 | 冬笋 | 冬季 | 根 | 食用 | 山地植物 |
| 39 | 何首乌 | 秋冬 | 根 | 药用 | 山地植物 |
| 40 | 松脂 | 昼夜平均气温 10~20℃ | 树干油 | 制作松油、松香工业用 | 山地植物 |
| 41 | 金银花 | 春夏 | 花 | 药用 | 山地植物 |
| 42 | 鸭脚板 | 春季 | 叶子 | 食用 | 山地植物 |
| 43 | 杨桐树叶 | 春季 | 叶子 | 食用（乌米饭） | 山地植物 |
| 44 | 菖蒲 | 秋季 | 根茎 | 药用 | 湿地植物 |
| 45 | 香蒲 | 秋季 | 茎、花柱 | 药用 | 湿地植物 |
| 46 | 水芹菜 | 春夏 | 叶子 | 食用 | 湿地植物 |
| 47 | 灯芯草 | 夏秋 | 茎 | 药用 | 湿地植物 |
| 48 | 山奈 | 一年四季 | 根茎 | 调味用 | 湿地植物 |
| 49 | 芋头 | 秋季 | 根 | 食用 | 湿地植物 |
| 50 | 菰米 | 秋季 | 种子 | 食用 | 湿地植物 |
| 51 | 茭白 | 夏秋 | 根 | 食用 | 湿地植物 |
| 52 | 芦苇 | 秋季 | 根茎 | 药用、造纸 | 湿地植物 |
| 53 | 菱角 | 夏季 | 果实 | 食用 | 湿地植物 |

注：以上所列植物是笔者在调研中亲眼所见，或者听乡民提起过。

**表 4-3　常见采集菌类一览**

| 序号 | 菌类名称 | 采集时间 | 主要用途 |
|---|---|---|---|
| 1 | 灵芝 | 秋季 | 药用、食用 |
| 2 | 茯苓 | 夏秋 | 药用、食用 |

**续表**

| 序号 | 菌类名称 | 采集时间 | 主要用途 |
| --- | --- | --- | --- |
| 3 | 枞菌 | 春季秋季 | 食用 |
| 4 | 竹荪 | 春季 | 食用 |
| 5 | 羊肚菌 | 春夏 | 食用 |
| 6 | 木耳 | 一年四季 | 食用 |
| 7 | 蘑菇（野生） | 秋季 | 食用 |

注：以上所列菌类是笔者在调研中亲眼所见，或者听乡民提起过。

“森林既是生活用具的材料库，也是食物的储藏库。”[①]从某种程度上说，林区人们的生活是与森林进行物质交换的一个过程。“在某个特殊的富饶地区，狩猎和采集活动能够生产出与相对贫瘠地区农业化系统相等，甚至可能更高的能量。”[②]这里的特色富饶地区即指森林资源丰富的地区，其可供狩猎采集的生物种类繁多。但是无论哪种方式的狩猎采集，都是人们在长期生产实践过程中总结出的经验，根据需要在不同的季节进行适当捕获或采集。这些动植物对林业生产、农业生产既有好处也有坏处，狩猎采集一方面可以满足人们生活的需要，另一方面可以平衡生物物种数量，不让某一种动植物过量，也不能把一种生物灭绝掉，以达到生物多样性的平衡，使这些动植物与林业生产和农业生产匹配。林业是个长周期的产业，而人的基本生活需要离不开短周期的农业生产。在长周期的林业生产与短周期的农业生产过程中，狩猎采集森林中的伴生物种，一方面为人们的生活需要提供助益，另一方面可以解决长周期林业生产的需要，同时，在一定程度上也弥补了短周期农业生产的不足。狩猎采集在平衡、协调林业生产和农业生产二者之间的关系中起着重要作用。

总之，林业、农业、林下种植、林下养殖、狩猎采集等都是农林复

① 〔日〕秋道智弥，市川光雄，大塚柳太郎．生态人类学［M］．范广融，尹绍亭，译．昆明：云南大学出版社，2006：16.

② 〔美〕托马斯·哈定等．文化与进化［M］．韩建军，商戈令，译．杭州：浙江人民出版社，1987：63.

合系统的有机构成要素，这些不同的要素在复合系统中扮演着不同的角色，发挥着各自的功能，也从不同侧面体现出各类要素的经济价值。经济价值既有显性的价值，也有隐性的价值，显性的经济价值以具体的实物产品通过交换直接体现出来，而隐性的经济价值往往隐含在特定的民族文化中，通过文化这一载体将价值进行有效转化。

## 第三节　农林复合系统的文化价值

以杉树为目的树种的农林复合系统，需要特定的文化策略去应对。杉树从栽植、管护到砍伐、运输，都需要有一定的技术，这些技术要素是特定文化的映射。这些文化可以通过杉木本身、特色饮食、特色建筑、运输方式等方面体现出来。杉木传统种植与管理技术这些文化要素也增强了社区间的凝聚力，这些都是文化价值的体现。

### 一　杉木文化

农林复合系统中的“林”主要是杉树。用杉木建造的房屋、风雨桥、鼓楼、庙宇，制作的生活器具等，都是几百年来传统文化的体现与传承，至今仍在人们的生活中延续。

道光年间举人龙绍讷（1793~1873 年）在《杉君子传序》中对杉木做了描述：“为梁为栋，为壁为椳，为棺为器。君子小用小效，大用大效。此物此志也，而又性最耐久，入水不腐，受湿不蛀。故岩阿中偶有崩圮，杉在土中，历千百年，人挖得之，香气袭人，木色变赤。取以作器，用盛饮食，虽盛夏不变味，名为‘贵木’，言其贵无价也。此则君子而圣人也，最难致。至于其皮之坚厚，可代陶瓦；其屑之绵软，可塞桶漏，则又君子之零星小技不足道。”[①] 杉木大用大效，小用小效，可以建屋建桥，可以做棺材，甚至木屑也有“用武之地”。由于用途广泛，杉木在人们的生

① 欧阳克俭主编．亮川集校勘及研究［M］．贵阳：贵州人民出版社，2022：225.

活中发挥着非常重要的作用。

杉木的这些文化价值源于杉木的优良品性，通过对杉木品性的认知，人们把杉木的这一特性推延至人的良好品性，把杉木比喻为君子，“夫所谓其性直、其品端、其节坚、其材美者，莫杉若也……至于杉，则不谓之君子不可也”。[①] 从杉木的品性延伸到人的品性这一文化价值，不仅体现了对杉木本身价值的认可，更重要的是延伸了杉木价值的内涵，体现了杉木由自然之物向文化之物的转变，实质是对杉木这一特定物的文化价值的一种认可。

## 二　建筑文化

锹里地区的建筑文化可以通过村落布局体现出来。村寨坐落在山谷低处的平坦地带，且每一个村寨附近的山坡上或周边都有风水树、古树。如地笋苗寨的山坡上有生长百年以上的枫香树，即使树木自然死亡也不砍伐；岑梧寨的寨门口有两株红豆杉树和一株楠木，巍然挺立在寨子旁边，寨子旁的山坡上有一株生长 200 多年的古杉树。房屋多依山坡而建，屋基用石头竖着垒砌而成，或者用木柱子支撑而起，多为木质结构，最下面一层放置杂物、干柴，也可以养鸡养鸭。上面一层是厨房和居住处，厨房内有火塘，火塘兼具做饭和烤火功能。冬天，亦可在火塘上方熏烤腊肉。房屋外观呈黑褐色，寿命均有百年以上。

村寨里有风雨桥和鼓楼。以地笋苗寨为例，三座风雨桥横跨在溪水之上，人们可以在那里休闲聊天。地笋苗寨鼓楼为寨中最高的建筑，位于村寨中心，是举行重要活动的场所。每个村寨都有保佑村寨的土地神，也有的在自家门前供有土地神。村寨里都有水井和水塘，如地笋苗寨有三口井——天才井、地才井、人才井，藕团乡三桥村有神鱼井（菠萝井）。这些水井和水塘为人们的生活提供了便利，同时也是防范村寨火灾的重要措

① 贵州省锦屏县志编纂委员会编．锦屏县志［M］．贵阳：贵州人民出版社，1995：1022.

施。村寨周边有稻田，点缀在森林中。夏季，稻田绿意盎然，蛙声一片，田中有鱼儿游动；冬季，稻田蓄水浸泡，水平如镜。秋天收获稻谷，把田犁过后蓄水浸泡过冬，可以防止田底开裂，还可以浸死部分害虫。故有农谚曰:“担粪下田，不如泡冬过年。”

## 三　木材运输文化

杉树成材后，从山上砍伐运至山下，再运至全国各地。过去，木材的运输方式有陆运与水运两种。

陆运有“放洪”与“架厢”。砍倒后的杉木需要剥皮，在山上风干1~2个月便可以运出山。根据地形和地势情况，选择合适的运输方式。在林区较陡的地方，清理杂草和岩石，挖修滑槽，将采伐后的杉木根朝下、尾朝上，沿着山坡从高处向山脚滑送，木材滑行通过的槽痕线路，俗称“洪路”，这种运输木材的方式为“放洪”。

在较为平缓的地方，没有陡坡不能把木材滑送到山脚下的地方，则要扎厢道，在木材上固定钉牛，用绳索将木材从厢道上拖运至水边，称为“架厢”。架厢有高厢矮厢、平厢陡厢之分。架厢需要大量的支撑柱木和厢轨木，视地势高低，支撑柱木的长短不一，以支撑厢面平整为宜。厢轨平行相距4尺左右，长条木作为厢轨木，轨上隔2米左右置一横杠作为厢檩，用藤条固定，架起运输木材的通道。为减小劳动强度，人们还将滑楠皮捣烂，以其汁液作润滑剂涂在厢横木上，减少摩擦力，使木头在厢上的滑行速度加快。

水运有“单漂”与“放排”。木材从山上运下来后，在涨水的季节，利用山间涨水的短暂良机，将木材一根一根顺水漂至下游集中点编扎，沿流各段均安排有水夫护拥下漂，一段送至一段，分工把守，俗称“单漂”“赶羊”。单漂宜在小溪内运输，利用涨水季节将木材一根根顺水漂至集中营。

放排则在大河中漂运，由多根木头编扎在一起形成规格不一的木排，视木排大小安排二人或四人在江河中运排。放排必须由有经验的老排工负责，熟悉江河上险滩、岩石的位置，提前察看“号簿岩”（即河床中显露在水面上岩石的特征），小心放排，避免发生触岩的危险。

## 四　社区合作文化

农林复合系统的显著特征是生产周期长、覆盖面积广，这一特征决定了林业与农业在经营和管理方式上的不同。农业三个月、半年或一年为一个生长周期，可以以家庭为单位进行小农化经营和管理，而林业的生产周期最少也要 18 年，与农业一年为一个生长周期相比，二者的差距是极大的。农业的种植与操作可以在几分地或几亩地的面积上进行，而林业的种植面积，少则十几亩，多则上百亩，难以以家庭为单位进行管理。在管理难度上，林业生产要比农业生产大。林业经营与管理技术的特征决定了在较长的生产周期及种植面积广的前提条件下，需要不同家庭之间的合作。这些以家庭为单位而建立的团体组织就是家族，有了家族成员间的合作，农林复合系统的经营与管理成为可能。在特定地域范围内，家族与家族群体间的联合，形成一个在生活上相互关联的共同体，这个共同体以社区的方式存在。农林复合系统的炼山、管护、森林防火、采伐运输等各个环节，都需要社区间的合作。

### （一）社区合作下的炼山

在林区，一次性栽植林木的面积较大，炼山范围也广，要 5~10 亩，若以一个家庭 4 个劳动力成员来算的话，远远达不到防守范围的要求，这时候就需要家族内部、社区内部成员之间的合作。因而，一个家庭若要造林，要事先请求家族人员的帮忙。炼山需组织好人力，成员分工明确，选择有经验的林农成员，有负责点火的，有负责防火的，各负其责，确保炼山时不发生火灾。

### （二）社区合作下的栽植管护

西南的山地民族地区，造林地点大多是在山麓间、山坡上，即使有先进的造林设备、现代化的造林设施，在山麓间、山坡上也难以发挥出现代化技术的造林优势。目前林木的栽植主要还是靠人力完成，以种植杉树为例，一亩林地可栽植 180~200 株杉树，大面积的造林，其工作强度不是一个家庭所能够承担和完成的。在家庭劳动力资源短缺时，则需要家族、社区“共享”劳动力资源，合理配置劳动力。尤其是在目前劳动力资源外流趋势的影响下，若要大面积造林，社区合作的重要性就体现出来。从田野调查中可知，目前大面积造林所采用的做法是花钱请人造林，造林的费用为 200 元 / 人・天；或者是承包给木商，木商砍伐林木后负责造林。

（三）社区合作下的森林防火

对防火带的管理是林木管护的措施之一。防火带区域是公共空间，这个公共空间所担负的功能是阻断意外引发森林火灾的大面积扩散与蔓延。生活在林区的人们对此有一定的认识，会自觉树立对防火带的管护意识。巡山时，见到防火带生长有杂木或茂盛的杂草，无论是自家林地的防火带，还是他人林地的防火带，都会加以清理管护。因为林农知道，一旦发生森林火灾，受损的是整个家族或社区的利益，他们是一个利益共同体，维护公共利益就是维护自己的利益。

山林火灾是森林的大敌。人工杉木林的生长周期长、栽植面积大，林地与林地成片连在一起，虽说有林地四至之分，但是林地间并没有明显的防火界限区分。一旦发生火灾，邻近的林区甚至整片林区都会遭殃。因而，在森林防火方面，需要封闭性作业，禁止火源进入林区，最大限度减少森林火灾的发生。在防范火灾上，不能仅靠单个家庭，整个社区都需要有自觉的防火意识。森林火源除了自然因素外，人为因素也很重要，这方面需要社区成员的共同努力，自觉树立防火意识。炼山、烧荒是引起森林火灾的潜在因素，这就需要社区间、家族间加强沟通交流、互助合作，防止火灾的发生。一些林区在路边的宣传牌上写着“火源不入山，森林才平安”的宣传标语，目的是提醒大家注意森林防火安全。林区的所有成员是利益共同体、命运共同体。

（四）社区合作下的采伐运输

杉木林的采伐主要是皆伐，选择成熟的杉木林成片砍伐，迹地更新造林。在长期的林业生产实践中，人们积累了丰富的采伐技术和经验。伐木前选择吉日，准备好斧头、柴刀、绳索、锯等采伐工具，先派两三个人到山上砍倒一根或几根，以示开工大吉。采伐前要听从工头的安排和指挥，工头交代工人上山的注意事项，并准备酒肉招待工人，以抓阄的形式将工人分成若干组，分别负责清场拉绳、担任施斧工、打枝剥皮等。为防止砍倒树时砸到人，砍伐时选择朝坡的一方（内方）用斧头砍至三分之二处，然后在外方比斧口略高一点的位置砍几斧头，树便会向坡的方向倒去。若遇到树木倾斜生长，则要用拉绳边拉边砍，使树朝坡的方向倒，这时候需要多人作业。

伐木运木需要青壮年劳动力的合作，而家庭成员的劳动力资源有限，就需要寻求家族或者社区内部的人力协作，以家族或社区的“合力”来完成。木材的运输特别是“架厢”也需要多人合作。不管哪种厢，都须捆扎牢固，拖木时既省时省力，又可以避免发生危险。拖木工具是特制的杂木杠、钉牛、缆索，用钉牛钉入木头，缆索套住钉牛和杠中央。两人为一杠，一手扶杠头，一手握缆索沿着厢轨滑行，拖木时要喊号子以协调步伐，避免发生危险。

以上是杉木传统种植与管护过程中炼山、种植、管护、防火、采伐及运输过程中社区合作的具体表现。随着科技的进步，现在伐木、运木等不需要投入太多的人力，但是在种植、管护方面仍需要人力的付出。现在一些造林大户请人造林，或者直接承包给木商，其实质是把以家族、社区为单位的力量转嫁到其他人身上，其内在性质一致，只是外在表现形式不同罢了。

社区是某一个民族同质文化的群体性存在，在同质文化的小文化圈内，与其他民族的文化有区别和联系。文化的差异性通过不同的文化载体得以体现，文化的载体不仅体现在具体的实物层面，也体现在人们的精神层面。在同质的文化区域内，通过不同的文化载体将特定的文化因子呈现出来，形成文化的外在表现形式，这一表现形式需要社区成员的协作与合力，才能呈现文化的整体性与独特性的统一存在。

## 五 从自然之物到文化之物

农林复合系统中作物种类较多，以木本作物为主。按其主要用途划分，可分为采集食用的木本作物、器具用的木本作物。在对不同类型的本木作物加以认识与利用时，都需要有特定的文化逻辑，呈现特有的文化样态。器具用的木本作物多是用材树，主要用于建屋、造船等。

### （一）对可食用木本作物的认知

可食用的本木作物有杨梅、板栗、核桃树、柿子树、梨树、柑橘、桃树等，也包括其他一些坚果类的树木及水果类的树木，在地方志中有相关记载，如今仍有种植。以下仅选取有代表性的加以分析。

《靖州乡土志》有诗云："木洞杨梅尤擅名，申园梨栗亦争鸣，百钱且得论摊买，恨不移根植上京。"[①] 此诗中提到三种可食用的树木作物：杨梅树、梨树、板栗树。杨梅是靖州有名的水果，特别是木洞杨梅美名远扬。据《靖州林业志》记载，嘉庆十一年（1806年），坳上木洞村民周道宏经过多年摸索，采用嫁接方法，成功培育"木洞杨梅"新品种，[②] 改变了原有杨梅的不良性状，新品种果大核小。《靖州乡土志》称木洞杨梅"结实大如酒杯，红深转乌色，五月熟，味甚佳，多甘而少酸"。[③] 靖州杨梅有良好的外形及口感，在清代一度成为朝廷的贡品。人们食用杨梅，也是对环境的一种适应。古时靖州地区多森林，立夏天气转热后瘴气肆虐，瘟疫多发，生食杨梅可以有效抑制瘟疫蔓延。梨是靖州地区的大宗产品，品种多样，根据文献记载，共有23个品种，[④] 梨树种植历史悠久。今天，排牙

① 金蓉镜．靖州乡土志［M］．光绪三十四年刊本．卷四附录・靖州三十咏，第2页．

② 湖南省靖州苗族侗族自治县林业局编．靖州林业志［M］．北京：中国文史出版社，1993：41.

③ 金蓉镜．靖州乡土志［M］．光绪三十四年刊本．卷四志物产・植物，第22页．

④ 金蓉镜．靖州乡土志［M］．光绪三十四年刊本．卷四志物产・植物，第21页．

山国家森林公园内仍有大片梨园。

板栗有四种，“曰板栗、曰油板栗、曰茅栗、曰榛栗”。[①] 板栗属于壳斗科植物，外形为球状，外壳较坚硬且带刺，种植历史达上千年。核桃又名胡桃，为张骞出使西域得种，而后推广种植。核桃树是锹里地区主要的油料作物树种，在人们的生计中发挥着重要作用。《靖州乡土志》记载：“核桃有二，曰花核桃，曰油核桃……苗侗多种之。”[②] 锹里地区广泛种植，特别是上锹地区。正如《树木作物：永远的农业》一书中所讲，坚果成为人们的食物，并为改善我们的食物状况提供了双重机会，即增加食物供应的数量，提升食物供应的质量。[③] 锹里地区对可食用本木作物进行利用与管护，甚至制定款约以维持乡村社会的秩序，合理配置生计资源。这在后面的碑文材料中有详细分析，在此不再赘述。

可食用的木本作物种类较多，不能一一列举。从树木的果实到一些树叶，都是可利用、食用的对象。对这些本木作物的认识与利用，是特定生态环境与民族规约下民族文化再现的一种表达。这样的民族文化不仅体现在对可食用木本作物的利用上，也体现在对器具用的木本作物的认识与利用上。

### （二）器具用木本作物的文化“化”过程

器具用木本作物主要有杉树、楠木等。杉树的文化价值上文已经分析过，楠木的文化价值可以从对楠木的使用及楠木所蕴含的文化加以解释。

楠木为樟科植物，常绿高大乔木，木材为建筑良材，在今湖南、贵州、四川、云南等地均有生长。《溪蛮丛笑》关于独木船的记载就提到楠木：“蛮地多楠。有极大者，刳以为船。”[④] 根据记载内容分析，这种“船”是用大的木头挖空而成，而非拼板而成，因而把“船”理解为“舟”更贴

---

① 金蓉镜 . 靖州乡土志［M］. 光绪三十四年刊本 . 卷四志物产・植物，第 26–27 页 .

② 金蓉镜 . 靖州乡土志［M］. 光绪三十四年刊本 . 卷四志物产・植物，第 25 页 .

③ Smith, J.Russell, Tree Crops：A Permanent Agriculture［M］.New York：Devin–Adair Company, 1950：205.

④（宋）朱辅 . 溪蛮丛笑［M］. 钦定四库全书 . 史部十一・地理类十，第 6 页 .

近本意。“刳”意为从树中间剖开再挖空，用这种方法制造独木舟，对原木的要求非常高，必须是极大的木材方能满足需要。《岭外代答》记载：“广西江行小舟，皆刳木为之，有面阔六七尺者。虽全成无罅，免繻袽之劳，钉灰之费，然质厚迟钝。忽遇大风浪，则不能翔，多至沉溺……钦州竞渡兽舟，亦刳全木为之，则其地之所产可知矣。”[①]根据记载可知，这种舟适宜在江流平缓的地带使用，这符合五溪地区的江流特征。书中还提到竞渡习俗，此习俗与五溪之地端午节赛龙舟习俗类似。

过去，独木舟多用来运输物资，今天，独木舟的功能已转变，从运输功能转变为娱乐功能，但也保留有民族文化成分。如今，仍有用大木制作独木舟的做法，只是材质多为杉木。这种独木舟平时放置在特制的凉亭内，每逢端午节，居民多用独木舟赛龙舟，以作娱乐之用。这种物在功能上的转变，说明人与物通过某种程序产生联系。我们分析物，“是人类通过何种程序和物产生关联，以及由此而来的人的行为及人际关系系统”。[②]也即通过物这个载体，探讨物背后所隐含的文化事实。物的文化映射可以通过下面这个例子加以分析。

本书第一章里提到上锹有一寨子，名曰楠木山（古称柳榜或柳细），此寨子的得名与楠木有关。相传，南宋末年，元兵围剿南方人，楠木山苗寨祖先龙又葡被元兵追杀，慌乱中躲入用楠木做的涵洞里，洞口被蜘蛛结了网，官兵以为里面没人，才幸免于难。后来龙又葡的后裔龙杨棣定居柳榜，为纪念楠木涵洞对远祖的救命之恩，在寨子周边栽种了许多楠木，[③]楠木山一名便由此而来。至今，在寨口还有少量大楠木。楠木的传说后来衍生了楠木祭祖的习俗，人们将楠木作为特殊的“家祠”来祭祖。不只是在祭祖方面，传统的节日习俗时间也因楠木而发生变化。据说，祖先龙杨棣外出到100多里外的锦屏亮寨司谋生，因五月初五端午节未能赶回，

① （宋）周去非．岭外代答［M］．钦定四库全书．史部十一·地理类杂记之属·卷六器用，第10页．

② 〔法〕让·鲍德里亚．物体系［M］．林志明，译．上海：上海人民出版社，2018：3.

③ 胡宏林主编．千里古锹寨［M］．长沙：湖南人民出版社，2017：87–88.（以上传说根据书本内容整理而来）

五月二十七日才到家，全寨人就等到那天才过节。当晚，龙杨棣与众人商议，将五月二十七日定为本寨的端午节。[①] 自此后，每年的五月二十七日便成为楠木山特殊的端午节，有宰鸭、包粽子、喝雄黄酒、挂艾草和菖蒲的习俗。楠木山这一节日习俗时间的变化，是以楠木这个物为载体，而在特定的文化圈内形成自己的"小传统"，实现文化的一种自我认同。这样的"小传统"也有其独特的文化结构，是自然萌发出来的，但也包含了"大传统"的文化因子。正如芮德菲尔德所说，"一个有其独立自主文化的社区必然会存在着复合性的文化结构，这个文化结构里就包含着一个大文化和一个小文化"。[②] 这里的大文化就是指五月初五的端午节，小文化是指楠木山寨五月二十七日特殊的端午节，节日时间不同，但是文化习俗相同。

器具用的本木作物虽不能直接提供食物来源，但是可以为人们提供住房、船只等物质保障，满足人们的基本生活需求。在一定条件下，也可通过贸易活动，使其经济价值得以转化，间接为人们的生活提供保障，以满足人们的生活需求。无论是可食用的木本作物，还是器具用的木本作物，对这些作物的认知都需要有一套特定的文化规则，在这套文化规则下，实现物的文化"化"过程，展现文化的不同样态。

## 小　结

《树木作物：永远的农业》一书中有这样的观点：一些被培育、筛选出来的树木作物，可以被视为永久的农业。生态方面，能阻止土壤进一步恶化；经济方面，可以提高个体农场的经济收入，这些农场在增加国民财富，尤其是在确保民族文明的稳定性与永恒性方面具有重要的影

① 胡宏林主编．千里古锹寨［M］．长沙：湖南人民出版社，2017：89.

② 〔美〕罗伯特·芮德菲尔德．农民社会与文化——人类学对文明的一种诠释［M］．王莹，译．北京：中国社会科学出版社，2013：115.

响。[①]这里隐含的意思是，农林复合系统蕴含重要的生态价值与经济价值。然而，对生态价值与经济价值的认识，需要特定民族的文化方可实现，其中的文化价值不言而喻。由此可以得出这样一种认识，农林复合系统的生态价值、经济价值、文化价值是一个有机的整体，三重价值并存于同一个生态系统中，生态价值、经济价值的实现，需要借助文化这一力量。文化是多要素的复合体，当文化中的某一要素发生改变时，会影响农林复合系统中的某一环节，而某一环节的缺失可能会使整个系统发生变化，从而对生态及经济产生一定影响。因此，我们在认识农林复合系统的价值时，需要采用整体性、系统性的思维，而不是片面地、局部地认识某一方面的价值。

① Smith, J.Russell. Tree Crops：A Permanent Agriculture［M］.New York：Devin-Adair Company, 1950：361.

# 第五章　农林复合系统文化调适的基本内涵

农林复合系统兴起后，与之匹配的有一套文化体系，来维系该复合系统的良性运转。这套文化体系是一个有机的整体，其中既包括杉树复合种植的技术体系，也包括维系该系统运转的社会层面力量，如制度保障、民间信仰、交往行为、饮食起居等多方面的文化丛，每一种文化丛包含诸多的文化因子，对农林复合系统起着不同的作用。这里的文化丛可理解为一个文化系统中起相同作用的不同文化因子的聚合体。

## 第一节　杉树复合种植的技术体系

本书探讨的农林复合系统，主要是人工建构起来的以杉树为目的树种的农林复合系统。因而，本节探讨的主要内容，是如何规避杉木种植脆弱环节的技术要求。当然，复合系统中也包括其他伴生树种如油茶树、核桃树等，对于伴生树种植、管护的技术要求，在后面的碑刻材料中有所涉及，为保证碑刻解读内容的连贯性，其他树种管护的技术要求会在后面小节中有所阐述。

杉树喜欢生长在土质疏松的酸性土壤中，土质的疏松程度影响着杉苗的定植和杉树后期的生长。锹里地区，包括黔东南的一些地区，是河谷坡面的低山丘陵区，出土的基岩大多为中生代石灰岩，这样的石灰岩风化后形成的土壤结构致密，透水透气性能差。为保证杉树良好生长，并使杉木保持良好的品质，种植技术必须进行创新，以规避杉树种植过程中的不适应性。种植核心技术要求包括"炼山整地""林粮间作""树种混交""堆土亮蔸""修整间伐"等，一整套技术决定着杉林后期的生长，对杉木的品质也起着决定作用。

## 一　"炼山整地"的前提条件

通过炼山整地，疏松土壤，抑制病菌。炼山前先要劈山。劈山又称砍山或开山，"所谓劈山，是指把造林地的草被、灌木及藤蔓等全部砍倒的工作"。[①] 劈山时间在每年8月到翌年2月都可以，根据杉树种植时间而定，一般而言，农历八月、九月最好，这时候杂草种子尚未完全成熟，劈山后杂草、灌木、杂树不容易繁殖，对造林地的清除比较彻底。也可选择11月、12月劈山。劈山的同时，在造林地四周需要开设6~10米宽的防火带，防火带的杂草必须清理干净，以免在烧山的时候走火。

炼山。劈山后炼山，即把砍山后的杂草、灌木等用火烧掉的造林措施。炼山要选择适宜的时间，一般在农历十月到十二月。炼山也要在周围开辟6~10米宽的防火带，将山上晒干后的杂草、灌木按次序堆积，并摆好火路，选择无风的阴天、清晨或者傍晚进行炼山，这时候空气湿度大，燃烧较慢且易烧透，不易走火。点火时应由外向内先从高处点火，从容易引起火灾的地方点起，然后扩大到四周点火，使火势慢慢向内向下蔓延。炼山之前还要再次检查防火带，并且派人在防火带把守，以免走火引起森林火灾。第一次烧地，如果不能把树枝、灌木全部烧尽，则还要把残余树枝聚拢到一起再次烧，反复进行，但是要注意变换地点，避免在同一地点反复烧，破坏土壤结构。

整地。整地是将烧山后的草木灰翻入土壤中，这样既可以增加土壤透水性，又可以避免草木灰肥力的流失。整地方式有全垦、穴垦、带状整

---

① 吴中伦主编 . 杉木［M］. 北京：中国林业出版社，1984：390.

地等。全垦可以彻底清除杂草灌木，有利于幼杉发育，造林效果好，全垦要选择平缓的地方进行。在坡度较大的地方，特别是在林粮间作的林地，全垦会造成水土流失，因此，这些地方应限制全垦。穴垦是在造林地按栽植规格挖穴，深30厘米左右，清除草木根及石块，回填肥土。穴垦可以避免水土流失。在三锹乡地笋村调研的时候，据村民讲，现在造林一般选择穴垦方式，目的是节省人力。带状整地是在造林地按照行距进行带状翻挖，“通常整地宽度为60~100厘米，要求仔细整地，挖除草根及石块，并里切外垫，使带面保持外高内低”。[①] 整地的深度关系到松土层的厚度，继而影响到杉树根系的发育，穴垦和带状整地因松土范围小，杉苗后期如果抚育不及时，会影响造林效果。

并不是所有适宜杉木生长的地区都需要炼山，在一些土壤疏松的地区，不用炼山就可以造林。但是在靖州的三锹地区、贵州的锦屏地区，定植杉苗前是需要炼山的。因为这里的土壤以板页岩、石灰岩为主，石灰岩风化后形成的土壤多为黄壤、黄红壤，土质结构紧密，透气透水性能差，气候炎热湿润，易滋生对杉树有害的真菌，对杉树生长构成威胁。炼山后可以使土壤结构变得疏松，让土壤呈微碱性，碱性物质顺着雨水流入土壤，能杀死部分真菌，有效控制真菌蔓延。种植杉苗时，即使杉苗根部破损，也可以有效避免染病的风险。炼山既是对山区生态环境的一种适应性选择，也是对山区林地的科学性改造。

关于要不要炼山的问题，国内外一直存在争议。有观点认为，高温会破坏土壤中的有机质，炼山后土壤裸露，造成水土流失。但是也有观点认为炼山有好处，通过烧山可以使土壤疏松，烧死杂草种子和虫卵，消灭地下病虫害和病菌，土壤中微生物总量增加，为幼杉苗创造良好的生长条件。关于烧山对土壤微生物的影响，据相关资料，“烧山前和烧山后10天土壤中微生物的数量变化特别显著：烧山后……微生物总量比未烧山的

① 吴中伦主编．杉木［M］．北京：中国林业出版社，1984：394.

土壤多 11 倍。烧山后土壤中产棕色素细菌比原来的土壤增加 16 倍，荧光杆菌增加 47 倍，只有产黄色素细菌（包括球菌）、芽孢杆菌和分枝杆菌在烧山后明显地减少”。微生物的生化作用加强，土壤中氨化作用、固氮作用、纤维素分解作用普遍提高[①]（表 5-1、表 5-2、表 5-3 的数据可以说明）。尤其在黔东南地区，土壤紧密，通过烧山使土壤改性，土壤变得疏松，透气性能提高，腐殖质降解速度加快。通过焚烧炼山，可以把植物贮存的太阳能转化为土地投入。

**表 5-1 烧山 10 天后土壤中细菌数量的变化（$10^3$ 个 /g 干土）**

| 处理 | 微生物总量 | 细菌数量 | 产黄色素细菌 | 产棕色素细菌 | 荧光杆菌 | 芽孢杆菌 | 分枝杆菌 |
|---|---|---|---|---|---|---|---|
| 未烧山 | 6500 | 6039 | 370 | 247 | 1358 | 3086 | 978 |
| 烧山 | 72649 | 71630 | 0 | 4054 | 64874 | 2702 | 0 |

**表 5-2 烧山两个月后土壤中细菌数量的变化（$10^3$ 个 /g 干土）**

| 处理 | 微生物总量 | 细菌数量 | 产黄色素细菌 | 产棕色素细菌 | 荧光杆菌 | 芽孢杆菌 | 分枝杆菌 |
|---|---|---|---|---|---|---|---|
| 未烧山 | 26228 | 26060 | 510 | 0 | 13870 | 8470 | 3210 |
| 烧山 | 28692 | 28260 | 0 | 0 | 21200 | 6690 | 370 |

**表 5-3 烧山对土壤微生物生化作用的影响**

| 处理 | 采样时间 | 氨化作用（N-mg/g 干土） | 固氮作用（N-mg/g 干土） | 纤维素分解作用（%） |
|---|---|---|---|---|
| 未烧山 | 4 月 | 3.6 | 5.8 | 0.3 |
| 烧山后 10 天 | 4 月 | 13.9 | 7.8 | 0.5 |
| 未烧山 | 6 月 | 0.9 | 11.1 | 1.0 |
| 烧山 | 6 月 | 1.0 | 14.0 | 1.2 |

资料来源：表 5-1、表 5-2、表 5-3 的数据来自陈楚莹等的《杉木人工林生态学》一书第 123~125 页，是该书作者长期在湖南省会同广坪林区定位研究的结果。陈楚莹等 . 杉木人工林生态学［M］. 北京：科学出版社，2000：123-125.

① 陈楚莹等 . 杉木人工林生态学［M］. 北京：科学出版社，2000：123-125.

炼山整地主要有五大好处：

一是烧死一些草籽，减少栽植杉苗时杂草疯长的趋势，有利于杉苗生长。

二是消灭地下害虫，有效抑制有害病菌和真菌的滋生，保护杉苗免受病菌的感染。

三是提高过分黏重土壤的通透性，使土壤变得疏松透气，提高幼杉苗的成活率。

四是烧山之后的草木灰被翻到土壤下面，使土壤呈暂时的碱性，为喜碱性土壤的作物提供良好的生长条件，也能在一定程度上杀死部分真菌。

五是增加土壤中微生物的总量，使杉苗安全度过幼年期。炼山整地为幼杉苗的栽植创造了良好的生长条件，也为杉苗后期的抚育和管护提供了重要保障。

## 二 “林粮间作”的合理间种

实施林粮间作，抚育杉苗成长，减少病虫害隐患。林粮间作是杉木传统种植与管理系统中的一个习惯性称谓，“林”主要是指杉木，而“粮”的范围较广，包括粮食作物、经济作物（包括油类作物、中药材、瓜果蔬菜等）。林粮间作的粮食作物主要有小米、玉米、旱稻、薏仁、䅟子、饭豆、红薯等，油类作物有芝麻、油茶树、油桐树、核桃树等，中药材有党参、砂仁、钩藤、薏米、黄精、天冬等，瓜果蔬菜有西瓜、洋芋、番茄等，其他经济作物有烟叶、辣椒（见图 5–1）、生姜等。常见林粮间作的种类如下。

“杉 – 粟”间作（见图 5–2）。粟即小米，“栽杉种粟”是锹里地区林粮间作常见的方法，一般是造林的第一年在杉林中间作小米。具体做法是，造林前炼山整地，栽植杉苗，在 4 月下旬至 5 月上旬间种小米。小米按照一定的距离和数量进行撒播，用耙子浅耙地面，使撒播的小米种子落入土壤缝隙，便于发芽。“栽杉种粟”在大量的契约文书中有所体现，现举一例：

图 5-1 “杉 - 辣椒”间作

图 5-2 “杉 - 粟”间作

资料来源：图 5-1、图 5-2 由锦屏县地方史志办王宗勋于 2019 年 2 月 26 日提供。

契 1

立佃地种粟栽杉字人姜发祥，今佃到姜荣、春发、本旺、本盛、本洪山场一块，土名该你了，上凭顶下凭荒山，左右凭冲，种地栽杉。议定五股均分，地主占三股，栽手占二股。日后木植长大，照佃字股数均分，合同管业二比不得争论。栽手务必力勤栽种，如有荒废，任地主招人入山栽种，我栽手并无股分。今欲有凭，立此佃字是实。

代笔　姜光宗

道光二十四年七月二十二日①

“杉－玉米”间作。玉米俗称苞谷，造林的第二年或第三年可以在杉林中间作玉米。玉米是高秆作物，遮阴性强，适宜在造林的第二年或第三年种植，可以为幼杉遮阴。间作玉米时，要注意与杉苗保持一定距离，这样能更好地利用阳光和地力，有利于透光和通风，达到良好的间作效果。

“杉－红稗”间作。红稗也即䅟子，一般在造林的第一年或第二年种植。䅟子，红色颗粒状，适合旱地生长，产量较高，分糯䅟子和非糯䅟子。其既可作粮食供人类食用，也能入药，亦可以用来做粑粑和酿酒，利用价值较高。

“杉－豆”间作。在造林的第二年或第三年种植豆科类作物，这时杉苗已经长到一定高度，豆类作物比较低矮，豆类作物与杉苗的根系深度不同，一方面，不与杉苗争夺阳光，另一方面，能够提高土壤肥力，较好实现降耗增产的目的，为杉苗的生长提供良好空间。

“杉－旱稻”间作。旱稻又称陆稻，性耐旱，适宜在造林的第三年间作。在杉苗栽植后的第三年，因杉苗长到一定高度，与旱稻间作，相互之间不会争夺阳光，有利于二者的共同生长。若在造林的第二年种植豆科类作物，因豆科类作物的根瘤菌有固氮作用，土壤中的氮元素增多，这些氮元素对旱稻生长非常有益，可以促进旱稻的生长。

“杉－红苕”间作。红苕是耐阴作物且匍匐生长，杉苗长到第三年已经达到一定高度，在杉林中间作红苕不会遮挡阳光而影响杉苗生长。对红苕

① 唐立，杨有庚，武内房司主编．贵州苗族林业契约文书汇编（1736–1950 年）：第二卷史料编［M］．东京：东京外国语大学，2002：C–0060.

而言，即使被杉苗遮挡部分阳光，也能有较高的产量，且直立生长的杉木与匍匐生长的红苕间作，形成高低错开的搭配，可以提高对阳光的利用率。

"杉－烟"间作。造林的第一年除了种植粮食作物外，也可以种植经济作物如烟叶。烟叶喜向阳、坡度不大的新土地，造林的第一年在幼杉地里间种叶烟，一定程度上为幼杉遮阴，有利于杉苗生长。锦屏县平略镇的岑梧村是典型的锹家村寨，也是"杉－烟"间作的代表村，村民称烟叶是"喜新厌旧"的植物，意思是只能在造林的第一年种。

"杉－菜"间作。林粮间作除了间作小米、玉米、豆类、烟叶等农作物外，还可以间作瓜菜类作物，这在契约文书中也有体现：

契 2

立合约人姜启姬、文焕、璧章、姜翰、启辉等。为因伙佃公山一所，地名七桶山挖种栽杉。恐于中勤惰不一，有喜腴厌瘠，荒芜山场，是同心公议，将此山作五幅瓜分，各种一幅。其杉木一体伙出杉秧共栽。凡系分佃栽者，务宜各殷勤修理，一气成林。如内一人地界不成者，罚银三两三钱。至秋成，惟愿人人勇跃捕巡，不得推委偷安。如有此情，亦罚银一两，以警怠惰。又有来往看顾阳春，彼此亦有先后不同，不许擅入他人地内，妄折玉米、瓜菜等情。今欲有凭，立此合约各执一纸为据。

代笔　姜启华

道光十一年三月初八日　立[①]

文书中提到"不许擅入他人地内，妄折玉米、瓜菜等情"，体现出杉林内间作作物种类繁多。杉苗与蔬菜类的作物间作，头三年基本都可以种植，蔬菜的生长周期一般是 2~5 个月，也有 8 个月左右的。蔬菜类植物

① 唐立，杨有庚，武内房司主编 . 贵州苗族林业契约文书汇编（1736–1950 年）：第二卷史料编［M］. 东京：东京外国语大学，2002：C–0044.

的根系都比较浅，不会与杉树争夺营养，选择适宜的蔬菜品种，按适当的比例间作，可以充分利用林间空地。

“杉－药”间作。林粮间作的作物除了粮食作物、油料作物外，还有一些耐阴的中药材。杉林空地有充足的阳光，能够为中药材提供光照，且在一定程度上为喜阴的中药材遮阴。这些中药材植物根系较浅，与杉树的根系处于不同的深度，二者可以充分利用土层中的养分。2017 年 8 月调研的时候，地笋苗寨村民说：

> 几年前在林间种 2 亩地的钩藤，因种得最好，晒干之后卖掉，一年收入 7000~8000 元，比种粮食作物卖的钱还多。[①]

林粮间作的种类较多，其种植技术是有效利用不同植物之间的生物属性，不但收获了粮食作物、经济作物，解决了造林周期长、食物短缺等问题，还促进了杉苗的健康快速生长，缩短了杉木成材的年限。但由于地域性的差异，农作物的种类、特性不同，特定区域人们的种植习惯不同，各地林粮间作的植物种类有所差异。表 5–4 是根据实际调研情况（主要调查区域是湖南靖州和贵州锦屏，这两个区域在历史上都有三锹人的分布），并结合历史上林粮间作的情况而制作的简表。

**表 5–4　林粮间作各年适宜间作的植物种类**

| 地区 | 第一年 | 第二年 | 第三年 | 第四年 | 第五年 |
|---|---|---|---|---|---|
| 湖南靖州 | 杉、小米、烟叶 | 杉、玉米、高粱 | 杉、黄豆、饭豆 | 杉 | 杉 |
| 贵州锦屏 | 杉、小米、烟叶 | 杉、玉米、䅟子、高粱 | 杉、黄豆、红苕、旱稻、薏仁 | 杉 | 杉 |

注：间作的作物视土层厚薄、坡度陡平以及间作的空间性和适应性而定，间作的作物不限于以上所列。

① 笔者 2017 年 7 月 23 日在地笋苗寨的调研资料。访谈对象 LCG，男，侗族，1952 年生，高中文化，务农；访谈地点风雨桥。

在杉苗定植后的头三年内实行林粮间作，目的是抚育杉苗健康生长。杉苗从定植到郁闭再到成材的生长过程，伴随着杉树生长的不同阶段，间作的作物品种不同，从喜生地、喜热、喜碱性土壤、耐贫瘠作物，到喜酸性、耐阴作物的变化，目的是实现以短养长、林粮双收之成效。因为“所有植物对病菌都有一定的抵抗力，否则的话这种作物和病菌（如果只在这一种作物中传播）就都会消失了。同时，所有植物因为基因的关系都容易受到某种病菌的攻击。如果一块农田里都是基因相同的作物，如单系杂交或克隆的，那么每一棵植物都很容易以同样的方式受到同一病菌的攻击，不管病菌是病毒、真菌、细菌或线虫”，[①] 由此分析，林粮间作的种植方式，增加了同一块林地的植物物种多样性，不同物种的合理间作能有效发挥各物种间的化感效应，多物种的搭配种植也增强了杉木的抗病能力。

## 三　“树种混交”的匹配种植

选择多树种混交匹配种植，增强杉树抗病能力。农林复合系统除了林粮间作外，还有多树种的匹配种植，主要是指杉树与其他树种的混交种植。多树种配种主要指杉树与油桐、茶树、漆树、女贞等阔叶树种的配种，可以称之为多乔木物种混合种植。杉树属于针叶树，针叶树的叶片落在地上不易腐烂，特别是在纯杉木林中，落叶堆积在地上更加难以腐烂，土壤腐殖质含量减少，造成地力衰退，物质能量循环受阻，增加了杉树受病菌感染的风险。在密集度高的纯杉木林中，生物多样性不足，进一步增加了杉树感染病菌、病虫害的隐患。在成片的杉林中，如果一株杉树染病，不及时将其砍伐，则会传染给周边的杉树，病菌会蔓延扩散，从而影响到整片杉林。多树种匹配种植，可以有效抑制病菌。

混交既有短期的，也有长期的；既与针叶树混交，也与阔叶树混交。短期混交常见的是“杉 - 三年桐”混交；长期混交包括杉树与松树、檫

---

① 〔美〕詹姆斯·斯科特．国家的视角：那些试图改善人类状况的项目是如何失败的［M］．王晓毅，译．北京：社会科学文献出版社，2004：367.

树、青㭎树、漆树、女贞、火力楠等树种混交。杉树与针叶树混交主要有“杉－松”混交，杉树与阔叶树混交常见的有“杉－檫树”“杉－油茶”“杉－女贞”“杉－木姜子”等。

“杉－桐”混交既有短期混交，也有长期混交，因桐树种类不同，混交时间长短也不同。据《靖州乡土志》记载，可以结实的桐树有两种：“一种为铁角桐，树高叶大如两掌，形圆有三棱，开花心红瓣白，结实可榨油，栽后六七年结实，约可结二十年；一种为肉角桐，又名三年桐，树不甚高，叶似铁角桐而较大无三棱，开花结实亦可榨油，栽后三年即结实，约可结七八年。”[①] 事实上，只要管护得当，桐树的结实年限可以延长。因桐树品种不同、结实年限不同，在当时社会条件下，对桐油的大量需求，促使人们选择“杉－桐”混交的种植方式，既能促进杉树的生长，又能获得桐油的经济收益。“杉－三年桐”混交是一种常见的短期混交方式。在杉林郁闭前，将油桐籽直播在杉林行间，种下的第二年或第三年即可结实。“杉－铁角桐”混交因铁角桐结实年限较长，可以长期混交，但是混交时要注意同杉树栽种的比例，需要在杉林中零星种植。铁角桐种下六七年后方才结实，结实年限约 20 年，从种下到结实的最佳年限共 25 年左右，和杉树成材的周期基本一致。至今，在锹里地区仍有油桐树。图 5-3、图 5-4 是笔者拍摄的两种油桐图片。

“杉－松”混交是杉树与针叶树的混交，在锹里地区是常见的。位于亚热带低山丘陵的锹里地区，大部分地区土壤较为贫瘠，在相对较差的生长环境条件下，“杉－松”混交可以使杉树良好生长。可以提前 1~2 年栽松然后再栽杉，杉树所占比例适当扩大，如按照两行杉一行松的比例进行混交，可以达到良好的效果。

“杉－檫”混交是两种速生树种的混交。檫树是优良的速生树种，树冠较大，早期生长速度比杉树快，遮阴效果也比较好。“杉－檫”混交失

---

① 金蓉镜．靖州乡土志［M］．光绪三十四年刊本．卷四志物产・植物，第 32 页．

图 5-3　铁角桐（笔者 拍摄）

图 5-4　肉角桐果实（笔者 拍摄）

败的例子很多，因为杉树和檫树都是速生树种，檫树比例过大则会影响杉树的生长，但也有成功的例子。靖州的排牙山林场，历史上曾采用两行杉树、一行檫树混交种植，杉树和檫树均长大成材。具体做法是“每亩檫树 37—45 株，杉木 70 株，17 年生檫树平均胸径 17.5 厘米、高 18 米，杉木平均胸径 12.3 厘米、高 11 米，每亩总蓄积量 14.8 立方米。20

年左右檫树可成为大、中径材，而杉树可长成中、小径材”。[①]为避免“杉－檫”混交容易出现的问题，在杉树与檫树混交时，檫树比例一般占15%左右，采用隔列稀疏种植或星星点点式混种，或者檫树比杉树迟栽1~2年，以便协调二者生长上的矛盾，否则杉树生长会受到抑制。

杉树与一些生长速度中等、树冠较小的阔叶树种混交时，需要注意混交比例。混交初期，杉树与这些树的生长高度相仿，中期以后杉木需光性提高，这时候杉树已经居于混交树的上层，相互之间不会造成生长上的矛盾；杉树与一些生长速度较慢、耐阴性较强的树种如厚朴、花榈木（花梨木）混交时，也要控制混交密度。混交树种因生长慢、耐阴，即使长期处于林下也能很好生长，且对杉树没有妨碍。厚朴的果实和树皮可以做药材；花榈木是一种用材树种，可以做家具及文房器物，根茎叶也可以入药，具有药用价值。

杉树与小乔木混交。杉树与油茶树、木姜子树混交，灌木生长在林下，不与杉树争夺光照，形成高低错位的生存空间。油茶树、木姜子树可以给林地庇荫，增加林内湿度，减少杂草的生长，有效改良土壤，提高土壤有机质含量，提高林地土壤肥力。

杉树与漆树、白蜡树混交在契约文书中也有体现：

契3

立卖杉木、漆树、腊（蜡）树栽手字人彭仁清，为因缺少钱用无处得出，自愿将到团脑杉山一块，上凭路抵高求之山为界，下抵盘讲，左抵路与买主之油山为界，右抵彭龙二姓之山为界。又下盘讲坎脚杉木山一块，上凭盘讲下凭地坎，左凭岭芳山（荒山）右凭岭为界，四至分明，其山分为四股，本名所占一股，出卖与包（胞）

① 吴中伦主编．杉木［M］．北京：中国林业出版社，1984：382.

兄彭仁彬名下承买为业，当日凭中三面议定价钱贰拾千零八百八十文正，亲手领足应用不欠分文，自卖之后任凭包（胞）兄畜禁管业，包（胞）弟不得异言，倘有来理（来历）不清，包（胞）弟理落。恐口无凭，立有卖字为据是实。

内贰字

凭中　龙荣发

民国癸亥年五月十四日　亲笔[1]

民国癸亥年即民国 12 年（1923 年）。杉树在当时是大宗树种，契约文书中提到了杉树、漆树、蜡树一同出卖，说明在杉木林中有漆树、蜡树的混交，混交种植可以保证杉木的优势和林分的经济价值。

在混交树种的选择上，一般选择当地树种，有时候也可以选择外地树种，不管哪种树种，所选择的树种要零星地分布在杉林中，混交树种的株数按 15%~20% 的比例混合配种。杉树与其他树种的混交既有短期的，也有长期的，短期混交的树种在生长几年后要实施砍伐，长期混交的树种则伴随着杉树生长成材的整个过程。多树种的匹配种植，一方面，阔叶树枯枝落叶较多且易分解，落叶分解后可以使养分回归土壤，有利于改良土壤，推动物质能量循环，促进杉树生长；另一方面，可以发挥隔离墙的作用，防范病害的规模性蔓延。

## 四　“堆土亮蔸”的病害防治

通过“亮蔸”，抑制有害病菌的滋生。在对杉苗进行管理抚育时，一项抑制有害病菌滋生的措施就是“亮蔸”（也叫亮根）。具体做法是，在杉苗周围二尺见方范围内，不堆放杂草、树枝，已经清除掉的杂草、树枝也要移开，避免在杉苗根部堆放，以确保阳光能够直射到杉苗根部的表

① 张应强，王宗勋主编．清水江文书 第二辑 第五册［M］．桂林：广西师范大学出版社，2009：77.

土。在杉苗定植的头几个月进行亮根，这项操作技术的目的在于：其一，幼杉苗抗病能力较弱，移开杂草、树枝，在一定程度上避免杂草、树枝中的病菌传染到杉苗；其二，借助太阳光的直射，靠太阳光中的紫外线杀死表层土壤中的真菌，抑制有害微生物的滋生和蔓延。这种抑制有害病菌的传统生态知识，是长期以来林农根据特定的生态环境总结出来的造林经验。这种做法切中当地的自然生态特点，符合当地的生态背景，具有较明显的专属性和地域特点。

这里的“堆土亮蔸”可理解为一种浅种方式，即浅挖穴种植杉苗，这种方法在锦屏地区实施过。但是笔者在靖州调研时，有经验的林农采取与此相反的做法，用深种的方法种植杉树。以下是笔者与 LXZ 的部分讨论：

笔者：据了解及相关文章讨论，锦屏一些地区采用“堆土亮蔸”的方法种植杉树苗，也可以理解为浅挖穴种植，杉树后期的长势比深挖穴种植的要好。请问靖州一带有没有这种种植方法？

LXZ：这种说法不存在的，我们这里都是深挖穴种植的。

笔者：那深挖穴种植的方法，杉树后期长势如何？

LXZ：杉树的种植要深挖穴，相反松树的种植要浅挖穴。原来我家一片林地，请人过来种杉树，也是请贵州的人过来栽种，栽得比较浅，像栽辣子似的。后来我们这里的人说不行，栽得太浅，于是重新栽种。但是我特意留了 50 多株没有重栽，以做一个对比。后来发现，贵州人栽的长势不好，有萌生芽，长得慢。

笔者：那你还是认为要深挖穴种植的？

LXZ：是的，就是要深栽，把杉树苗的尖尖留短一些，两年后就没有萌生芽，树长得直。如果栽得浅一些的话，2~3 年会发很多小芽，而且长不好。松树就要栽浅，和杉树相反，挖一锄头栽下去就行。杉树浅栽的话，下雨会冲倒的。

笔者：对于这种情况，有没有在杉树苗上方插一小木板的做法？

LXZ：我们这里原来也有这种做法，70年代中期，林业技术人员就用这种方法。比较平坦的地方不用插木板，陡坡就不行，需要上面放一个木板。[①]

通过谈话讨论可知，不同片区内种植杉树采用的方法有差别，甚至是截然相反的做法。从他者的角度分析，每种方法都有一定的合理性。“堆土亮蔸”的方法在防治病害方面确实起了一定作用，而深挖穴的方法在阻止萌生芽方面有作用，这两种方法都是管护措施，都可以促进杉树后期的良好生长。浅栽、深栽是不同文化背景下所采用的方式，这种文化策略或许受地理条件的限制，也或许是受外部文化的影响。笔者曾亲眼见到在坡度约60度的山坡上种植的杉树苗所采用的方法为浅栽。如果深挖穴栽种的话，过度翻动土壤，一旦下雨，就存在土壤被雨水冲走的可能。在这种陡坡上定植杉树苗，杂草的根系不需全部清除掉，适当保留有利于固定土壤，防止雨水的冲刷。而深挖穴的种植方式多选择在比较平坦的地方。无论哪种方法，都是权衡利弊之后，根据利益最大化而做出的有效选择。

目前常见的做法是，定植杉苗时事先挖一小坑，坑距约2米，坑宽约0.5米，深约0.3米，将杉苗置于坑中，保证杉苗不反山，然后培土。这种做法目前在林业部门及人们造林时被广泛使用。仔细分析之后，可知这种造林法存在局限性。在亚热带低山丘陵常绿阔叶林地区，气候炎热湿润，易滋生真菌，幼杉苗易受真菌感染。烧山后的林地，能杀死表层土壤中的部分真菌与虫卵，但是表层以下土壤中的真菌与虫卵不会被烧死。如果挖坑后再定植杉苗，与杉苗根部接触的土壤真菌较多，杉苗极易受感染。在此种情况下，杉苗一旦染病，就会生长缓慢，甚至影响

① 笔者2021年4月3日在LXZ家的访谈资料。LXZ，男，苗族，1963年生，大专文化。

后期成材。

从这里可以看出，文化的使用是有范围的，即使在地理环境相似的区域内，小范围的环境差异也会导致采取的种植技术不同，人们会根据需要筛选出最适宜的文化策略。文化在适用范围上，往往会忽视所使用的环境限度，这里的环境包括自然环境与社会环境。我们研究他者文化的时候，也经常会犯一个错误，即所谓理解他人的文化，往往是站在自我主观的立场上去分析与评判，也会把自己的主观意愿运用到他者身上去分析与讨论，而得出所谓他者的文化。

## 五 “修整间伐”的科学管护

实施修整间伐，控制病菌蔓延。杉苗在定植后就需要管护，清除一些灌木或没有价值的小乔木，以促进杉苗的生长。林粮间作也是管护杉幼苗的措施之一。在林间间作粮食作物，要适当翻土，见到影响杉树生长的其他植物，则顺手砍掉，做到林粮同时管理。林粮间作种植 3~5 年，杉苗已接近郁闭状态，不再适宜种植粮食作物，此时就要对杉幼林实施全面管护，如砍断缠绕杉苗的藤蔓类植物，但是不要连根拔起，而是从接近根部的地方砍断，使藤蔓类植物不影响杉树的生长，留在地上藤蔓植物的根还可以起到固定水土的作用。“因为在自然竞争的状况下，比杉木生长力更强的其他乔木，甚至是藤蔓类植物，都会以很强的生命力，大大地抑制杉树的生长。”[①] 笔者在田野调查过程中，发现有扭曲生长的杉树，村民讲，这就是没有清除缠绕杉树的藤类植物的后果。杉树生长八九年后要进行间伐。一般而言，杉木的种植密度是 160~180 株 / 亩，也有的达到 200 株 / 亩，对于种植密度大的林地来说，间伐抚育是保证杉木后期良好生长的重要技术保障。

间伐的方式有上层间伐、中层间伐和下层间伐。常见的“砍小留

---

① 徐晓光 . 清水江杉木“实生苗”技术的历史与传统农林知识［ J ］. 贵州大学学报（社会科学版），2014, 32（04）：97–104.

大”“砍劣留优”是指下层间伐，这是目前造林中常见的做法。中层间伐是在种植密度过大的林区实施，目的是优化林木生长。上层间伐主要在多树种的林分内，伐去上层非目的树的高大林木，解放中下层的目的树。多树种林分主要是指那些“祖孙三代”的异龄树，上层间伐即砍去上层的“祖宗辈”林木，解放中下层的“子孙辈”林木，这样的间伐可理解为“砍大留小”。另外，对那些感染真菌的杉树，也要实施上层间伐。原因在于，受到病菌感染的杉树，出于自我保护的需要而“疯长”。杉树在染病初期生长快，随着病菌在杉树内蔓延，植株会逐渐停止生长甚至死亡，砍掉这种高大的杉树就可以防止病虫害蔓延。对于上层间伐，民间有句俗语为“拔大毛”，所谓“拔大毛”就是单纯将上层最高大的林木砍去，保留中下层林木而不顾其他的做法。但是仔细分析上层间伐的目的可知，上层间伐不单纯是指“拔大毛”。上层间伐的目的有二：一是解放中下层林木，为中下层林木腾出较大的生长空间，实现林分优化生长；二是隔断病菌的感染，支撑未染病杉树的正常生长。不管是哪种间伐方式，其最终目的都是优质造林。因此，不能想当然地认为上层间伐就是“砍大留小”，下层间伐就是“砍小留大”，可以将“砍大留小”和“砍小留大”综合理解为“向上层间伐倾斜”的综合性间伐，即上层林木砍伐比例适当加大，下层林木砍伐比例适当减小。这样的做法有一定的科学性，砍去上层的几株能够解放中下层的一大片，除掉下层弱小的林木则能够优化林区，但任何时候都不应该绝对化。

提到间伐，曾有乡民向笔者讲起这样的事情：

> 自家林地生长了14年的杉树，为培育大径材，想实施间伐。按照实际情况每亩160~180株来计算，间伐最好是伐去40~60株，那么14年的树，至少会产生3立方米的用材木。到林业局营林站咨询，将山场情况介绍后，他们说现在的操作章程，间伐最高限定在每亩0.5立方米以下，也即8~10株。因为有文件规定，营林站不敢

超越现有章法，否则林业公安会介入，会认定为滥伐。[①]

针对这一情况分析，目前林业部门规定间伐的株数为8~10株，而林农传统的间伐措施是间伐40~60株。林农传统间伐的作用在于：

第一，为培育大径材目的树腾出生长空间。生长14年的林木已达到基本成材，若要培育大径材林木，需要伐去生长较密的树木，为目的树腾出生长空间。

第二，伐去染病的树木，阻断病害蔓延。单一树种的栽植，林木感染病害的风险增加，伐去染病的林木，可以阻断病害的蔓延，保护其他健康树木继续生长。

第三，伐去长势不好的树木，满足林农生活基本需要。林区对木材的需要是广泛的，除了建造、翻修屋子，修建猪圈、牛圈等，甚至做饭取火的燃料都需用到木头。这些用途对于木材的需求往往也不是大径材，间伐这些长势不好的树木除了满足生活的需求外，也可以为目的树腾出生长空间。

第四，增加经济效益。间伐40~60株树木，可以产生3立方米的用材木，为林农增加一定的经济收益。

分析林农的做法，有一定的合理性。对于南方林区而言，其雨水较为充沛，树木生长较为茂盛，林区的树木过密。如果按照营林站的说法，间伐8~10株，间伐后的作用微乎其微。过密的林木，其后期生长会受到抑制，可能会出现后期积材量下降的情况。需要注意的一点是，间伐必须尊重树木生长规律，注重阳光、地力、病害等因素，维持各种因素的制约与均衡。因此，间伐时要实施相际砍伐，尤其是禁止民间所说的那种“开天窗”[②]的采伐方式。

关于杉树复合种植的技术体系，“炼山整地”“林粮间作”“树种混

① 此材料由LXZ于2021年2月24日提供。LXZ，男，苗族，1963年生，大专文化。

② “开天窗”是指在幼林中某处因过度采伐而导致不合理的稀疏。

交”都是普遍采用的方法，但是对于“炼山”、“堆土亮蔸”与穴垦、间伐的种植与管护技术体系，不同文化背景下的人们持有不同的看法及处理方式。有关杉木种植技术的讨论，可以反映出人们对生态系统脆弱性的认识问题。人们为规避杉树种植过程中的脆弱环节，采取必要的种植与管护措施。这样的措施是基于人们对自然的认识，也反映了人与自然的关系问题。人与自然是相互依赖、相互制约的关系，二者都是生态系统中的一员。人的自然属性与社会属性并存，因此人类又不同于生态系统中的其他成员。人与自然是不同质的两个系统，既然二者不是同一个体系，用评价人类社会的一切术语去评价生态系统，从严格意义上讲是无意义的。依照这样的逻辑分析，对生态系统脆弱性的认识是人类文化加以识别与判定的结果。然而，当下判定某一个生态系统脆弱与否，是站在主流文化角度去衡量的，背后必然有一种文化在说话，[①]而对于特定生态系统所选用的特定文化，在一定程度上被淡化了。基于此，“只要人类利用资源的办法与管理模式不冲击到生态系统中的脆弱环节”，[②]那么一个生态系统的构成要素就不易发生退变，也不会引起所谓的生态系统脆弱性。这样的构成要素，对相关民族文化而言，就是该生态系统的脆弱环节。

现在的自然生态系统都是人为改造过的、经过文化加工的次生生态系统，都有人类的活动在里面。[③]农林复合系统亦是如此，这样的生态系统必然包含特定民族的文化因子，靠特定的文化策略或技术要素去规避农林复合系统中的脆弱环节，从而维持生态系统的良性运转。任何一个生态系统都有脆弱性的一面，都存在脆弱环节，在生态系统因自然或人为原因受损后，一些会在短时间内自行恢复，一些则需要借助外力在长时间内恢复。在用外力修复生态系统的时候，就需要对生态系统做出判断，认清其

① 参见周红果．论民族文化对生态系统脆弱性的规避［J］．贵州民族研究，2020（2）：126–132.

② 杨庭硕等．生态人类学导论［M］．北京：民族出版社，2007：123.

③ 参见周红果．论民族文化对生态系统脆弱性的规避［J］．贵州民族研究，2020（2）：126–132.

中的脆弱环节。因而，判断生态系统脆弱与否，关键在于人的价值判断和文化的选择与利用，正所谓“生态失衡，文化有责”。

## 第二节　制度保障下的农林复合系统

维护农林复合系统的良性运行，除了技术层面外，更需要制度层面的保障。制度的保障主要从两个大的方面体现出来，一是国家层面，一是地方层面。从国家层面来讲是国家意志的集中体现，地方层面因地域不同，外在表现形式各异。具体到农林复合系统而言，地方性制度可以通过林地权属确立的形式、款约及乡规民约的民间管理制度得以体现。

### 一　林地权属的确立

在管理杉木林方面，有规章制度对杉林加以保护，从而促进林业生产的发展，这样的规章制度多以碑文或契约的形式呈现。岔路与凤冲分属贵州锦屏与湖南靖州管辖，在两省交界处，历来存在山林权属纠纷。以下两块碑文记载了从乾隆、光绪到宣统年间关于山林界线之争的碑刻材料。其中一块碑文内容如下：

万古不朽

贵州黎平府锦屏县正堂加五级纪录十次　宋

贵州黎平府湖耳司正堂加一级随带纪录二次　杨

为勒石定界以杜争端事。照得梧桐坳原系府属地界，因龙正卿控吴荣华、良华、贵华、高华成先等所占山场一案。控经前任府主郑，蒙批前任县严三勘三详在案，而就龙正卿不服，前任府主郑当堂审讯，复委县主严，登山踏勘，梧桐寨后管山六岭，吴荣华等就近开挖，茶、杉树木俱已成林，断归吴荣华等管业。所有黄匡冲一带，东至丹梁界，西至岑脚坡，南至江北至杨梅山止，仍归吴姓管业。但龙姓所管之业上至岔路起，下至龙海坟脚止，并荒寨屋基一所。黄匡冲内有龙正卿当出茶山一幅、冲口田一丘，听其龙正卿赎取。而正卿复勾刘文德盗检山中茶子，又控经前任开泰县主费审讯，追赔吴荣华等茶子银三十六两，给执照，着形收执。于乾隆三十年九月内龙正卿盗砍黄匡冲界内杉木一株卖与邱益生，控经本县，依照前案断明，追回木价。复又勾杨老羊盗检油子，自取跌伤，具控府主王批发下县，本县登山勘验，细查讯问，委果无异。立碑定界，详明府主王在案。吴荣华等系是愚民无知，是以勒石为界，永杜后患。

乾隆三十一年六月十八日立[①]

该碑的实物已不见，碑文资料是从《锦屏县志》（1991~2009）中获取。王宗勋主编的《乡土锦屏》中也提到："在梧洞坳立有乾隆三十一年《万古不朽》分界碑、狗狼盘立有宣统二年《祖德流芳》分界碑。"[②]《万古不朽》碑即这块碑。笔者也曾咨询王宗勋，得知他20年前是从村支书家拍到的碑文，碑已不存在。因而，不能完全核实碑文的准确性，只能依据相关记载进行分析。

这则碑文记述的是一起因地界不清而引发多次诉讼的林地纠纷事件。龙正卿与吴家存在山地权属之争，状告到锦屏县衙，经过县官"三勘三详"，断定为吴姓所有，但龙姓不服。龙姓不断勾结他人盗捡山冲茶籽，并盗砍吴姓所管黄匡冲内杉树一株。吴家告到官府，最后判定龙姓败诉，"以勒石为界，永杜后患"。审案的主体有两个，一是湖耳土司，一是锦屏正堂，对这一纠纷案件进行多次审理而下达判决，说明土司享有与官府同等审案的权力。碑文中没有给出立碑的当事人，但可以推测这是维护官

① 锦屏县地方志编纂委员会编．锦屏县志 1991–2009：下册［M］．北京：方志出版社，2011：1510–1511. 该碑原存三锹乡凤冲下半田段，现碑实物已不见，碑文《三锹乡志》（初稿）第624页有记载，该乡志由靖州苗族侗族自治县三锹乡政府于1999年6月编写。

② 王宗勋主编．乡土锦屏［M］．贵阳：贵州大学出版社，2008：54.

府判决的结果。

“茶杉树木俱已成林”说明在碑文中所提到的“梧桐寨”，杉树、茶树是复合种植，杉树已经成材，并有茶籽的产出，且已经初具规模。如今这一区域仍是油茶的主产区，每年产出大量茶籽。当地有这样一个“习惯法”，即在寒露过后，对茶林油茶籽开放，允许他人到山上随便捡拾茶籽。但是碑文中出现“盗检山中茶子”，说明捡茶籽的行为是在寒露前，这一行为违背了当地的习惯法，因而被认为是偷盗行为。又提到“复又勾杨老羊盗检油子”，这与当地的习惯法“勾生吃熟”有关联。“勾生吃熟”在习惯法中被认为是重罪，因而才有官府出面调解矛盾，对于盗捡茶籽行为进行罚款赔偿的处罚。

在林地的管护上，是以家族为单位进行管护。这从碑文中可以看出，碑文中的原告与被告都是特定的人名，如吴荣华、龙正卿，但是在判决时却以家族姓氏形式出现，如“归吴姓管业”“龙姓所管”。说明当地对林地的占有与资源的分配是以家族为单位，而不是以家庭为单位。这与如今林地的分配形式不同，现在是以家庭为单位将大片林地划分并进行管护。

另一块碑也在此范围内，名为《岔路狗娘盘分界碑》，内容是关于“阴地”之争的。碑文内容如下：

祖德流芳

钦加三品衔署黎平府事即补府正堂加五（级）纪录十次记大功四次刘

元贞寨杨正福、正茂、正清等情，到府具控刘洪琨一案，杨姓谱，据梧洞狗狼盘与湖耳元贞岩寨祖人□□□，葬有祖墓数十余家，碑墓朗然，上下左右进葬，供称：此块杨正福祖母先系进葬多年。老祖无论新葬旧（葬）□□（不）敢进葬。断令刘姓另行别往谋地，弗得强争杨姓公地寸土，阴阳两山仍归杨姓永远耕管。刘姓契约新老□□□□坡岭头，下抵溪，左右抵田冲。自清之后，杨姓三公之子只有拜扫进葬，不准私行盗卖。如有此情，照依旧章。众族□□（勿）得借约假造，栽害生端。倘有族棍勾串诈骗、贪图利己、欺宗良善，众族公罚银九两九钱以入清明会上。光宗耀祖，其有绵绵，房房发达，阴阳可以得安矣。

刘大人本年四月二十六日午堂断判讯明，各具遵依，甘结存案。一切锦屏衙内卷票消息，无有另行出差，特此判谕。沾恩不朽。

锦屏乡县车堂判案，据民吴才盛以越界强怗等情，具控杨再松、再培、再仁、再位等，当堂讯明：杨姓公谱，据梧洞狗狼盘，历管开山之后，新老祖墓葬有数十余冢，将徐刘吴三姓之约，缴附杨姓收执，上下左右杨姓为块，一并归杨姓永远耕管进葬，吴刘徐三姓不得混争。两造遵依，自愿出结，当堂取具，甘结存案。特此判谕。

光绪二十一年四月初三日

锦屏县判　右谕通知

皇上大清宣统二年五月二十六日

元贞杨家众族等出钱刊碑　仝立[①]

碑文字迹总体较为清晰，右下方因被打烂有缺角，一些字无法辨认，且用方框代替；括号内的字为笔者根据碑文内容添加。该碑记载的内容，涉及数个家族对一块墓地权属的多年争夺，官府也一再做出相同的裁断，最后由获得该墓地权属的杨姓家族将官府判词刊碑传世，以宣示主权。该碑有两个不同的时间，一个是光绪二十一年（1895年），另一个是宣统二年（1910年），系官府裁断的日期，这是两个案子合在一起而立的碑，为同一事件而刊立。时隔15年，而且立碑人是“元贞杨家众族”，说明是家族内部的“重大事件”。通过笔者的走访、调查、访谈，听杨姓家族成

① 此碑是笔者于2017年7月24日在元贞半田塅拍摄并整理，2019年1月23日再次路过此地时，核对并完善碑文。笔者于2022年1月4日将碑文内容做成拓片。碑高151厘米，宽76.5厘米，厚8.5厘米。

员讲碑的故事，这个“重大事件”的历史背景得以还原。

为更好地理解和分析碑文内容，现对碑文中“狗狼盘”一词做出必要的说明。“狗狼盘”为地名，实为“狗娘盘”。笔者曾询问当地人及杨姓家族成员，均说应该是狗娘盘，而非狗狼盘，对此有三种解释：第一种是取“狼”和“娘”的谐音；第二种是为避“狼”的不雅俗称；第三种是两字字形与读音相近，或为后人误写所致。据杨姓家族人讲，从风水信仰角度考虑，“狗娘盘”更适合，现在有几个地方他们认为是狗娘的心脏和乳房，意为一块风水宝地。民间常把狗视为吉祥的动物，有“猫来穷，狗来富”之说，去世的人若葬在一块福地，可泽被后世。

笔者于2020年8月13日、14日连续两天在三锹乡元贞凤冲村的杨家湾寨子走访，访谈杨姓家族成员，了解此碑的历史。通过走访路人得知，YCZ家与这块碑有直接关系，于是通过路人的介绍，笔者找到YCZ家了解详细情况。访谈人有YGH、YCZ、YSB[①]，YGH与YCZ是父子关系，该碑中提到的杨姓成员正是YCZ的家族成员。通过察看杨姓族谱可知碑文中提到的杨姓人物关系：正福为再位之子，正茂为再礼之子，正清（又叫正荣）为再松之子，再松的父亲为YXW，正清是YGH的爷爷。访谈YCZ得知，他们这一支系的关系如下：YXW→杨再松→杨正清→YTY→YGH→YCZ。有了这一层关系，通过他们的讲述，可分析碑文内容。

笔者曾三次实地察看此碑，目前此碑存放于元贞半田塅与锦屏岔路交界处，位于湖南省境内。仔细察看此碑，可见碑的右下方缺角（图片见附录A），一些字迹辨认不出。从碑文中可明显看出“吴才盛”的“吴”字被人故意磨掉部分，“吴刘徐”三姓也被磨去，但尚可辨认出来。以下内容由YCZ口述：

① YGH，男，苗族，1946年生，初中文化，靖州广播电视局退休职工；YCZ为YGH长子，男，苗族，1970年生，三锹乡政府文化站站长。YSB，男，苗族，YGH堂弟。

狗娘盘那块地自古以来就是我们杨家的，像一条狗在那里睡着，中间有个旋涡，叫作狗娘盘。地理先生认为这个地方哪个方向都可以葬，是块宝地，所以别人有点眼红。这个地方原来属于湖耳司范围内，湖耳司杨姓的祖坟就是这个地方，因为那个地方比较好看，地形地貌好，就有刘姓、吴姓来侵占，抢着去葬那个地方，然后就打官司。正清是我家太公。听老一辈讲，太公是非常有骨气的人，没有多少钱，但是能说会道，认识一些字，为了告这个状告了三次。第一次好像是调解，第二次上堂，第三次判决，浪费了很多精力财力。我爷爷说太公没留下太多田地，去告状去了，穷死不告状嘛。一共是三审，告了三次才告赢，告赢才立的碑。再松是正清父亲，他的坟墓在哪个地方现在还很清楚。“文化大革命”时期，这块碑被岔路的刘姓拿去做水库的地子，做水平了。后来在80年代改革开放的时候，杨姓把碑挖了出来，利用整个家族力量又要了回来，差不多又要打架了，就立在现在的这个位置。听说是往湖南移动了一点，离起初的位置有几十米。岔路村把碑打断了，碑脚是断的，重要的字敲掉了，碑中的字被划去。[①]

了解碑的来历及碑背后的故事，通过立碑的背景，分析碑中所提到各种事件的缘由，可以深入探讨碑背后所蕴含的文化事实。

科大卫认为“入住权”，“是在一指定疆域内享有公共资源的权利，包括：开发尚未属于任何人的土地的权利、在荒地上建屋的权利、在山脚拾柴火的权利……进入市集的权利、死后埋葬在村落附近的土地的权利……拥有入住权的理据是：这权利是祖先传下来的”。[②] 根据科大卫对入住权的解释，这些入住权是祖先留下来的，既可能是祖先移居此地耕种这些土地而得，也可能是购买山场得来，或者是联姻而得。凭着这些历史

① 笔者2020年8月13日的访谈材料。访谈对象YCZ，访谈地点三锹乡政府内。

② 科大卫．皇帝和祖宗：华南的国家与宗族［M］．卜永坚，译．南京：江苏人民出版社，2010：5.

事实，后代的子孙只要在此地居住，就拥有对土地的管理权和支配权。据碑文内容得知，杨姓家族入住权是从祖先那里获得并传承的，重要依据就是杨姓的祖坟。

笔者在访谈中，对碑中涉及的事件有所了解，通过这些事件可以分析入住权的获得。碑文中提到“元贞寨”与“元贞岩寨”（岩读作 ái）两个不同的寨名，对此有两种说法：一种说法认为“元贞岩寨”是“元贞寨”的子寨，目前此区域内其他地方也有这种说法；另一种说法认为二者是不同的寨子，“元贞寨”是指元贞村的杨家湾寨子，“元贞岩寨”是大堡子的岩寨，这个岩寨也有杨姓的家族成员。通过察看杨姓族谱得知，修谱的时候，大堡子岩寨的 YTG 参与了族谱的修订。据 YSB 讲，YTG 已去世，也葬在狗娘盘杨姓家族的墓地中。根据以上事实分析，两个寨子不管是依附关系，还是分属关系，至少说明属于同一个宗族，共享土地资源，享有对同一块土地的使用权。

入住权的获得是个复杂的过程，充斥着各种矛盾和纠纷，这通过碑文也可以看出来。碑文提到“断令刘姓另行别往谋地，弗得强争杨姓公地寸土”，说明在杨姓家族的墓地中也曾葬有刘姓家族成员。YSB 讲了这样一件事情：

> 刘姓是送给他葬了一块地。杨姓的姑娘嫁给了刘姓，姑娘死了之后，姑娘的儿子到杨姓府上求情，给他妈一块墓地葬他妈。那位杨姓姑娘的碑也在那里。

YCZ 也讲道：

> 我老爸参与过几次纠纷的处理。刘姓葬了几个老坟，刘姓的老婆是杨家的，后面刘姓出了 1000 多元钱。20 世纪八九十年代的事情，还有这个事情。

由此可推测，可能存在这样一种情况：杨姓家族的“阴地”曾葬有刘姓成员，刘姓也享有对土地的支配权，并有契约为证。但是这块地自古以来归杨姓所有，有族谱为证，因为族谱对先人“阴地”的记载比较详细，以习惯法类推，是情理之中的事情。那么刘姓契约的获得，也可能是杨姓家族内部一些成员勾结外人而私自卖给刘姓。另碑文中明显可见“吴刘徐”三姓被磨掉，推测“吴刘徐”三姓在败诉之后，心生不满，后人故意磨掉字迹。在有契约为证的前提下，官府有“将徐刘吴三姓之约，缴附杨姓收执”的判决。在当时的历史背景下，山林是私有的，一旦拥有了契约，那么就意味着拥有了对山地的支配权。从官府最后的判决可知，将徐、刘、吴三姓的契约收缴给杨姓收执，从根本上承认了这块地是杨家的。官府判决的依据就是杨家的祖坟，杨家是最早入住这块地的，最先拥有入住权。杨姓则团结家族的力量维护自己的利益。因此，碑文中提到“(勿)得借约假造，栽害生端……众族公罚九两九钱以入清明会上”。在国家权力与家族内部力量的共同制约下，规范家族成员的行为，以实现对土地的占有权和使用权。

笔者曾五次驱车到立碑的地方，也到过杨家湾四次。从三锹乡政府往元贞凤冲方向走，到元贞凤冲的交叉路口，左拐约 3 公里到元贞的半田塅，可以找到该碑，与锦屏的岔路村相邻；右拐约 6 公里到杨家湾。从地理位置上看，杨姓家族居住地与狗娘盘墓地有将近 10 公里的距离。大堡子岩寨距离碑的位置则更远。正因为是祖先留下来的土地，再远的距离也要享有对土地的支配权。据杨姓家族成员讲，过去都是翻山头到狗娘盘那里埋葬过世的老人，现在有了公路，距离再远也要到那里埋葬老人。2013 年，YCZ 的母亲过世，也葬在那里，其主要原因在于对土地的占有与继承。

由碑文可知，这块地既有“阴地”，也有“阳地”，据了解，面积共 300 多亩。由于复杂的历史原因，阴阳地的权属是各自独立的，但某种程度上又有联系。笔者在整理调查资料时，对一些困惑的问题，于 2020 年 9 月 5 日通过微信形式，再次向 YCZ 了解情况。以下是对话内容：

笔者：您好！还想向您请教几个问题。杨姓家族的那块地原来是杨家的，土地改革时，这块地仍是你们杨家的，有没有凭证之类的？80 年代之后，林权变动，现在这块地有没有林权证？

YCZ：土地改革有凭证，但后来毁掉了，发证时已经属于贵州省了，由湖耳司登记。现在的林权还属于贵州，但杨家湾每户出资都有一点造林股权。

笔者：林权是属于贵州的，你们杨姓家族只有“阴地”的使用权，有没有“阳地”的使用权？比如造林之类的。

YCZ：没有“阳地”的使用权，造林时出了一点资金，有一定的股份。

笔者：就是阴阳地在一起的大片山地，林权都归贵州，所有权和使用权分开。杨姓有“阴地”使用权，贵州有“阳地”使用权，但是你们有股份。

YCZ：是的。土地使用权只要我们看上的都可以用作“阴地”，他们不会阻止。

笔者：不管哪块地都可以用作“阴地”，但是你们不能造林，只能参与股份。

YCZ：是的。造林就违反了现行法规。我们没有林权，在与贵州划界的时候这块地划入了贵州。

笔者：你们参与造林股份是从什么时候开始的？

YCZ：近三十年内吧。[①]

① 笔者 2020 年 9 月 5 日的访谈资料。访谈对象 YCZ，网上访谈。

通过对话内容分析可知，阴阳地所属权的确立是分开的，这既有历史背景的原因，也有现实因素的制约。历史上，杨家湾的杨姓家族归湖耳司管辖，属于贵州省。当时为了解决温饱问题，杨姓逃难从湖耳司迁移出来，最后到杨家湾定居。地理位置上，杨家湾突入湖南省境内，是一块“插花地”。1952 年土地改革时，杨家湾从贵州省划归湖南省，行政权属上归湖南管辖。随着行政权属的变更，土地权属也发生了相应的变化。在狗娘盘那块土地的使用权上，杨姓拥有“阴地”的使用权，但是没有“阳地”的使用权；贵州锦屏的岔路村拥有“阳地”的使用权，但是没有“阴地”的使用权。直到 20 世纪 80 年代，林权再次变更，阴阳地权属仍是分立的。现实层面上，在如今法治社会里，还遵循过去的一些习惯法，尊重中国的传统文化，以祖先的“阴地”确立土地的使用权。有了这种土地权属确立的基础，对土地的利用权得以扩展。在没有“阳地”使用权的情况下，通过祖先而获得“阴地”的使用权，间接实现对土地的利用权。正如谈话中提到的，杨家湾每个杨姓家族都出资参与了造林的股份。阴阳地权属的确立看似是分开的，其实是相互关联的一个整体。

林业生产需要大面积、连片经营才能有所成效，而且这是一个长周期的产业，因而，林地占有权与使用权的获得需要一个较长的时间段，往往需要几代人的努力。从碑文中可看出，自光绪二十一年（1895 年）到现在，已有 120 多年的时间，至少经历了五代人，一辈一辈继承土地的使用权。对土地使用权的继承是以家族形式延续下来的。据 YCZ 讲，杨家湾的杨姓家族共有三房，因而狗娘盘的那块土地是由三块组成的，这在碑文中也有所体现：“上下左右杨姓为块，一并归杨姓永远耕管进葬。”这块土地面积 300 多亩，既有“阴地”，也有“阳地”，现在造有大片的杉林，也有成片的核桃林。每年清明节挂清时，杨姓每家都凑份子钱，大家集体开伙吃饭，共同祭祖。据此可见，杨姓家族入住权的获得是通过祖先实现的，通过对“阴地”的获得而同时享有对“阳地”的部分支配权，获得了山地的占有权，就拥有了对资源的使用权。正如 F.K. 莱曼在研究东南亚山地民族建寨始祖崇拜问题时所认为的，土地的最早和最终拥有者是“鬼主”，通常与地貌特征相联系。“鬼主与定居者之间排他性的权利，将传至定居地创建者的后代人和继承人，直至永远。”[①] 杨姓家族对土地的拥有权和使用权，最终要通过“鬼主”传给后代人并授权，这样的权利具有延续性。杨姓家族参与造林股份，从30年前就开始了，是一个长期的过程，这对林业生产与经营来说是极为重要的。

这种土地管理模式给我们的一个启示是，法律层面管理的是“阳地”的所有权，但是“阳地”之下有“阴地”，“阴地”又不在法律的约束范围。阴阳地交织在一起，分属管理，这种管理模式是一种变通，由此拓展了我们对土地管理性质的认识，也看到了制度体系的边界。法治与民间传统习俗相互渗透，既有法律层面的强制性约束，又尊重传统习俗的伦理规范，法律上的约束与道德行为上的规范二者共同作用，实现对土地权属的确立与管理，从而确定林地的所有权和使用权。

林地权属的确立有多种形式，既可以通过契约、碑刻这些有文字表达的形式体现，也可以通过埋岩这种无文字表达的形式体现出来。埋岩是早期合款的表现形式，“所谓埋岩，又称竖岩。为维护社会秩序、调整内部关系，或共同抵御外敌，举行全寨、相邻村寨的成员大会，对经过讨论协商，取得一致意见后作出的规约和决议，然后将一块长条岩石埋在地下，露出半截，代表这次会议制订的规约。岩规岩约并没有文字，只是口头宣布，但仍有神圣不可触犯的权威性和法律效力，这就是早期苗族社会的一种组织形式”。[②] 埋岩是在无文字的状态下形成颇具特色的地方法制形式，被认为是一种无文字的地方性法规，是社会的一种立法形式，是人们思想和行动的准则，也是维护社会秩序的有效手段之一。在划定林地界线、处理林地纠纷上，埋岩也是地方性制度的体现。下面两

① 王筑生主编．人类学与西南民族［M］．昆明：云南大学出版社，1998:191.（参见F.K.莱曼．建寨始祖崇拜与东南亚北部及中国相邻地区各族的政治制度．郭净，译．）

② 陆湘之．锹里文化探幽［M］．地笋苗寨旅游开发投资有限责任公司，2016：11.

则契约可以体现：

契 4

立断卖荒约人石香保弟石龙保，二人为因家下缺少银两使用无从得出，自几（己）请中问到庙无陆圣兴弟陆现乡弟兄二人为业，坐落地名庙无一冲一岭，当日三面议定价一两八钱整，亲手领回应用，外其荒自断之后，任从买主开垦成田耕种管业，日后不许房族外人争论，如有争论者，卖主一面承当，一断一了，二断子休，如高坡滚石永不归宗，水流就下在不回头，上平（凭）天里（理）下平（凭）鬼神，恐后无凭，立此断约永远为照。

凭中　刘中元　上山走过葬了石头　中人一钱

代书　杨春元　艮（银）五分

乾隆八年五月初四日　立

香保山约[①]

契 5

立分合约字人姜东贤、东佐弟兄。因有山场一幅，坐落地名从讲，为因与启略、启松相争界限，请中理讲，二比自甘和息，凭中埋岩定界。上凭怀礼，下抵盘路，左凭岭，右凭岭，左边与启略等埋岩分界，二比心平意愿，各照合约管业，异日不得越界相争。今欲有凭，立此合约，各执一纸存照。

埋岩定界合约二纸为据

凭中　（姜）文光、（姜）宗古、（姜）怀义、韩天相

代笔　姜兆璜

① 笔者 2019 年 8 月 15 日在岑梧村调研时，住在 LXZ 家，LXZ 保管着部分契约，契约原件都已交给锦屏县档案馆保管，家里留存的是复印件，此契约是根据复印件整理而来，在此表示感谢。

启略存一纸　东贤存一纸

道光二十七年六月初六日　立[①]

契4是笔者在整理岑梧寨陆姓家族200多份契约过程中发现的唯一有关于埋岩记载内容的契约。此契约为乾隆八年（1743年）所立，是两个家族之间的卖地契约，为避免以后出现纠纷，特请中间人做证。常见的契约都有中间人的姓名，没有特意提到埋岩的做法，但是这则契约特别写明"凭中刘中元上山走过葬了石头"。从这句话可得出的结论是，凭中实地上山勘察过，明确林地界线，埋石头为标记，通过埋岩确立山地界线，实现对土地的拥有权，进一步说明埋岩在社会组织中的重要作用。契约中写的"葬石头"，就是埋岩的一种表现形式。契5明确提到"埋岩分界""埋岩定界"，用埋岩方式处理山林纠纷事宜。埋岩的作用体现在两方面：一是划清林地界线，二是体现地方法规的效力。

过去人工营林大多是以家族形式管理，家族内部之间合作共同经营，但是家族与家族间的林地是有严格界线的，若发生纠纷，则要请凭中人调解或者立碑为界。目前靖州境内关于林地界线之争的碑文也只发现一则。这则碑文材料最初是从《三锹乡志》初稿上找到的。2019年1月22日笔者到长沙看望大病初愈的LXZ，顺便把自己整理的靖州的一些碑刻材料带了过去，请他过目。LXZ看到这个碑文说："你挺厉害的，这块碑文也能找到！"接着他讲述了这块碑的故事："这块碑不大，目前被九南一家藏了起来，不让外人知晓，外人也见不到碑的真面目。"碑文如下：

九南塘保二寨因鹅颈冲头界相争，请中处理分界。凭屋场岭右边山坪上至坡头，下至鹅颈冲脚九南管业，左边岭上至坡头下至鹅颈冲脚塘保管业。二处同心刻碑为记。

---

① 唐立，杨有庚，武内房司主编．贵州苗族林业契约文书汇编（1736–1950年）：第三卷上史料研究编［M］．东京：东京外国语大学，2003：E–0028.

九南：龙秀维　龙河明　杨显交　陆万书　应中　解风飞　吴德友

塘保：杨官乡　仲乡　潘德才　吴贤才　通富　谢廷仲　吴进才

凭中：杨元兴　欧佳昌　刘孝顺

嘉庆（靖？）九年八月九日立[①]

碑文的落款处，“嘉”后面的字被人故意抹去，因而不知道是嘉庆九年（1804 年）还是嘉靖九年（1530 年），二者相隔 274 年。这给人们留下一个疑团。另外得知的一个情况是，目前该碑被九南一家藏匿起来，具体藏匿原因不得而知。分析碑文内容，九南与塘保两个寨子因“鹅颈冲头”界线之争，请凭中人处理而达成协议，划定九南和塘保两寨各自的管辖范围，各管各业，各寨管辖范围以立碑为界。碑刻是划分界线的重要依据之一，更是地方性制度的体现。地方上关于林地界线划分出现争执，一般是在家族内部请中间人处理，中间人间接以一种地方性制度的力量来化解矛盾和纠纷。不管该碑所立时间是嘉靖年间还是嘉庆年间，可以得出的确定结论是该碑在划定林地界线上发挥了重要作用，成为地方性制度的一种表达。

对于山林界线，也有一系列款约规定。例如苗款第二十二款规定：“田边水源，山林界限，不许一藤二篾。田土屡屡各有丘，山河屡屡各有界。”[②] 讲的就是要遵守山林界线，即使是一根藤、两片篾子，属于别人权属的也不要去侵犯。田土山河，林地四至，都各有业主。侗族款约“法规”的“第十层十步”中也有这样的规定：“屋架都有梁柱，楼上各有川枋，地面各有宅场。田塘土地，有青石作界线，白岩做界桩。山间的界石，插正不许搬移；林间的界槽，挖好不许乱刨。不许任何人，搬界石往东，移界线偏西。这正是，让得三分酒，让不得一寸土。山坡树林，按界管理，不许过界挖土，越界砍树。不许种上截，占下截，买坡脚土，谋山

---

① 该碑现被九南寨人收藏，LXZ 提供部分碑文信息。

② 银龙整理译注 . 城步苗款［M］. 长沙：岳麓书社，2004：160.

头草。你的是你的，由你作主；别人是别人的，不能夺取。”① 这些款约的制定，有效维护了林地的所有权。

## 二　款约制度的民间管理

农林复合系统是一个有机的体系，系统内部各要素间互相制约，要维护系统内各要素之间的平衡、稳定与发展，需要有一系列的制度规定，以约束人们的行为规范，维护系统的良性运转。由款组织制定的规范人们行为的地方性制度被称为“款约”或“习惯法”。这些款约条例通过合款形成制度，并以刻碑、埋岩等其他形式体现出来。下面的一则碑文材料体现了锹里地区农林复合系统的情况。因碑文字数较多，可解读的内容也较多，以下对碑文所涉及的内容尽可能详细阐述。

碑文如下：

万世永赖②

在任补用府特授湖南靖州直隶州正堂加十级纪录十次　金

钦加六品衔代理靖州直隶州零溪分司即补巡政厅　黄

代理靖州零溪分司加五级纪五次　何

蒙金青天，升任靖地，膏泽下民，感恩追忆，事□□为，痛惜人民。发有晓谕，劝谕训俗，常谈非啻口出，原性至诚。窃思州太尊，省其方、观其俗，不惮跋涉；开财源、节财流，能尊五美；所欲与聚，所恶无施，如保赤子，无所不至。其中之善政善教，恶者自化，善者自安。其同鼠牙雀角而自息，视如手足。观其仁心仁政，如天覆地载，日月照临，上下同流。凡有血气，莫不尊亲，故曰配

① 湖南省少数民族古籍办公室主编．侗款［M］．长沙：岳麓书社，1988：89.

② 该碑高 164 厘米，宽 83 厘米，厚 6 厘米，青石材质。位于靖州上锹藕团乡的牛筋岭款场，牛筋岭款场是湘黔四十八寨的总款场，是上锹九寨合款的地方。由于该碑文较长，字迹较为模糊，笔者分别于 2017 年 7 月 24 日、2019 年 1 月 23 日、2019 年 5 月 1 日三次到此款场，除了个别字迹辨认不出外，摘录并核对完整碑文。笔者于 2022 年 1 月 2 日将碑文内容做成拓片。

天。然绅民人等，欲报昊天而罔极。特勒碑记，以垂万古者也。更为我等九寨之地，山多田少，全赖高底油子，上下以供国课俯仰之资。其茶山核桃，修补需人力，结实成天功。因有不法匪徒，屡来结党成群，约束男妇数十数百，越境入一方之山，白日横抢，一掳尽空。待业主往山收捡，颗粒无存，仰天号泣，忧气而归。具禀司主，蒙赏示禁。幸于客岁七月十五日，蒙金青天，省方观民，驾临夷地芦笙场。当就骞车，具禀在案，昭仁天洪恩，见词不忍回驾，当刻板赏示禁止。更使田副爷下乡，四方叮咛诰诫，执有金主命令，所云滥泥冲大溪九寨一带，核桃茶子收成之际，往往有人率男妇数百往抢捞足，丕确凿，现以出示禁止。如查有以上情形，即予惩究。望团绅约束，免滋事端。然后德风草偃，上下始得以补不足，良民始得以安然，今而后永远绝断强捞横抢之事。如有违示，不遵公罚，不服捆送。于今岁六月初八日，廿四村绅首士等具禀，特将禁示勒碑等情，蒙仁天批准，为此书刻于后：

为出示严禁捞茶，以安民业事。照得锹里地方，山多田少，谷米所入不敷食用，全赖桐茶为接济之需。近闻有等居民，邀约男妇数十人，终日上山捞茶，此虽该地风气使然，但经业主自行摘过仅拾所遗，情尚可恕。乃竟已未不分，动辄恃蛮捡摘，此等恶习与偷窃何异？殊堪痛恨，合行出示晓谕。为此示仰，居民人等知悉，须知物各有主，苟非吾之所有，虽一毫而莫取。设身处地，尔等自有之业，肯与他人捡取与否？嗣后如敢再行强捞，准该业主捆送来厅，以凭分别严办，但不可纠约数十数百□（人）再行横捞强抢等。各宜懔遵，毋违。特示。

光绪廿七年十月初七 / 廿八年十月廿九日　黄、何禁示雷同

金　为申明例禁晓谕事：本州周历苗峒，查知苗民勤耕苦作，性情朴实，极不为非，实堪嘉许。惟有等不法匪徒鼠扰苗峒，任意盗窃，或以重利盘剥，致良生计萧条；或乘秋收之际，任意越界横

捞茶子核桃等，殊可痛恨。为此申明例禁，剀切晓谕，仰苗民等一体知悉。自示之后如有盗贼鼠扰，许该苗民等约□（绅）团捕拿送案究治。如不服捕拿，照例格杀勿论；如能将著名□匪格杀□报案，立予重赏；如有重利盘剥，许苗民指名控究，按例惩办。或乘秋收之际，仍前强抢茶子核桃者，如果成群结党肆害无忌，即照盗贼例格杀勿论，轻则捆送究惩，决不宽贷。本州念苗民之诚朴，为国家第一良民，亟思力予保护；念匪类之徒纵横，为生民之巨蠹，亟思悉力殄除，虽得残暴之名有所（不）辞。该苗民等务遵约束，实力稽查，勿再受客民愚弄。客民亦当思安分度日，勿再侵欺结仇，别滋祸患，以期各保生业，是为至要。如果事有为难，许该苗民随时禀知，即予面见。本州亦不时下乡亲历苗峒，面示机宜，总期匪盗知儆，民苗各安此谕。

计开

一 内地民人概不许与土司等交往借债，如有违犯，将放债之民人照偷越番境例，加等问拟。其借债之土苗即与同罪。

一 放债之徒用短票扣折，违例巧取重利者，严拿治罪，其银照例入官。受害之人许其自首免罪，并免追息。

一 凡内地汉奸潜入粤东、黎境放债盘利者，无论多寡，即照私通土苗例，除实犯死罪外，俱发边远充军，所放之债不必追偿。

一 窃盗临时盗所，拒捕及虽未得财而未离盗所逞凶拒，或虽离盗所而临时获赃格斗，杀人者不论。

一 凡夜无故入人家内者，杖八十。主家登时杀死者，勿论。其已就拘执而擅杀伤者，减斗杀伤罪二等。至死者，杖一百、徒三年。

光绪三十三年九月廿四日晓谕

金批：锹里龙彩鹤等民间完粮，应由本户亲身赴柜完纳。掣串归农，历有明例，该里各花户应完秋粮，嗣后须令本人赴仓照纳。不许客民从中包揽，多立名目，致启朦混苛派等弊。仰将此次批示传知各粮户，并查照旧碑，勒石遵守可也。

于本年六月十一日　金批锹里　龙彩鹤　杨廷纲　廷□等恩外求恩，批著照前示，勒石永禁。

又于去岁七月十五日　蒙金太尊洪恩，赏我九寨芦笙歌舞银牌、廿元

大清光绪三十四年戊申岁九月吉日　牛筋岭众等立

计开同事首士人

报峒　生员龙彩鹤，龙尚考

江边寨　龙祖贤、龙世瑶，保长龙枝泮，生员龙世权

地强　石玉谋、吴大荣、龙世银

楠木山　生员□（龙）昌培，龙永厚、龙远泮、龙方祥、龙远达

三江溪　吴兴枚

潭峒　杨秀坤、李用银

大小溪　李大福、梁再兴、杨念忠

塘坝冲　监生刘应龙

三江溪　监生金兴桂

壇（檀）木冲　刘应荣

塘保寨　峒长潘远炽，潘志光、杨胜财、杨昌连、谢元启、吴光灿、谢志炳、谢志秀

老里盘　生员谢志朗，谢永炽

瑶管冲　生员谢永泽，谢志枝

高坡寨　生员张子秀、张子荦、张子兴、龙光鹤、龙向泮，张子黄

康头寨　耆员蒋顺材，戢员将应三

杨柳坪　蒋荣文、张子凤

坡系（溪）形　刘禹清

滥泥冲　寨长杨再通，杨文望，生员杨再乾，杨再玉、吴应久、杨正银、李美金，生员杨廷位、吴仁贵，吴仁富

高营寨　龙成梅、龙成兴，生员龙成金，龙成正、龙学礼、龙成佩、王永煋

马田　潘义森

张家塝　监生张子庆，张子仲、刘文光

小申（甲）坡　蒋仁聪

款内其有（寨）市里邻居示禁同心协力

外有公事各经各里

这通碑的正文字数1536字，背面329字（少一“寨”字），立碑的时间为光绪三十四年（1908年），以款约组织名义而立。通读碑文，可知有代表地方政府的官员，即“金”“黄”“何”三人。经查阅地方文献，“金”为金蓉镜[①]，《〈直隶靖州志〉选粹》中对其有简单介绍：“光绪二十七年（1901年）任靖州知州（正五品）。在任期间重视少数民族工作，曾于光绪二十八年和三十二年两次行文布告，禁止在少数民族地区盗摘桐茶，禁止高利贷，禁止盘剥苗侗人民等。”[②]而关于靖州直隶州零溪分司即补巡政厅黄官员、代理靖州零溪分司何官员，笔者查阅靖州相关地方志、人物志，均未找到相关信息，实属遗憾。参与立碑的地方代表性人物，有款首，如龙彩鹤，有峒长，如潘远炽，还有生员、监生、寨长、耆员、戢员等，这些不同身份的人代表各寨参与合款。分析碑文内容可知，此碑文共涉及七个时间和四类事项，见表5-5。

① 金蓉镜（1855~1929），又名金殿丞、金伯子，字学范，号殿臣，又作甸丞，晚号香严居士，浙江嘉兴人。历官湖南郴州、靖州直隶州知州等。光绪十五年（1889年）进士，光绪二十七年任靖州直隶州知州（正五品），光绪三十四年主修《靖州乡土志》。

② 靖州苗族侗族自治县史志办公室编.《直隶靖州志》选粹［M］.北京：中国文化出版社，2013：140.

**表 5-5　牛筋岭款场《万世永赖》碑文所涉时间和事项**

| 序号 | 时 间 | 事 项 |
|---|---|---|
| 1 | 光绪二十七年十月初七 | 黄官员出示禁令，严禁捞茶 |
| 2 | 光绪二十八年十月十九日 | 何官员出示禁令，严禁捞茶 |
| 3 | 光绪三十三年七月十五日 | 金蓉镜视察民情，在芦笙场现场办案。七月十五日为锹里地区芦笙节，金蓉镜赏歌舞银牌、二十元 |
| 4 | 光绪三十三年九月二十四日 | 金蓉镜再次申明严禁捞茶例禁，宣传国家法律，将国家有关法规条例刻出来，维护地方秩序 |
| 5 | 光绪三十四年六月初八 | 二十四村绅首请求将金蓉镜、黄官员、何官员的禁令勒碑 |
| 6 | 光绪三十四年六月十一日 | 金蓉镜让地方花户自己交粮税，禁止客民包税 |
| 7 | 光绪三十四年九月 | 牛筋岭人就各项禁令及地方条例立碑 |

根据表 5-5 分析，涉及的事项主要有四类：（1）三次下令严禁捞茶；（2）牛筋岭芦笙场赏歌舞银牌、二十元；（3）宣传国家法律，将国家有关法规条例刻出来让大家知晓，以维护地方秩序；（4）让地方花户自己交粮税，禁止客民从中包税。以下对碑文内容及各项事件进行分析，试图揭示出锹里九寨地区人们的生计方式、社会关系、文化特征、地方制度及林木管护的知识体系等。

（一）九寨区域居民的生计特征

碑文载："更为我等九寨之地，山多田少……""九寨之地"广义上是指现在贵州和湖南交界之地，包括靖州、锦屏、黎平交界一带，狭义上是指古锹里地区的上锹，也即寨市里的九寨，包括滥泥冲（今新街）、塘保寨、高营寨、大溪寨、银万寨、塘龙寨、楠木山寨、三江寨、高坡寨。九寨之地多为高山峡谷，这一地带多种植林木，其中杉树、桐树、油茶树、核桃树居多。宋代就有关于杉木品质分类的记载："枋板，皆杉也。木身为枋，枝梢为板。又分等则：曰出等甲头，曰长行，曰刀斧，皆枋也。曰水路，曰笏削，曰中杠，皆板也。脑子香以文如雉者为最佳，名野鸡斑。"[①] 记载的区域就包括锹里地区。结合文献资料与碑文材料分析可知，

① （宋）朱辅．溪蛮丛笑［M］．钦定四库全书．史部十一·地理类十，第 4 页．

此区域为杉树与油茶树、桐树、核桃树等多业态的复合种植。碑文中提到的“茶山核桃、油子、桐茶”指的是山核桃树、油茶树、桐油树，这些树种在锹里地区是重要的经济作物树种，所产出的山核桃、油茶籽、桐油籽可以榨油。《靖州乡土志》中有这样的描述：“茶树花开白似银，核桃秋老碾成尘；一笑大家生事足，太平山住太平民。”[①]“谷米所入不敷食用，全赖桐茶为接济之需”进一步反映出，在粮食不足的情况下，这些油料作物成为人们生活的接济之需。当田间所产谷物不能满足人们日常生活的口粮之需，所产谷米不敷食用时，就要到山间寻找其他替代品，如挖葛根、捡茶籽与核桃、狩猎等，以解决温饱问题。某种程度上，这也是维系社会秩序的重要保障。

（二）九寨区域民族文化融合及社会关系演变

碑刻的背面有参与立碑的寨子名称，提到的寨子共有21个，具体寨子名称及分布范围见表5-6。表中罗列了寨子今天所属的村寨，并给出了清代末年所属的范围，从中可以分析民族文化的交融及社会关系的演变。

**表5-6 碑文背面寨子分布**

| 序号 | 寨名 | 今属乡镇（村） | 清代末年所属范围 |
|---|---|---|---|
| 1 | 江边寨 | 靖州平茶镇江边村 | 三锹里 |
| 2 | 地强（地祥） | 靖州平茶镇江边村 | 三锹里 |
| 3 | 楠木山 | 靖州平茶镇棉花村 | 三锹里 |
| 4 | 马田（楠木山子寨） | 靖州平茶镇棉花村 | 三锹里 |
| 5 | 塘坝冲 | 靖州平茶镇棉花村 | 寨市里 |
| 6 | 三江溪（三江寨） | 靖州藕团乡康头村 | 三锹里 |
| 7 | 康头寨 | 靖州藕团乡康头村 | 寨市里 |
| 8 | 高坡寨 | 靖州藕团乡康头村 | 三锹里 |
| 9 | 杨柳坪 | 靖州藕团乡康头村 | 寨市里 |
| 10 | 小甲坡（肖家坡） | 靖州藕团乡康头村 | 寨市里 |

① 金蓉镜．靖州乡土志［M］．光绪三十四年刊本．卷四附录·靖州三十咏，第6页．

续表

| 序号 | 寨名 | 今属乡镇（村） | 清代末年所属范围 |
|---|---|---|---|
| 11 | 潭峒（潭洞） | 靖州藕团乡新街村 | 三锹里 |
| 12 | 大溪寨 | 靖州藕团乡新街村 | 三锹里 |
| 13 | 小溪寨（又银万寨） | 靖州藕团乡团山村 | 三锹里 |
| 14 | 檀木冲（已废） | 靖州藕团乡老里村 | 寨市里 |
| 15 | 张家塝 | 靖州藕团乡老里村 | 寨市里 |
| 16 | 高营寨 | 靖州藕团乡老里村 | 三锹里 |
| 17 | 塘保寨 | 靖州藕团乡老里村 | 三锹里 |
| 18 | 老里盘（塘保寨子寨） | 靖州藕团乡老里村 | 三锹里 |
| 19 | 瑶管冲 | 靖州藕团乡老里村 | 三锹里 |
| 20 | 坡溪形（今菜地榜） | 靖州藕团乡新街村 | 三锹里 |
| 21 | 滥泥冲（今新街） | 靖州藕团乡新街村 | 三锹里 |

从分布范围看，寨子集中在上锹的藕团乡和平茶镇，这些寨子中既有苗寨、侗寨，也有乾隆以后汉人居住的寨子。这种联盟组织的形成有一定的历史背景。以下是康头村 LXZ 的口述：

地祥和江边寨在乾隆以前，是依附在寨市里的苗九寨，但是行政上属于中洞里，因在中洞里受排斥，就依附于楠木山这些寨子，所以和寨市里的关系比较融洽。寨市里的康头寨为大寨，其他寨子是附属在康头寨下面的。光绪末年这些寨子全部算是锹寨，但是康头和杨柳坪寨子身份比较特殊，在山下的客民把两个寨子归入锹寨，山上周围的苗寨把这两个寨子归为客民寨，身份有点尴尬。因为乾隆以前有锹人居住，乾隆年间，锹人搬离，搬到贵州去了，后面就有藕团姓蒋的搬进来，讲酸话，汉语的方言。蒋姓搬进来之后，藕团和三锹一带的人就讲康头和杨柳坪寨就是锹人，锹上了，意思是锹人住的地盘。但是康头和杨柳坪寨的人讲汉语，都属于客寨，要交税的，其他周围的寨子不交税。山上面是苗，下面是客寨。但是外面的人称他们为锹人，周边的楠木山、三江溪等寨称他们为客民寨。因为讲汉话，所以他们的社会地位高，两边的客寨都依附康头寨和杨柳坪寨，不依附的话，外面的锹寨就要抢他们的东西，所以寨市里的苗九寨就拥戴康头这些寨子。康头寨的地位比较高，这个地方出了人才，出了进士。合款的时候，康头寨的款首没去的话，是不能合款的。虽然康头寨是作为邻居寨子的身份加入进去合款，要去款场合款，但是不参与款约条例的制定，只有参与权，没有制定权，相当于一个证人。[①]

通过 LXZ 的口述，可以解释碑文中"款内其有（寨）市里邻居示禁同心协力"这句话，"（寨）市里邻居"指的就是江边寨和地祥这些依附在寨市里的寨子，也指康头寨下面的子寨，共同参与合款。清代末年属于寨市里的寨子有康头寨、塘坝冲、杨柳坪、小甲坡、檀木冲、张家塝 6 个寨子，康头寨为大寨，其他 5 个寨子是依附在康头寨下面的子寨。寨市里的几个寨子就是碑文里所指的邻居客寨。另外 15 个寨子属三锹里。据清代乾隆二十六年（1761 年）编纂的文献记载，当时三锹里上锹的九寨是依附在寨市里下面的："附寨市里九寨统名三锹，滥泥冲、塘保寨、高营寨、大溪寨、银万寨、塘龙寨、楠木寨、三江溪、高坡寨。"[②]说明三锹里和寨市里是两个独立的行政单位，但是彼此之间又有联系。另一历史背景是，雍正五年（1727 年）取消"蛮不入境，汉不入峒"条例后，不少省内外汉人、手工业者纷纷移居到此。在这样的背景下，慢慢形成了苗、侗、汉合居的村寨联盟，政治及行政上的附属关系也变得复杂起来。

---

① 笔者 2020 年 8 月 10 日的访谈资料。访谈对象 LXZ，男，苗族，1963 年生，大专文化，原是一位木商，现是乡土学者，研究锹里地区文化；访谈地点 LXZ 家。

② 靖州苗族侗族自治县史志研究室整理 .（清）乾隆直隶靖州志［M］. 影印版，第一册卷一封域·乡村，2019：355.

康头寨有一块碑，名为《励学碑记》[①]，立碑时间为光绪十二年（1886年），上面记载："恩科进士蒋贵善……首士蒋顺才……"明清时期，蒋贵善是乡境内唯一的恩科进士，受到人们的拥戴，故周边寨子就认为康头寨的社会地位较高。康头寨社会政治地位高的原因在于：一是经济发达，当时生产茶油、核桃油较多；二是地理位置优越，处于出口的位置；三是文化教育发达。这几方面的因素无形中提升了康头寨的地位。康头寨是后来客民居住的寨子，正是因为有较高的社会地位，锹寨在进行合款的时候，会邀请康头寨的款首参加，但是其只有参与权。合款要满足两个条件，一是国家层面零溪司的批文，二是地方层面康头寨的款首参加。直到清末民初，这些锹寨和汉人居住的寨子融合形成今天的三锹里。由于居住在少数民族地区，20世纪80年代民族识别的时候，这一地带的居民大部分被识别为苗族。甚至有人说，某种程度上，这里的苗族是被苗化的汉族。

正是因为复杂社会关系的存在，不同民族居民在交融过程中，可能会出现矛盾，要解决这些矛盾，可以发挥文化的重要作用。碑文中"本州念苗民之诚朴，为国家第一良民"是夸赞苗民的话，正是因为这句话，在不同民族居民间有矛盾的时候，可以以最小的代价解决。以下这个合村的案例可以说明：

> 碑文中提到的高坡寨原属于高坡村，2016年，政府要求高坡村归并到康头村下。在合并的时候，高坡村（村民）不同意，不愿意被归并。老里、高坡、康头原来是一体，后来因山林纠纷分（开）了，（高坡村村民）认为他们本是苗人，而康头村原来是汉人。乡长为了合村的事情，多次到高坡村做工作，但每次都是吃闭门羹。乡书记及乡长无奈就找到了我，请我出面帮忙解决，并说这个事情非得我才可解决。（我）到高坡村去调解时，利用碑上的文字同他们讲

① 此碑位于藕团乡康头村，笔者2020年8月10日实地察看过此碑。原碑因保护不当，字迹严重溃掉，此碑为后来复制的。

道理，讲了一个多小时，说清朝的时候就夸苗民是第一等良民，那时候就配合政府，现在更应该配合。我们要拥护共产党领导，不应该给共产党出难题，添麻烦。后来事情得以圆满解决。[①]

通过这个合村的例子，我们可以得知，在处理不同民族居民之间的矛盾时，文化可以起到“以柔克刚”的作用。LXZ 既不是政府官员，也不是领导，只是一名普通村民，了解乡土文化，他能利用民族文化，通过文化的力量去解决当地政府解决不了的事情。

（三）地方款组织的作用

太平天国运动后，民间开始办团练，其目的是对外抵御外敌侵略，对内维护地方安定，正如碑文提到“望团绅约束，免滋事端”。该碑背面“报峒江边寨生员龙彩鹤”“塘保寨峒长潘远炽”“滥泥冲生员杨廷位”在《靖州乡土志》中有所提及：“唐保寨峒长潘炽远户六十三，男女口二百七十二。滥泥冲牌长杨廷瑛户六十七，男女口二百六十二。江边寨地强抱洞寨团绅龙彩鹤户一百六十六，男女口八百六十四。”[②]碑文中滥泥冲生员杨廷位与《靖州乡土志》中滥泥冲牌长杨廷瑛应为同一家族人员。碑文中也提到龙彩鹤是锹里地区江边寨、地强、抱洞寨的团绅，是锹里地区德高望重的人物。《靖州县志》记载：“（同治六年）东伯侯老旺（天柱县侗族头领姜映芳封的四大侯王之一）带领清江苗义军数千人进入锹里。地方款首龙彩鹤、潘先贤、吴炳鉴奉靖州‘札谕’带领众款捉拿东伯侯，杀于牛筋岭。”[③]此后，龙彩鹤作为地方团绅的地位得以加强，游走于官府、寨民之间，维护内部秩序，为锹里争取生存、发展的空间。“自示之后如有盗贼鼠扰，许该苗民等约□（绅）团捕拿送案究治”也体现出地方团绅在维护地方安宁方面所起的作用。地方上，款首赢得了苗民的尊重，也赢

① 内容为 LXZ 口述，另根据 LXZ 参与现场调解所记录内容整理而来。藕团乡政府也存有笔录。

② 金蓉镜 . 靖州乡土志［M］. 光绪三十四年刊本 . 卷二志人类，第 1 页 .

③ 靖州苗族侗族自治县编纂委员会编 . 靖州县志［M］. 北京：生活 · 读书 · 新知三联书店，1994：17.

得了靖州知州金蓉镜的敬重，同时还充当封建统治的工具。

碑文中提到“金批：锹里龙彩鹤等民间完粮……该里各花户应完秋粮，嗣后须令本人赴仓照纳……仰将此次批示传知各粮户”，说明由各花户自己交粮。在此有必要对“花户”“秋粮”“粮户”几个术语加以解释。“花户”是清代户籍管理用语，“官府登录户口时，户称花户，人称花民；民纳赋税，按户交纳，官府填发易知由单，称纳赋人户为花户”。[①]“秋粮”是赋役制度名，为地赋的一种，“秋粮征米、豆、杂粮及草，皆征本色。后改征折色，称为米折银、草折银”。[②]“粮户”沿用明代用法，意为缴纳田赋的民户。这里需要说明的是，在当时，粮食产出不多，居民生活靠茶籽、核桃得以补充，这在碑文中有所体现。在这样的情况下，征收赋税可谓难办。而在清代税收的种类中，茶籽、核桃不在征税范围，在此情况下，用茶籽、核桃交易后获得的银两上交国家税收是可能的。查《清代典章制度辞典》得知有这样一个税种，“落地税，税课名，各地方政府征收的一种杂税。晚清时，各地方官征收落地税已逐步扩大到一些乡镇集市，而且对一切上市商品，不论价值大小一律征税”。[③]因此碑文中提到“上下以供国课俯仰之资”等字样，进一步体现出茶籽、核桃的重要性，茶籽、核桃间接地被纳入国家税收中。

地方款组织与款首代表国家的力量，管理地方事务，一方面服从于国家的意志，另一方面又有地方治理的权力，他们在维护地方治安、社会稳定方面发挥着重要作用。

### （四）款约制度保障下的芦笙歌舞文化习俗

芦笙节是苗族、侗族的传统节日。地域不同，举行的时间也不同，有的在农历七月，有的在农历九月，也有的在农历一月、二月，但一般选在农闲时节。宋代的文献记载：“农隙时至一二百人为曹，手相握而歌，

---

① 朱金甫，张书才主编．清代典章制度辞典［M］．北京：中国人民大学出版社，2011：294.

② 朱金甫，张书才主编．清代典章制度辞典［M］．北京：中国人民大学出版社，2011：491.

③ 朱金甫，张书才主编．清代典章制度辞典［M］．北京：中国人民大学出版社，2011：682.

数人吹笙在前导之。”[①]描述的就是芦笙歌舞节的情况。锹里地区的芦笙节在农历七月十五日举行。如今，锹里地区芦笙歌舞活动主要集中在上锹的一些寨子，如滥泥冲（新街）、潭洞、塘保、大溪、小溪、高营、老里苗寨等一些大的团寨，中锹已废，下锹则无。“有芦笙场者必富而朴，今六寨三排半之苗沾染华风，芦笙场久废则贫而猾矣。”[②]这里的“六寨三排半”主要指的是中锹，六寨是指“黄柏六户”，即对潘、吴、龙、陆、马、熊六姓最早落户黄柏寨周围苗寨的一个统称，包括菜地湾、岩嘴头、万财寨、地庙寨、黄柏寨。三排半为：小榴、凤冲为第一排，地背寨为第二排，地笋寨为第三排，水冲寨因人数较少为半排。有芦笙歌舞节的地方民风淳朴，生活较为富裕。芦笙歌舞节的习俗起源于宋代甚至更早的时期，一直传承至今，反映了其在人们生活中的重要地位，也引起官员对当地文化习俗的重视，如碑文中有“赏我九寨芦笙歌舞银牌、廿元”的记载。人们对芦笙节非常重视，甚至制定款约确保芦笙节、芦笙场活动顺利开展。民国4年（1915年），在上锹的高营、塘保和滥泥冲等寨有这样的款约：

> 各寨不论贫富男女，齐赴笙场吹笙歌舞，如一寨不至者，罚款一两三钱……各寨男女，务要公行正道，不得妄行戏豫，犯者罚款九两九钱。[③]

直到2003年仍有碑文记载：

> 恭闻，上古立极制笙，众物贯地而生……风调雨顺，五谷丰登，男笙女舞……余等效先辈之德，酬天地之恩……于公元一千九百九十八年，新开芦笙场牛金玲（筋岭）……每逢中元之期，

---

① （宋）陆游．老学庵笔记［M］．李剑雄，刘德权，点校．北京：中华书局，1979：45.

② 金蓉镜．靖州乡土志［M］．光绪三十四年刊本．卷二志人类・风俗，第3页．

③ 胡宏林主编．千里古锹寨［M］．长沙：湖南人民出版社，2017：279.

务要赴芦笙场歌舞，力求后代辈份效仿。庶几不失前辈之礼，不废民族习俗，都得欢庆……

一、各村各寨轮流执首，凡逢坐东。邀约、接客、纳财、斋茶供豚，一切费用各负其责。

二、各执首在筹不齐费用年景，应向各户募捐一定数额的户头款，竭尽全力，办好芦笙场的各种事务。

三、各执首应派上相应的卫首，对当天的事务严加警戒，以防弊端。

四、与时俱进地更新芦笙队的笙韵舞姿，使之情操浪漫，节奏和谐，芦声洪亮。

五、芦笙场乃我民族欢庆重地，凡内外客商，笙场市贸，公平交易。

六、笙男舞女服装金银乃贵重之物，无论来宾观众，务要存心正道，不得姿行戏豫，违者当场揪罚，赔偿损失，执守尊严。

七、上层暨来宾的赞赏钱币，一定要为芦笙场建实用，任何组织和个人不准贪污私分，违者必究……

公元贰千零叁年广圣节中元日锹里众村立[①]

从不同时期的三个碑文材料可以看出，自古至今，锹里地区各村寨对芦笙歌舞习俗都十分重视，制定款约规范芦笙节、芦笙场的各项活动。从碑文的落款“牛筋岭众等立”或“锹里众村立”可以看出，芦笙活动并不是几个家庭或一个家族的事情，而是不同村寨间的联盟活动。这样的民间习俗一直延续至今，反映出其背后有一套规范的地方性制度作为支撑，并得到国家的许可。长期以来，芦笙歌舞活动是人们情感的一种寄托和表达，体现了人们对美好生活的向往，这种独具特色的文化形式，也是特定

① 此碑位于牛筋岭款场，笔者于2019年1月23日抄录此碑文。

地域下文化的体现。

（五）地方性知识的呈现

碑文中记载的内容，除了上述分析之外，也有地方性知识的呈现。“其茶山核桃，修补需人力”中，“修补”是指人力的辛勤劳作，对树木进行修枝打理。这里主要是指对油茶树、核桃树的日常管护，每年要对过密枝、病虫枝进行修剪，以保证油茶树、核桃树顺利结实。这说明油茶和核桃两种油料作物需要投入人力去不断管护才可以有所收获。现实中一些观点认为，种油茶树、核桃树之后就不需要管理了，任其自然生长，每年坐等收获即可，其实是一种误解。

在对核桃树的管护上，民间有一种做法是“放浆”。具体做法是，冬季，在核桃树的树蔸部砍一些刀口，刀口不能太深，以割破表皮为宜，到了春天刀口处就会流浆。每三年放一次浆。放浆之后，核桃树不会疯长，病虫害减少，结实量增加。这有一定的科学道理。任何一种植物都有自我保护的方式：含羞草在外界的刺激下，叶子会合拢；板栗的果实外围被刺包裹着，以防止被动物吃掉；夹竹桃树含有强心苷毒素，可杀死咬食它们的昆虫；等等。这些植物通过落叶、散发特殊气味、分泌毒素、果实带刺、缩短成熟期等不同方式进行自我保护，以增强生存竞争能力，扩大自己的物种群落。留下种子是植物最有力的保护方式。在人为的作用下，对核桃树进行砍口放浆，受外在因素的刺激，核桃树会提前结果或者尽可能多结果实。现在一些薄皮核桃，就是利用这种人工干预方法进行管护的结果。

总的来讲，这则碑文揭示出锹里地区人们的生计方式以游耕为主，田间所产粮食不能满足人们的口粮之需，就需要依赖杂粮或经济作物作为必要的补充。正是因为这些油料作物在人们的生活中发挥着重要作用，在外人肆意抢掳的情况下，国家公布法规，让地方人知晓，并赋予地方团绅、款首自治权力。国家在场的力量与地方团绅力量相互配合，共同治理地方问题，维护地方社会秩序。地方秩序的稳定，对农林复合系统的维护起到重要作用。

下面一则碑文很好地阐释了款约在维护农林复合系统方面所起的作用：

必偃草风

盖闻为因合境振禁，严究盗贼安良，例严户口保甲，面生不得引藏。倘有一家不正，九家不得安康。若有不法爱利，臭名万代难当。就言塘保胜才远道，本境砍木为商，血本散于山内，黄金夜不收藏。业邻滥泥冲寨，偷木杨姓正祥，该因药罐盈满，做贼起家不长，恰遇三人拿获，贼赃两实申扬，地方请中评论，恳恳赦罪下场。出钱七千九百，回心改过忠良。如有二天再犯，任从捆送法堂。自干当堂领罪，族人不得短长。士农工商正路，莫学做贼正祥。总要勤耕苦读，自有发达增光。外有诸条禁律，碑小不得多扬。自当各守本分，款规律令难当。叔侄忠心告诫，首人传训团方。众等同遵禁令，勒石堪碑远扬。为序。

理讲中生员　杨再兴　杨廷刚

峒长　潘远炽　易元富

地方　孙远灿　吴光灿　谢志满　潘志林

为商失木人　杨胜财　潘远道

拿获人　刘文合　杨永茂　杨胜祥

皇上　光绪三十三年三月二十五日立[①]

该碑有309字，立于光绪三十三年（1907年），同上文《万世永赖》碑所立时间相近，位于靖州九炉冲界头，现收藏于塘保一村民屋中。碑文中提到两个峒长即潘远炽、易元富，根据《靖州乡土志》记载，潘远炽为塘保寨峒长，易元富为滥泥冲寨（今新街）峒长。塘保寨木商杨胜才、潘

① 笔者于2022年1月3日将碑文内容做成拓片，碑文内容根据拓片整理而得。碑材质为青石质，高61厘米，宽42厘米，厚4厘米。

远道因滥泥冲寨杨正祥偷盗木头被当场抓获，而请两寨峒长出面立碑，以此对偷盗木材行为做出裁决。侗族的款约制度规定，有偷砍林木的，不管是谁，当场抓住，然后由寨长或款首召集村民商议，按照规约或款组织的款约加以处理。分析碑文背景可知，当时实行的是保甲户籍管理制度，10 户为一甲，10 甲为一保，设甲长和保长。保甲制度使官府可以通过对保甲人员的监督、督查，达到对社会基层人员有效管理的目的。如果一家有偷窃人员，被发现后其他九家都要负连带责任，各户共同担保、共同承担责任。碑文记载，对于偷盗木材的盗贼，人赃俱获，先由地方团绅处理，进行罚款，若再犯则送官府处置。即使是有血缘关系的族人也不得庇护盗贼，需要遵照地方制度严格执行。“倘有一家不正，九家不得安康。”这句话说明在保甲制度下对农林复合系统的维护，也是对社会治安的维护，家族间负有共同责任。这体现出在农林复合系统的制度保障上，家族、地方团绅、地方制度在其中所发挥的重要作用，地方团绅的力量得到官府的认可。

乡规民约是由乡村内部群众集体制定，进行自我约束与管理，并自觉履行的一种民间公约，在小范围内具有较强实用性。在农林复合系统的管护上，除了技术保障因素外，一系列社会规范、乡规民约等制度保障措施制约着人们的行为，在这些民间制度的保障下，人们形成一种养林护林的信仰和理念。地笋苗寨村委会 2010 年制定的《寨规民约》中有这样的规定：

> 自觉防火防盗，失火者轻则罚鸣锣一年，造成重大火灾事故者，罚猪肉、米酒、稻谷各二百四十斤，并承担法律责任。盗窃者罚猪肉、米酒、稻谷各一百二十斤。
>
> 自觉保护生态环境，禁止电鱼、药鱼、炸鱼，团寨周围禁止乱砍树木违者罚猪肉、米酒、稻谷各六十斤。[1]

---

① 根据 2017 年 8 月在地笋苗寨的调研资料整理而得，笔者于 2017 年 8 月 2 日拍摄于地笋苗寨鼓楼下。

从《寨规民约》可看出当地村民对防火防盗的重视，违者除罚猪肉、米酒、稻谷等生活资料外，还需承担法律责任。这些惩罚的目的是保护村寨及森林资源免遭破坏。

通过以上资料分析，在特定区域内款组织、地方团绅等地方治理主体的作用下，以民间制度、习惯法、文化习俗等为载体，地方组织发挥约束作用，体现了在特定“文化圈”内地方组织在乡村社会权力文化网络中的作用。款约及乡规民约不仅是地方制度的呈现，某种层面上也是国家力量的一种延伸。

## 三　国家制度的保障

在社会经济活动中，制度是最基本的要素之一，没有制度的约束与保障，良好的经济秩序难以维持，继而会影响到人们的生活及社会的稳定。农林复合系统作为一个有机的整体，在资源配置方面，需要协调各方面、各阶层之间的关系，此时，国家在场的力量尤为重要。国家制度结合地方法规，协调处理各种关系，在国家权力下对地方秩序加以维护。以下内容仍以上文提到过的《万世永赖》碑刻资料为例进行分析。

碑文中提到：“因有不法匪徒，屡来结党成群，约束男妇数十数百，越境入一方之山，白日横抢，一掳尽空。待业主往山收捡，颗粒无存，仰天号泣，忧气而归。”这段话的大意是，长期以来一些不法匪徒结党成群，集结数十数百人，裹挟其他人跨过地界，到别人的地界里明目张胆地抢核桃、茶籽。被抢了核桃、茶籽的业主受尽委屈无处申诉，只能自己哭泣，垂头丧气地回家。仔细分析其背后隐含的事实，在当时的历史背景下，国家对林地的管控处于混乱状态，林地没有被纳入国家管控范围，种树的山地没有被列入国家的登记和保护范围，国家登记在册的是固定农耕文化下的田地。当地居民想当然地认为，清代田土早已被纳入国家赋税而进行清丈，朝廷也是按田地的亩数进行征税，山林没有被纳入常态化的管理，大部分山林处于一种国家“失控”状态，山林的茶籽、核桃是野生的，既然是野生的那么就可以随便捡摘。正是在这样的制度背景下，明清时期开发山林过程中出现大量林地契约，以契约方式形成林业产权的经营秩序。林契大多是白契[①]，开发的山林有了契约的认证，在地方层面上被认为是私有财产。从国家角度而言，茶山不在国家管控范围，国家税赋没有登记，匪徒来抢若要报官的话，官府没有证据，就不能依法办事，属于法外抢劫，法内是无法治理的。但是山地民族地区的人们认为，林地是他们的私有财产，抢山上的核桃、茶籽就等于侵犯私有财产。有了这样的认识之后，当外人抢摘核桃、茶籽时，就要告官请求官府的保护。当时国家的政策是按农耕文化来执行，游耕文化下的林地没有登记在案，官府想审查也没有依据，因此即使报官，官府也没有办法审核。其原因在于不同文化主体对捡茶行为理解上的偏差，一些人认为捡摘茶籽合情合理，而另一些人却认为是侵犯了别人的私有财产。仔细分析之后发现，这其实是因为两种异质文化对同一事情的认知不同，其中涉及人们的观念习俗以及农耕文化与游耕文化的差异。

另一种文化差异体现在少数民族的习惯法中。碑文中提到“此虽该地风气使然。但经业主自行摘过仅拾所遗，情尚可恕”，说明在当地民族地区有这样一种习惯法，即在寒露之后，可以到山上捡拾主人家不要的油茶籽，称为“捞山”。捞就是捡别人剩下的东西，质量不太好的，对穷苦人家来说，捡回去可以物尽其用。如果在寒露之前到山上去捡茶籽，就是偷的行为。在少数民族内部，大家都自觉遵守这个习惯法，但是总有一些人破坏这个规则，勾结外人随意捞茶，于是就有碑中对于此类行为严格制止的条例规定。这种“捞山”的做法，主要目的是照顾一些弱势群体，允许别人捞茶，在自己有所得的同时，也让别人有所得。即使在现在收谷的

① 白契，文据名，是指旧时土地、房屋、林地等买卖、典当、租赁的契约，未向官府交税且未经官府盖印之文契，称为白契；盖印之文契，称为红契。白契由当事人和见证人在契约上签字画押，在当事人双方互相认同下才生效，但如发生纠纷，则无法律效力。

时候，仍有乡民在地边留下几株不割完，留给山上的小动物吃。在田野调查中，乡民经常提及这样的事情。

碑文中三次提到严禁捞茶，充分说明油茶在人们日常生活中的重要性。碑文“全赖高底油子，上下以供国课俯仰之资……锹里地方山多田少，谷米所入不敷食用，全赖桐茶为接济之需”中，“高底”的“底”为“低”的通假字，体现出了九寨之地的地貌特征；“油子”就是指油茶籽，“高底油子”实际反映出在九寨之地的高山峡谷之间多种植油茶树；“国课”及“全赖桐茶为接济之需”可理解为上供国课，下养活百姓，意思是指种油茶树获得茶籽的收入，一方面要缴纳国家的赋税，满足国家税收的要求，另一方面要养家糊口，负责家庭日常开支的需要，对国家、对家庭都是不可或缺的一部分。另有当地的习惯法，业主在捡拾完所属山地的茶籽之后，如尚有剩余，允许他人入山捡拾。在苗族人的观念里，林地是私有财产。但是这样的林地官府是没有底案的。若从国家角度而言，油茶、核桃产业是没有主人的，被划为无主的范畴。因而，业主在法律上是没有根据的。但是在民族地区，有了林契的保障及习惯法的约束，即使油茶在人们生活中有如此重要的地位，居民也遵守习惯法的规定，不随意捡摘他人茶籽。碑文中三任官员三番五次下令严禁捞茶，其所约束的对象是“客民”而非苗民，由此反映出国家权力对当地习惯法的认可。从“光绪廿七年十月初七 / 廿八年十月廿九日　黄、何禁示雷同”“光绪三十三年九月廿四日晓谕”落款可以看出，不同官员连续三次发布严禁捞茶的公告，但依然有私自捡摘茶籽的行为，说明认知差异是一个长时段的、复杂的历史过程，非短时期可以解决和处理。

根据以上分析，因茶山、核桃山没有纳入国家管控范围，国家没有法律依据约束盗匪，当出现矛盾时，就需要国家力量进行干预。为维护山地居民的利益，国家公布法律，打击捞茶的行为，如“照盗贼例格杀无论”这样的规定，同时给予地方团绅自治权力，以维护地方社会秩序。矛盾的出现，是两个不同主体对捞茶行为的理解出现偏差而导致的，要解决矛盾，就需要第三方力量的介入，这在碑文中也有所体现。“近闻有等居民，邀约男妇数十人，终日上山捞茶，此虽该地风气使然，但经业主自行摘过仅拾所遗，情尚可恕。”这段话有三部分，关涉三个不同的主体：客人（不法匪徒）、当地苗侗人、官府。第一部分中的“居民”是指纠结男妇上山随意捡茶籽的人，这是从“客人”的角度而言的；第二部分“此虽该地风气使然”的意思是指按苗族、侗族的习惯法，此区域内的茶籽、核桃业主捡过之后允许其他人捡拾，这是从当地苗侗人的角度而言的；第三部分“但经业主自行摘过仅拾所遗，情尚可恕”是从官府立场而言的。“客人”的理解是茶山属于野生范畴之内，可以随便捡茶籽、核桃；当地苗侗人的理解是茶山是私有的，但是业主捡过之后允许他人捡拾。“客人”和当地苗侗人是两个不同的文化主体，在不同的文化背景下对随意捡摘茶籽的行为理解不同。国家在场的情况下，为维护山地居民的利益，国家公布法律，打击肆意“捞茶”的行为，给予地方团绅自治权力，以维护地方社会秩序。官府在调解不同文化主体间的矛盾时，根据苗族、侗族的习惯法裁决，对少数民族的地方性制度持认可的态度。如果有人无视当地的习惯法，官府则会参照国法制定地方条例约束盗贼的行为，如“自示之后如有盗贼鼠扰，许该苗民等约□（绅）团捕拿送案究治。如不服捕拿，照例格杀无论；如能将著名□匪格杀□报案，立予重赏；如有重利盘剥，许苗民指名控究，按例惩办”。这段话体现出官府授予地方团绅依法办案的权力。在两次颁布法令之后仍再犯之人，允许苗人或地方团绅捕拿送官，如果不服从捕拿，可以当场杀死，并不追究责任，这样的做法是被官府认可的，而且认定当事人无罪。如果能将已经在册的匪徒杀死并报案，官府会给予一定的奖赏。“即照盗贼例格杀无论……”进一步体现出，对强捡茶籽、核桃的处罚，根据大清律例，按照盗贼定罪可以处死。从国家立场来说，参照国法给予地方自治权力，相当于是对弱势群体的一种保护和优惠政策，是地方性法规的一种体现，也体现出国家对地方民族文化的重视。

据以上分析，油茶、核桃在人们的生活中占据重要地位，为约束肆意盗捡茶子的行为，州府官员出面，制定相关条例。碑文中提到的计开条例共五条，经查得知，这五条法规均是参照《钦定大清会典事例》而制定的。

> 一 内地民人概不许与土司等交往借债，如有违犯，将放债之民人照偷越番禁例，加等问拟。其借债之土苗即与同罪。[①]
>
> 一 放债之徒，用短票扣折、违例巧取重利者，严拿治罪，其银照例入官。受害之人许其自首免罪，并免追息。[②]
>
> 一 内地汉奸[③]潜入粤东黎境放债盘剥者，无论多寡，即照私通土苗例，除实犯死罪外，俱问发边远充军，所放之债不必追偿。[④]
>
> 一 窃盗临时盗所拒捕及虽未得财而未离盗所逞凶拒捕，或虽离盗所而临时护赃格斗杀人者，不论所杀系事主邻佑，将为首者拟斩立决。[⑤]
>
> 一 凡夜无故入人家内者，杖八十。主家登时杀死者，毋论。其已就拘执而擅杀伤者，减斗杀伤罪二等。至死者，杖一百、徒三年。[⑥]

以上诸条是国家法规，而事实上，碑文中还涉及地方性自治条例。从碑背面“计开同事首士人”提到的相关团寨及各团寨的款首、峒长、寨长、保长等可以看出，参与款约制定的是各合款单位的头人及代表。地方款组织参照国家法律制定款约条例。由此可以看出，到清朝末年，民间的习惯

---

① 钦定大清会典事例卷七百六十四刑部 · 户律钱债 · 违禁取利“〇一条”，谨按此条乾隆四十六年定．检索来源：汉籍全文检索系统“史部”．

② 钦定大清会典事例卷七百六十四刑部 · 户律钱债 · 违禁取利“〇一条”，谨按此条乾隆二十三年定．检索来源：汉籍全文检索系统“史部”．

③ 汉人潜入苗峒者，谓之汉奸。(清)陆次云．峒溪纤志：中卷［M］．北京：商务印书馆，1939：22.

④ 钦定大清会典事例卷七百六十四刑部 · 户律钱债 · 违禁取利“〇一条”，谨按此条嘉庆九年定．检索来源：汉籍全文检索系统“史部”．

⑤ 钦定大清会典事例卷七百八十四刑部 · 刑律盗贼 · 强盗二，谨按此条嘉庆十年定．检索来源：汉籍全文检索系统“史部”．

⑥ 钦定大清会典事例卷七百九十八刑部 · 刑律贼盗 · 夜无故入人家条例．检索来源：汉籍全文检索系统“史部”．

法逐渐衰弱，转而依靠国家法律来处理社会上的各种事务。但并不是完全依照国家法规处理，而是在尊重民间习惯法的前提下，参照国家法规管理地方事务。光绪三十三年初，朝廷颁发圣旨，推行地方自治，把地方民众的政治参与推向新的阶段。在这样的大背景下，国家制度与民间习惯法结合，体现出国家政权的力量正向偏远地区慢慢渗透，也体现了国家制度保障下的地方自治权力。

下面一则碑文提及木材贸易兴起后不同文化之间的融合与冲突，以及由此引发的社会问题。处理社会问题，需要国家在场力量的化解与应对。

这块碑名为《万古流传》，笔者历经三年时间跑了三次才最终获得碑文，颇费周折。2017 年 7 月 24 在导师的带领下，到靖州的万寿宫试图找到这块碑文，无奈大门紧锁，无果而返，但是心里一直记着。2017 年 10 月 2 日，带朋友到地笋苗寨游玩，经过靖州县城，决定来碰下运气，同样无果而返。2019 年 7 月 21 日到靖州调研，抱着一定要找到这块碑文的心态而来。车停在 200 米远的地方，步行前来。结果还是大门紧闭，问了旁边几位打牌的老人，说县文化局的人有钥匙。于是通过熟人联系到文物局和博物馆的人，第二天早上一起到万寿宫，打开了万寿宫的门，终于见到了这块碑的真面目。碑文如下：

万古流传

赏戴花翎、大计卓异、在任候补府特授湖南靖州直隶州正堂、加十级纪录十次　沈

为出示晓谕事，光绪二十九年案，据职生王佐廷、张绍裘、陈吉盛、刘鸣章、何大兴、履泰成、谢森和、张元顺、源聚福、陈明达、匡佩斋、关基业等禀称：为毁碑勒碑，公恳存案事录职等贸易靖、通，砍伐青山，收买平水数百余年矣，因前奸商向大顺等私立六帮，明目指江西向无砍伐收买之例，创自通道，勾合靖州辰衡保长贵各商，朦禀前州潘，乘交卸在即，未暇细查，批准移通，职等

当以捏章垄断等情，禀前通道县主周　蒙批：照常交易，无论平水青山悉听砍买自便。并准勒石以垂久远，抄粘呈电。讵周去任，奸商等盗去石碑，未知摧毁何所贱帮刘鸣章、王豫廷等砍伐木植到州，竟被通道滥矜张经术在靖开栈，本息吞骪，及控仁宪，案下收押追缴，依然昂拒不缴。较私议条规，砍断烧毁为尤甚。似此毁县碑，藐官法，私立禁约，朘吞商本，虎视鲸吞，莫敢撄锋，是以公恳台前俯赐察核实，准靖、通勒碑，批示存案，商民沾恩。上禀批词汇予本案并着刊泐碑石以垂久远。抄粘附：

照得江西木客　相率背井离乡　来此贸易已久　各有田地山场　蓄禁桐杉杂木

砍伐自应如常　近有奸商射利　希图垄断逞强　捏称外帮夺埠　联名朦禀公堂

此风创自通道　渐及靖州地方　前经木商具禀　批准泐石照章　讵料奸商狡诈

竟将碑石毁藏　迭次具禀请示　节令贸木投行　须知大开海禁　中外广设招商

通商阜财足用　边境尤宜扩张　况乃谊属比邻　曷可昼土分疆　特先剀示晓谕

泐石永遵毋忘　倘敢仍前把持　决非安分善良　一经访拿到案　按例严惩具详

本州法随言出　切勿以身试尝

右仰通知

大清光绪二十有九年岁次癸卯月之小阳实贴晓谕豫章　公立[①]

该碑位于靖州县城万寿宫内。重修万寿宫碑文记载：“万寿宫，初名

① 碑文是笔者于2019年7月22日在万寿宫内抄录。该碑目前位于靖州县城万寿宫内，碑高197厘米，宽101厘米，厚8厘米。笔者于2021年12月4日将碑文内容做成拓片。

宋公祠，原为明代纪念宋以方所建。宋以方，靖州河街人，明弘治十八年进士，正德十四年任江西瑞州知府，因被叛贼所执，不屈而死。嘉靖三十一年奉诏建祠宋氏宅左，以褒忠义。至清乾隆初，其子孙式微，将祠售与江西商人为会址，更名江西会馆，后易名为万寿宫，取皇上万寿之意。该宫自建造至今，历时四百四十七年，虽经七次大火，仍安然无恙。”[①] 根据万寿宫碑文的记载，嘉靖三十一年（1552 年）修建万寿宫，于乾隆初年售与江西木商，说明至少在乾隆前就有外来木商在靖州地区经营木材贸易。

碑文记载，“照得江西木客　相率背井离乡　来此贸易已久　各有田地山场　蓄禁桐杉杂木　砍伐自应如常”。这说明江西木商不仅经营木材贸易，取得了木材贸易流通的经营权，而且和当地居民一样，从事山场经营活动，蓄禁杉木、油桐树、杂木等。为规范木材贸易市场，这一经营行为是被国家认可的，江西木商下设的“木帮”也受国家保护。但是碑文中提到“奸商向大顺等私立六帮，明目指江西向无砍伐收买之例”，可推测在经济利益的驱动下，为获得木材收益，一些奸商扰乱市场秩序，私立帮派，从中谋取利益。在这样的背景下，受国家保护的木商通过国家在场的力量，规范木材贸易市场行为。

在经济因素的影响下，不同民族文化的交融是可能的。从乾隆初到光绪二十九年，160 多年的时间，一直有江西木商在靖州区域内活动，外来文化与本地文化在木材贸易的推动下会发生相应的融合与变迁。外来文化需要和本地文化交融，本地文化受外来文化的影响，也会发生相应的变迁。外来商人在本地从事山场经营活动，需要取得山场的经营权和使用权，有了经营权和使用权，才能和当地居民一样从事生产活动。林业的生产活动不同于农业生产，需要多年的经营与管理才能获得收益，在较长的生产生活活动中，外来者的饮食结构、习俗信仰等文化因素需要

① 重修万寿宫碑文材料，该碑于 1999 年 5 月由靖州县政府立，笔者于 2019 年 7 月 22 日在万寿宫内抄录。

和本地居民一样，这样才有可能被本地人接纳，否则就有可能被排斥。

以经济为驱动的木材贸易，在各自的利益需求下，不同的利益主体联系在一起，也把不同的文化主体融合在一起，在文化的作用下推动木材贸易的发展。在特定区域内，两个利益主体既可能是同质文化，也可能是异质文化。为了共同的利益需求，当异文化与本地文化发生碰撞时，会诞生一种新的文化形式。如《黔记》载："种树木，与汉人通商往来，称曰'同年'。"[①] 这里的"同年"（也即"老庚"）就是随着木材贸易的发展而衍生的传统习俗，以适应社会发展的需要。随着"打同年"习俗的出现，苗族、侗族居民与汉族居民之间的交往加深、交流频繁。一方面，促进了民族间的团结，另一方面，也推动了民间与官方的往来。民族间的融合发展，又促进了民族经济的发展。

## 第三节　民间信仰下的农林复合系统

经过历史的发展，由特定文化建构起来的农林复合系统一直延续至今。无论哪个民族，在人们的思想意识深处都有对物的崇拜与信仰，该复合系统是多物种的复合体系，围绕该复合系统产生了类型多样的信仰活动，它们都是人们的一种生活信念与精神寄托。构成文化的要素是多元的，对于农林复合系统而言，既有技术层面的要素，也有民间信仰的要素。民间信仰中人与自然之间的伦理关怀、对植物的崇拜以及对各自然物的崇拜等，在农林复合系统中都发挥着重要的功能。

### 一　伦理观念下的农林复合系统

农林复合系统得以构建与发展，最根本的要素是大地，离开了大地的滋养，即使有文化也难以建立起来。由此观之，首先要有一种对大地尊

① 李宗昉．黔记：卷三［M］// 罗书勤等点校．黔书；续黔书；黔记；黔语．贵阳：贵州人民出版社，1992：299.

重的心理，这里可以引入利奥波德的大地伦理观。大地伦理观揭示的是万物是相互关联的一个整体与有机系统。

从哲学层面讲，利奥波德的大地伦理是生态整体主义伦理观，“扩大了共同体的界限，它包括土壤、水、植物和动物，或者把它们概括起来：土地。土地伦理就是要把人类在共同体中以征服者的面目出现的角色，变成这个共同体中平等的一员和公民。它暗含着对每个成员的尊重，也包括对这个共同体的尊敬”。[①]大地伦理的核心要义是把生命体和非生命体有机统一起来，组成一个共同体，这个共同体“包括人、土壤、水、气候、动植物以及非生命体（或潜在生命形式）在内的彼此内在相关的整体。这个共同体中的每个要素都不是彼此分置的，而是相互作用、相互影响、相互过渡、相互生成的关系；在自然生态系统中，每个要素的内在价值、要素间的工具价值以及要素与系统之间的系统价值相互渗透，构成了差异统一的价值系统”。[②]人与自然之间的伦理关系不仅仅局限在人与动植物这些生命体上，还扩大到土壤、水等非生命体。在农林复合系统中，土壤的酸碱度、微生物的含量、水质的好坏都影响着林木的生长。因为“土地并不仅仅是土壤，它是能量流过一个由土壤、植物以及动物所组成的环路的源泉。食物链是一个使能量向上层运动的活的通道，死亡和衰败则使它又回到土壤。这个环路不是封闭的，某些能量消散在衰败之中，某些能量靠从空中吸收而得到增补，某些则贮存在土壤、泥炭，以及年代久远的森林之中。这是一个持续不断的环路，就像一个慢慢增长的旋转着的生命储备处”。[③]土壤是林木生长的根基，有肥沃的土壤、优质的水源，林木才能良好生长。土壤、水中矿物质、微生物的含量决定和影响着动植物的价值。因为，在生物链条中，无论多么高端的生命体都离不开低端的生命体为其提供生存和生活条件。在生态系统层面，农林复合系统是“从生物

① 〔美〕奥尔多·利奥波德. 沙乡年鉴［M］. 侯文蕙，译. 北京：商务印书馆，2016：231.

② 周红果. 大地伦理的内涵及其当代意义［J］. 许昌学院学报，2011（1）：119-122.

③ 〔美〕奥尔多·利奥波德. 沙乡年鉴［M］. 侯文蕙，译. 北京：商务印书馆，2016：243.

圈中划分出来的一部分，其中包含了相互作用，从而使有生命的组成部分之间以及有生命的组成部分与无生命的物质之间产生系统性物质交换的生命有机体与无生命物质”。[①]系统中各要素相互影响、相互制约，又是一个紧密联系的整体。尊重整体，才能实现复合种养系统价值的最大化。

现实生活中，尊重人与自然的伦理行为经常可见。捕河里的鱼虾时，不会涸泽而渔。在山上砍柴时，不砍“母树”，这些“母树”被认为是延续后代的树木，一旦砍下来，后续的柴薪就会不足。这就是对树尊重的一种伦理信念。锹里地区有新年进山砍柴的习俗，把从山上砍下来的柴薪背回家，意味着家财兴旺，取“进柴”与“进财”的谐音，虽是一种习俗，也反映了对树木的尊重。笔者曾于2019年7月25日在靖州藕团乡三桥村调研，在当地人的陪同下考察镡城城墙遗址。在山上偶遇一截细木，光滑结实，向导说此木性能良好，加之有点像拐杖，笔者于是捡起带回来。几天后到地笋苗寨调研，请当地的一位木匠加工处理，至今还存放在家里。捡起细木的时候向导说了一句话：“你还挺讲究的。”或许这样的讲究也是一种尊重。尊重不仅仅体现在对生命体的尊重上，也体现在对非生命体的尊重上。正如韩国学者全京秀在《环境　人类　亲和》一书中阐述人与森林的关系时指出，森林生态系统包含土壤及母体组成的岩石圈，提供生命源泉的湖泊、河流及地下水等组成的水文圈，提供所有生命呼吸的大气圈，草木、动物、昆虫及微生物等共同构成的生物圈，人类只是生物圈内的一个物种。[②]人是自然中的一员，自然属性与社会属性并存，做到对整个生态系统的尊重，也是尊重人类自身。

## 二　万物有灵下的农林复合系统

在原始“万物有灵论”宗教信仰的影响下，产生了诸多与农林复合

① 〔美〕罗伊·A. 拉帕波特. 献给祖先的猪：新几内亚人生态中的仪式（第2版）[M]. 赵玉燕，译. 北京：商务印书馆，2016：220.

② 〔韩〕全京秀. 环境　人类　亲和[M]. 崔海洋，译. 贵阳：贵州人民出版社，2007：76.

系统相关的民间信仰。由于该复合系统是多物种的复合体系，围绕该复合系统产生了多种信仰类型。民间信仰包括祭树神、祭山神、祭土地神、祭石头、祭水神、祭井等多种形式，既有对自然的崇拜，又有对鬼神的敬畏，多样性的民间信仰与农林复合系统有着千丝万缕的联系。

（一）植物崇拜下的农林复合系统

祭树神在苗族、侗族地区是很重要的民间信仰形式。每个寨子的寨门口几乎都保存有古树，有枫香树、红豆杉、杉树等，一些树木自建寨时一直保留至今，成为守护寨子的“树神”。苗族有对枫香树崇拜的习俗，寨子周边或山上的枫香树一律不准砍伐，至今仍能看到把枫木视作图腾加以崇拜的信仰。苗族人认为他们的生命是由枫香树心的“蝴蝶妈妈”给予的，“树木被看成祖先，理解为生命的源泉，或权力的象征，或者被划定为神灵居住的圣地”。[①] 枫香树是守寨保平安的象征。在村寨周围种植枫香树，意在保佑村寨平安；在桥头种植枫香树，意在保佑过桥平安；在田间地头种植枫香树，意在期望五谷丰登。如有家人久病不愈，也会给枫香树烧香、叩头、挂红，祈求驱走病魔、消除病痛。枫香树即使在山上自然死亡也不会被随意砍伐。地笋苗寨的寨子里有两个枫香树树干，直径各将近 1 米，制成圆形木墩，分别置放在寨子里的两个凉亭里面，供人们休息使用。据村民讲，这些枫香树因生长年代久远，在山上自然死掉，从山上被大雨冲下来，村民发现后将枫香木抬到村寨里面，加工成木墩放置在寨子里。因长期搁置在外，台面已被虫蛀，出现很多空洞，村民在空洞里面填充水泥，修缮后继续使用，从这些细节可以看出苗族人对枫香树的崇拜。

对杉树的保护与崇拜也是民间信仰的一种形式。锦屏县岑梧村的寨子外有一株生长 200 多年的杉树，围径 4.2 米，部分树皮已经腐烂掉，因所处地势较高，经过多次雷劈，树顶已被削掉，枝干下垂，树干部分中空。[②]

① ［韩］全京秀．环境　人类　亲和［M］．崔海洋，译．贵阳：贵州人民出版社，2007：78.

② 笔者于 2019 年 8 月 15 日到岑梧村调研，实地测量杉树的围径，近距离观察此杉树的形态，该杉树位于村寨对面的一处高地上。

经历200多年的风雨洗礼，这株杉树虽然已经失去生机、濒临死亡，但是村民并没有去砍伐。村民认为这株杉树是建寨时种下的，是村寨的守护神，只要存在一天，就会保佑村寨的安宁。

2019年7月25日，笔者在靖州藕团乡三桥村调研的时候，进入一片国防公益林，林区内有三株杉树，当地村民称其为“杉树王”。公益林区海拔538~547米，最大的一棵杉树围径2.46米，其次是2.28米和1.86米，测量高度都是距地面1米。[①] 这样的杉树在村民的思想意识里是“神树”的象征，任何人不能动砍伐“杉树王”的念头，否则就会生病。他们相信有神灵居住在树里面。或许正如《金枝》中所描述的那样，人们“相信树有灵魂，连一根树枝也不肯折断。据说有些山毛榉树、橡树及其他大树有神灵寄居，如果有人砍伐就会当场丧命或终生病弱”。[②] 当地关于“杉树王”有一首歌谣：“三蔸古杉一样高，牵住后山龙脉朝，并排栽在风水坳，三桥昌盛世代好。”对杉树寄予神性体现了人们对杉树的崇拜，反映了杉树在当地居民心中的地位，也肯定了杉树的价值所在。

采伐树木的时候也有敬树神的民间信仰，特别是做木材生意的，非常在意对树神的敬重。靖州乡土学者LXZ原来就是做木材生意的，他举了敬山神的例子：

> 如果选好一片杉树林采伐，则需事先买好香和纸，到待采伐的林地焚烧，求得树神的保佑。有时候也会写一篇书文，书文的大意就是需要用钱，现在山主把你（指杉树）砍伐卖了，求得树神的谅解。如果砍伐的树木有树神居住，就要提醒树神腾一个地方，另外找一棵树居住，以免伤到树神。[③]

---

① 笔者2019年7月25日在靖州藕团乡三桥村的调研材料。

② 〔英〕J.G. 弗雷泽 . 金枝：上册［M］. 汪培基等，译 . 北京：商务印书馆，2017：193.

③ 笔者2019年5月1日的访谈资料。访谈对象LXZ，男，苗族，1963年生，大专文化，原是一位木商；访谈地点LXZ家。

把树作为一种神灵的象征，对树神敬重，祈求树神的庇佑，做木材生意的人尤其信这些。LXZ 后来提到，他非常敬重树神，每次伐木前都要敬，后来砍树很顺利，没有出现安全问题，也祈求获得多的收益，有时一棵树可以赚 1000 元。现在上山采伐树木，依然有烧香拜树的习俗。无论是日常生活的需要，还是经济上的需要，敬重树神的民间信仰在人们的生活中扮演着重要角色。

也有的为了祈求孩子健康成长，而对神树加以崇拜。笔者 2020 年 5 月 2 日在三锹乡菜地村万财寨调研，村寨后山有三棵树龄超过 300 年的青枫树，在村民的请求下，已被政府保护起来。树上有村民张贴的红纸，写着“潘 ×× 寄拜千年古树　长命富贵”字样（图片见附录 A），祈求神树保佑孩子健康成长。有的甚至写上字据张贴在神树上，将孩子“过继”给神树接养，称为“接关”或“认干亲”。靖州飞山庙曾有这样的“接关”字据：

接关

立关接字人刘忠新，经夫妻双方商议，自愿将独生子刘真，过继与神树为儿。祝愿过继之后，长命富贵，易养成人，关煞消除，茁壮成长。

立过继字据人：刘忠新　梁楚云

公元二〇〇五年农历六月六日立字[①]

对树的崇拜一般属于家庭或个人行为，常见的是幼儿拜神树为“爷爷”或者“义父”，主要是那些经常生病的幼儿，父母会带着孩子请祭祀师查明原因，祭祀师根据幼儿的生辰八字等资料决定是否去祭拜神树。祭

① 陈幸良，邓敏文 . 中国侗族生态文化研究［M］. 北京：中国林业出版社，2013：75.

拜神树一般不请祭祀师参加，多由父母带着孩子及相关祭品，如纸钱、香、酒等到树下祭拜。农历每月初一、十五或其他重大节日，家长也带孩子去祭拜，直到孩子长大成人。

随着农耕文化的发展，植物崇拜除了对树神的崇拜外，还有对稻谷、小米、麦等作物的崇拜，其在民族地区也有着不可忽视的地位。人们相信谷有谷魂，在插秧季节，插秧第一天在田边供饭祈祷，先插几撮秧，然后用剩余秧苗擦洗手脚，以防把谷魂带走。秋收时节，举行祭祀仪式请谷魂回家护仓，并带几穗稻谷悬挂在梁上，祈求来年丰收。在一些传统节日习俗如祭树节、尝新节中，祭祀用品有稻谷、小米等谷物，这些谷物成为崇拜的对象。

除了对植物的崇拜外，对自然物如山、石头、水的崇拜，在农林复合系统中也很常见。

（二）山神土地神崇拜下的农林复合系统

苗族、侗族村寨附近的一些山被奉为“神山”，意思是“神居住的地方”。神山上的动植物都是神的生灵，任何人都不得随意侵犯，否则就会触犯神灵。神山成为当地的风水地。几乎每一个村寨或者宗族都有风水林地，保佑村寨平安或宗族的兴旺发达。伐木时，有一系列祭祀山神的信仰活动。伐木工人早上出工，不准说不吉利的话，如“死”“鬼”“伤”等字，吃饭不泡汤，不敲打工具，不准抽烟，不乱打口哨，饭后不准将筷子架在碗上，进山时不能随便说玩笑话，等等，一系列的民间信仰与人们的行为关联起来，这些禁忌制约着人们的行为。对山神的敬畏存在于人们的内心深处。调研时 LXZ 讲述了这样一个故事：

我父亲有一次砍一棵 60 公分左右的松树，松树的周围都砍断了，但是树依然没有倒下来。后来想了想，可能碰到山神，触犯了山神，于是想办法解决。后来就脱下外套，划破中指，让血滴在衣服上，用衣服裹着斧头丢出去，树就往丢斧头的方向倒去。后来衣服都烂了，斧头把也断了。[①]

LXZ 后来总结，遇到这样的情况时，一定不要慌，也不要随便跑到一个地方，否则树就会往人跑的地方倒去，会伤及人的性命。

这种事情多发生在采伐合抱的大树时，一般树高 50 米甚至更高，树杈、主枝较为粗大，树冠辐射直径范围广。大树的根部已经被锯透但没有倒下，其原因在于大树树冠的垂直力过于平衡。发生这样的事情需具备三个条件：一是树比较大；二是树冠匀称，下垂力平衡；三是无风的天气。有经验的把头遇到此情况，就会嘱咐伐木工人不要随便乱动，否则就会发生危险，伤及人的性命。若要树倒下去，就要选择合适的方向，然后朝这个方向抛物，树就会往抛物的方向倒去。用科学原理解释，其实是物理气象学上的"蝴蝶效应"。抛物会产生微弱的气流，而微弱气流又会引起周围空气或其他系统产生相应的变化，最终导致系统发生极大的变化。抛衣服的目的是打破静止的空气平衡，所产生的微小的气流带出更大的风力，使大树的树冠失去平衡，朝抛物的方向倒去，这就是"抛物引风"的原理。碰到这样的情况，在人们只知道这种现象而不知其中原理的时候，其就会转化为一种民间信仰的力量，反映出人们对山神的敬畏之情，遇到不能用常理解决的问题时，就要请求神灵的相助。

人们认为山有山神，掌管着山里的飞禽走兽、森林草木，上山采伐树木的时候，吃饭时第一口要先祭山神，然后才能进食；上山打猎的时候，先敬土地神。如一些祭词中讲道："敬请土地诸神，狠扇红野猪的耳朵，使它变聋，不能钻山。狠拍黑野猪的眼睛，让它变瞎，停留原地。让我们一瞄就准，一射就中。"[②] 狩猎时，沿途给山神焚香化纸，祈求更多的收获。这就是人们常说的"诚心敬神，神必佑之"。

---

① 此材料由 LXZ 提供，根据 2019 年 5 月 1 日访谈资料整理而得。LXZ，男，苗族，1963 年生，大专文化；访谈地点 LXZ 家。

② 陈幸良，邓敏文．中国侗族生态文化研究［M］．北京：中国林业出版社，2013：78.

土地神崇拜源于先民的原始崇拜，先民觉得土生万物、地载万物。传说土地神为掌管土地的神仙，是民间信仰中知名度较高的神之一，每逢初一或者十五，人们都会祭拜土地神，以祈求地润万物、五谷丰登。苗族、侗族地区，每个村寨都立有寨门楼，里面有保佑村寨的“门楼土地”，有的还在自家门口立有保佑出入平安的“路边土地”“桥头土地”“井边土地”等，这些都是土地神的化身与象征。土地神作为地方的守护神，数量较多，很少有姓名，在民间的供奉是最普遍的。甚至在一些山林中修有小的“土地祠”，写着“保一方清泰，佑四季平安”字样，有村民去供奉，祈求平安。每个村寨里面也建有土地庙，但规模较小。举行盛大节日时，要供奉土地神，后来演变为一种重要的风俗，对土地神的崇拜成为民间信仰的力量。

（三）水神崇拜下的农林复合系统

至20世纪70年代初，木材砍伐运出山之后，通过水路扎排运输至销售地点。由于水运路线较长，水道环境复杂，浅滩、暗流随处可见，撞礁、打排、搁浅随时都可能发生，每次放运木排时，排工们特别小心谨慎。在此过程中，形成诸多的民间信仰。放排时要祭祀水神杨公，用雄鸡血压煞，念咒语；开排前，要焚香烧纸，祭祀河神；男人放排前，女人要早起准备饭菜，做饭过程中尽量不发出响声，不准小孩哭闹等；如有不好的兆头，如晚上做了不好的梦，就不开排；放排过程中，遇到杨公庙则要停排，烧上几炷香，请求神灵的保佑。男人下河放排，女人在家里要避免触发各种禁忌，并默默祈祷，祈求神灵保佑他们平安归来。对水神的敬畏与崇拜成为生活中的一部分，以一种信仰的力量规约着人们的行为，水神有灵的信念存在于人们的内心，外化到人们的实际行动中。

一般在村寨周围都有树木，用以涵养水源，保护水源是村寨人们的责任。村寨里面都有水井，有的村寨只有一口水井，有的村寨有多口水井。水井是人们日常生活的重要保障，对水井的崇拜与保护成为人们生活中的重要部分。在靖州藕团乡的三桥村，就有这样一口“神鱼井”，当地人叫作“菠萝井”[①]。关于神鱼与神鱼井，《靖州乡土志》有所记载：“神鱼生三严桥街中严大井，形似鲤鱼，有红白黄乌斑各色，大者长约一尺，小者数寸，水面游泳自如，人不敢取。”[②]三严桥（又写作三岩桥）即今天的三桥村。另有诗云：“零溪司对神鱼井，士女时来倚井栏；触手锦鳞皆五色，乘空掷作玉刀寒。”[③]贵州的黎平县也有一口神鱼井，传说这两口井是相通的。有这样一个传说：几百年前，黎平的井里有一条鱼，一人钓得后准备吃掉，鱼煎至半边糊时还活着，瞬间狂风暴雨、雷电交加，吃鱼人不敢再煎，于是，在鱼嘴上放一小环后放生。后来，人们在靖州三桥村的菠萝井中发现了这条鱼，一边黑一边红，嘴上还穿着一小环，人们视这条鱼为神鱼，故得名“神鱼井”。几百年来，人们一直崇拜并保护着这口井。该井长 2.88 米，宽 2.66 米。井两旁各有 12 个阶梯，井上面有一段文字说明：“禁革　本团男妇不许挽水洗菜以致不洁，如违故犯，众头人千罚不恕。康熙廿三年甲子岁四月初七日重修。”另一面捐款人碑文的落款时间是乾隆年间。地面上用白色石子标明：“最后一次修缮的时间是 1978 年。”从这些文字可以看出，康熙二十三年（1684 年）重修该井，乾隆年间有捐款人的姓名，可推测乾隆年间也可能修缮过该井，1978 年再次修缮。直到如今井水依旧清澈明亮，井里常年养着几条鲤鱼，村民讲养鲤鱼的目的是防止有人往井里投毒。关于“神鱼井”还有另一个传说。有一年靖州地区发生严重旱灾，周围村寨的井全部枯竭，唯独这口井源源不断地有水冒出，于是人们纷纷跑来取水，这口井也就成为人们的救命之泉。因而，人们对这口井加以崇拜。从禁革的碑文“本团男妇不许挽水洗菜以致不洁”可以看出人们对水井的崇拜与保护，不准在井里洗菜洗衣，污染井水，直到如今村民仍遵守着禁革，保护着“神鱼井”，形成民间信仰的力量。

在地笋苗寨，有三口水井，呈“品”字形分布在村寨里，人们对水

---

① 2019 年 7 月 25 日笔者在靖州调研时，在当地人的带领下，到藕团乡三桥村实地察看该井。

② 金蓉镜 . 靖州乡土志［M］. 光绪三十四年刊本 . 卷三志物产・动物，第 15 页 .

③ 金蓉镜 . 靖州乡土志［M］. 光绪三十四年刊本 . 卷四附录・靖州三十咏，第 3 页 .

井的崇拜与保护从碑文中可以体现出来：

三才古井记

水为文明，生命之源，吾族当年，躬耕地背。
牵黄狩猎，见犬带萍，巧得玉泉，始创地笋。
山峦叠嶂，藏风聚水，二龙抢宝，珠落玉盘。
筑井三眼，品字布形，三才吉象，巧合其间。
上曰天才，感承天恩，保我农时，风调雨顺。
左曰地才，感恩地神，顾余稼穑，五谷丰登。
右曰人才，感谢先祖，佑我团寨，家兴人发。
天赐神泉，甘润清醇，风水宝地，人杰地灵。
祖德宗功，日月同辉，后世子孙，须当自强。

丁酉岁题[①]

三口水井分别叫作天才井、地才井、人才井，代表了天、地、人，寓意天、地、人为一体，蕴含“天人合一”的思想。水为生命之源，感恩天地和先祖赐予神泉，滋润万物，保佑团寨，造福子孙后代。通过对水井的崇拜与保护，人们祈求风调雨顺、五谷丰登、家业兴旺，这也是人们对美好生活的一种祈福与向往。

（四）石头崇拜下的农林复合系统

埋岩是社会组织的一种形式，是地方性制度的体现，对维护社会稳定起到积极作用。在举行埋岩仪式时，有一系列的活动，需提前准备好各种祭祀用品如稻谷、猪肉、米酒、鸡等，鬼师用雄鸡血压煞，立岩人诵词祭祀等，对石头的敬畏转化成民间信仰的一种表达方式。在一些地方，如生了小孩算命犯有“关煞”，为了孩子的平安，则要祭拜巨石，拜石头为

① 2019年1月24日笔者到地笋苗寨调研时，抄录此碑文。

“爷爷”，每逢有关节日，前往祭祀，以祈求孩子健康成长。

笔者 2020 年 5 月 2 日在三锹乡菜地村黄柏团寨调研，该村寨山坡上有两块石碑，村民称为“万年碑”。碑上贴有已经褪色的红纸，上面写着“潘 ×× 寄万年碑吃饭。长命富贵，易养成人”字样（图片见附录 A），石碑下面放有香烛。因碑年代久远，一些字迹辨认不出，据一块断碑可辨是乾隆年间的碑。对石碑的祭拜，在锹里地区经常可见。靖州三锹乡元贞凤冲村的半田塅与贵州锦屏的岔路相交，两省交界处有一座风雨桥叫“两搭桥”，该桥由政府和村民捐资修建，桥上有一块石碑记载了修桥捐资人姓名，立碑时间是 2005 年。2020 年 5 月 3 日，笔者路过时下车察看，石碑前有祭拜的纸钱和香烛。2020 年 8 月 10 日，笔者到地妙团寨拜访当地一位老人，在他的带领下，看了他们逢年过节祭拜的石头。所选的石头是靠近山体的一块平面石，他们称之为“抱娘岩”，石头前放有燃烧过的香烛、盛酒的酒杯，石头墙体已被熏黑。

无论哪个民族，在万物有灵论的影响下，人们的思想意识深处都有对特定物的崇拜与信仰。祭树、祭谷物、祭山、祭土地、祭古井、祭石头等一系列民间信仰活动，都是人们的一种生活信念与精神寄托，渗透到人们的日常生活中。信仰与利益之间相互渗透、相互转化，调节物质财富与精神需求，并使这种调节按照人们的动机和价值方向转化。由此，人们可以看到一种“自由运用”，是通过伦理或信仰所制约的一种社会行动过程。民间信仰包含很多的道德文明因素，对民族的文化、经济、生活都有重大影响，特别是存在于人们内心深处的神权的约束作用，对社会治安的稳定发挥着重要作用。

## 第四节　交往行为的调适

经营农林复合系统，需要圈内人与圈外人互动、不同人群相互交往，方能实现产出的最优。这样的交往行为主要体现在婚姻关系，以及由血缘关系延伸到的地缘关系等方面。

## 一　婚姻关系的调适

在传统社会里，婚姻的缔结不仅是男女双方个人的事情，也是家族甚至是社会的重大事情。婚姻的选择与人们的活动、文化甚至资源配置密切相关。以下列一则碑文分析婚姻关系与林业资源配置间的联系。

群村永赖

钦加知府衔湖南靖州直隶州正堂加三级　宋　为

署湖南直隶靖州正堂加三级六次　郑　为

严禁陋习以端风俗事。案据锹里生员峒长吴光庠、潘正立、吴通林、吴世龙等禀称：生蚁地方，人蒙作育，向化有年，惟鄙风陋俗，未蒙化改。即论婚姻，礼之大者，择婿配偶，古今无异。奈生蚁地方，不循伦礼，所育之女，定为妻舅之媳，他姓不得过问。若亲舅无子，堂舅霸之，凡为舅氏者，皆得而霸之。间有舅氏无子，将女另配，舅氏索钱，少则三五十，多则百余金，一有不遂，祸起非小。此舅霸姑婚之鄙陋，招害愈深，其多育女者，致起溺女之毒，非不知有伤造化之恩，实出不已。乾隆年间，生蚁祖人潘学贵等以俗陋遭害，禀前陈主，蒙准示禁在案，无奈前项习气未能尽改，只得叩乞赏准示禁，永杜陋习等情到州。据此除批示外，合行出示严禁。为此示仰该里居民人知悉。嗣后，男女婚姻，必须由父母选择，凭媒妁聘定，不许舅氏再行霸婚索诈。倘敢故违，许被害之人，立即赴州，指名具禀，以凭严拿究惩，决不稍宽。各宜禀遵毋违，特示。

右仰通知

正堂宋　批准示禁

复禀详文　宋　批：此案，业经出示严禁，如果再有霸索情事，尽可随时具禀拘究，申详立案。

正堂郑　批：婚姻听人择配，岂容逼勒霸占，倘有狃于陋习，霸婚苛索情事，许即随时禀究，毋容率情。示禁

计开

一　遵州主婚姻听从择配，不许舅霸姑婚，如违示禁，公同禀究。

一　遵州主不许舅氏苛索银钱，如违示禁，公同禀究。

一　聘金财礼，只许一十六两，如违公罚。

一　过门水礼，议定银八两，如违公罚。

已上数条正规，各遵州主示禁，如果违者，被害之家必备银三两三钱，通众齐集，公议禀究。

计开众寨首事姓名附后

凤冲寨　生员吴光律　吴升岱　里民吴通睦　吴通质　吴昌鲁　吴仕盛　吴昌培

地背上下两寨　生员吴文洁　里民吴能连　吴文进　吴文荣　吴文科　吴文亮　欧仕梅　吴起鉴　吴朝凤　吴仁宽

地笋上下两寨　生员吴文道　里民吴在德　吴世通　吴光昌　吴先亨　吴世仕　吴光益　吴文开　吴昌清　吴昌睦

楠山聋（弄）冲两寨　生员吴昌鸾　吴大儒　里民龚兴义

水冲寨　吴朝相　吴通明

元贞寨　潘高文　潘仕向　杨秀应　潘大和

小河寨　生员潘通琳　潘通典　潘秀赞　潘秀朝　里民潘光志

皂隶寨　杨光华　杨通濬　杨光爵　杨通湖

金山寨　杨秀清　吴天仁

孔洞　里民潘光成　潘永科　吴正科

万才（财）寨　生员潘大林　潘大谟　里民潘正元　潘大礼　潘爱先

菜地湾并岩嘴头　生员潘国珍　潘相珍　里民潘秀珍、潘仲

举　潘通维

铜锣段　耆员吴正光　峒长吴文秀

黄柏寨　生员潘子仕　潘成道　里民潘祥海　潘登和　潘琛海潘忠孝

地庙寨　生员吴国益　里民潘通成　龙忠培　陆佳达

同门界冲　生员潘在□　李在光　王文配

其有小河　岩湾铜锣段官田数寨俱在内

道光二十一年六月十一日

石匠师傅伍登榜刊镌[①]

从碑文中可以看出，传统的婚姻习俗为姑家之女必为舅家之媳。虽然立碑的目的是废除舅霸姑婚的婚姻习俗，但是在很长一段时间内，这种姑表婚仍被社会所认可。甚至在今天，这种婚姻习俗还影响着人们。第一章提到的地笋苗寨的例子，就是这种婚姻习俗的遗迹。以下从三个方面对姑表婚的形成进行分析。

首先，从资源配置的机制方面分析。女方出嫁意味着不仅输出了女子，而且还有一定的嫁妆输出到男方，嫁妆包括首饰、家具甚至一些田地（又称为姑娘田）。这些财产随着女方的嫁入而转移到男方家里。如此循环下去的话，男方家族的财产会越来越多，这样会造成资源分配上的不均，也容易引发社会问题。为平衡区域内资源的配置，需要男方家以一定形式返还部分资源，以维持资源的平衡。联姻就是形式之一，这种联姻在姑舅表婚关系中可得到解决。“如 A 集团将女子嫁到可婚对象的 B 集团，A 集团不仅输出了女子，而且女子的嫁妆，如姑娘田等之类即归属于 B 集团，只有等到姑妈之女即 B 集团下一代女子嫁到舅家即 A 集团，这一交换才告完成，资源得到平衡配置。”[②] 这种把资源从男方家返还到女方家

① 笔者于 2018 年 10 月 2 日到地笋苗寨抄录此碑文，于 2023 年 5 月 4 日将地背碑文做成拓片。

② 曹端波．侗族传统婚姻选择与社会控制［J］．贵州大学学报（社会科学版），2008（02）：60-65.

的做法，在部分文献中被称为“还种”。[①]在姑舅表婚制关系下，姑姑家之女嫁给舅舅家儿子，就是资源返还的形式。这样曾经输出女子的集团在下一代得到了补偿，从而维护了集团内的利益。这种姑舅表婚的限制实际上是资源配置过程中博弈的产物。

其次，从林业生产的特性分析。林业是长周期产业，需要较长的时间才可有收益，那么林权的稳定显得尤为必要。女方出嫁时，可以砍伐林地上的林木做嫁妆，林地的所有权仍归女方父母所有。因而，女儿出嫁时，有陪嫁嫁妆、姑娘田的，而没有陪嫁林地的。林木从砍伐到运输，也以男劳动力为中心。这些现象说明，在以林业为主要生计方式的乡村，确立起以男权为核心的社会。男权地位的确立，无形中影响了人们的思想意识和观念，潜移默化地影响了对资源的占有权与支配权。

最后，从传统的婚配制度分析。族内婚是传统的婚配制度。20世纪50年代以前，锹里地区的苗族、侗族严格实行族内婚配制，这可以从锹里的婚礼颂词《十二皮》中看出：“担肉变臭，担酒变酸。”“去时烂单衣，回时烂衣鞋。”[②]这些颂词说明，锹里地区的通婚半径通常在几十里至上百里范围内。即使路途遥远，也要选择族内人通婚，禁止与族外人通婚。从锹里迁徙到广西三省坡一带的“草苗”，也实行族内婚配制度。当地有这样的俗语：“谷种可以混，人种不能混。”这样的婚配制度也可以通过下面一则碑文得以体现：

尝思朝廷有国法，锹（鍫）里有里规。兹余三锹（鍫）自先祖流离颠沛于斯，迄今已近百年。为铭记先祖之习俗，故三锹（鍫）各寨里长约集，宰牲鸡而誓志，饮血酒以盟心。兹计照规约于后：

一　务须击鼓同响，吹笙共鸣，同舟共济，痛痒相关，一家有

① （清）吴振棫．黔语：卷下［M］// 罗书勤等点校．黔书；续黔书；黔记；黔语．贵阳：贵州人民出版社，1992：395.

② 《十二皮》为靖州锹里的婚礼颂词，共十二段，主要讲述婚礼仪式的一系列活动。笔者在靖州调研时，获得《十二皮》内容，此为《十二皮》中“一皮”部分内容。

事，阖里齐援。

一　男女婚配务须从父母，愿规结亲，不准扒亲赖亲。水各水，油各油，不准油来拌水，亦不准水去拌油，倘男不愿女，罚银三十三，若女不愿男，罚银六十六。

一　倘遇外来之侮，阖里应齐心以击，尤对客家与苗家，更应合力以抗之。

恐嗣后无凭，刻有坐卧碑各一块，永远存照。

大清乾隆己巳年孟春谷旦日立[①]

该碑为黎平县大稼乡俾嗟村“翁九塘”中沉水碑，记录了三锹人的历史渊源，立碑时间为乾隆十四年（1749 年），距今已有 270 多年，当时清水江流域的生苗多已归附纳粮，时值木材贸易繁盛时期。三锹人自迁徙到此处，历经几代人佃山栽杉的辛苦经营，建立寨子，生活相对安稳。为防止苗人与客人（指汉人）发生冲突（冲突根源往往是资源竞争、林地纠纷），各寨要齐心协力抵御外人的侵犯。遵循的伦理规范是“宰牲鸡而誓志，饮血酒以盟心”。“水各水，油各油”，则说明在族群的繁衍生息上，为避免被外人同化，而选择族内婚。在当时的社会背景下，推行此婚姻制度是出于对自己族群利益的维护。当时，林业生产与经营主要以家族为单位，这样的婚姻安排也是为了维护家族内部的经济利益。如今，随着资源配置范围的逐渐扩大，婚姻圈也逐渐扩大，由原来的族内婚发展为族外婚。

## 二　从交往“圈”到交往“链”的延伸

农林复合系统是发展木材贸易的重要载体，这一载体把不同区域内的人群联系起来，形成一个开放的市场系统。维持这一开放系统的人，既

① 碑文摘自陆湘之著《锹里文化探幽》第 12~13 页。目前该碑存放于大稼乡俾磋村门口。三锹人的祖先把自己的族群情况刻在一块石碑上，为防外民族人知晓，把碑隐藏起来，埋在黎平县大稼乡俾磋村的一处深水塘中。1984 年黎平县在调查三锹人族称时，调查工作组征得当地三锹人同意后，从大塘中挖出这块石碑。

包括以血缘关系为基础的家族群体，也包括以地缘关系为链条的族外群体。

（一）封闭性的交往圈

林业生产的特点是周期长，这一特点决定了人们需要经营较长时间才能获得收益。在林业生产的长周期内，需要对林业资源加以经营与管护。资源竞争是现实的社会问题，在经营与管护过程中，要避免外人对资源的占有。因而，经营的主体就需要在利益共同体内选择，这个利益共同体就是家族，家族成员承担起林业经营与管护的责任。即使租佃山场，中途有转卖，也要首先考虑家族内的人是否有人租佃，如无人租佃，再租佃给族外人。这在大量的契约文书中有所体现，现举一例：

契 6

立卖山场字人本寨陆胜金父子，为因缺少钱用无处所出，自愿将到引棚山场一幅，其山界限照依共山老契管业。此山贰拾四股，名下占一股，今将出卖与本族陆相高名下承买为业。当日凭中议定价钱六仟〇八十文整，亲手收足应用，其山志（自）卖之后，任凭买主管业，卖主不得议言，恐后无凭，立有卖字为据是实，永远发达承照。

凭中笔　陆胜洪

民国丁卯年（1927 年）六月廿日　立[①]

从契约中可以看出，山场的买卖是在家族内部流转的。家族由具有血缘关系的父子、叔侄或兄弟构成，这一血缘关系既有父子、叔侄间的垂直关系，也有兄弟间的平行关系，在这些网格关系下，形成了一个较为封闭的交往圈。在封闭的交往圈内，对资源进行管护与有效配置，实现家族

① 该契约为岑梧寨陆姓家族契约之一，笔者于 2019 年 8 月 15 日在岑梧村寨调研时拍摄。契约保存者为 LXZ，男，苗族，1957 年生，原来是村支书，现为农民。契约原件都已交给锦屏县档案馆保管，家里留存的是复印件。

共同体利益的最大化。

对农林复合系统的管理是封闭性的，封闭性主要体现在森林防火防盗方面。对森林的破坏有自然因素与人为因素两方面，自然因素指雷电引起的森林火灾，人为因素指盗砍盗伐甚至不当用火引发的森林火灾。成片的林木一旦发生火灾，所造成的破坏也是连片的，大面积的林木都会被毁，所造成的损失不是一个家庭所能承担的，甚至整个家族都难以承担。因而，实行封闭性管理，可以有效排除人为因素的干扰，最大限度地降低森林火灾、林木盗砍盗伐发生的风险。这是有效防止灾害发生的先决条件，同时也是实现林业资源价值最大化的途径。以下两则契约体现了森林防火防盗管理的封闭性：

契 7

立准字人平鳌寨姜胜芳、姜番皎、姜氏蜜白。为因分得众山一所，坐落地名播格，作六大股均分，胜芳等所占四股。奈因山坡隔越，人多事碍，不得亲自栽杉种粟。所有天柱县龙、刘、罗三姓人等相求，今我众等自愿书立备字与天柱县刘再举、罗朝显、罗朝充、龙朝显、龙公朝等名下栽杉种粟。限至三年杉木成林，二彼方立合约。若杉木不栽，另招别人，龙、刘、罗三姓不得异言。其三姓人等住居山内，务要朝夕殷勤，不得妄为停留面生歹人，（不）乱放火，各守礼法。今欲有凭，立此备字存照。

凭中　刘廷邦

代笔　姜之祯

乾隆五十三年七月二十一日　立

播格山六大股，胜芳、番皎、蜜白等占四股，佃与罗、刘、龙三姓种栽。另不得停歹人。乾隆五十三年七月二十一日 [①]

① 唐立，杨有庚，武内房司主编．贵州苗族林业契约文书汇编（1736–1950 年）：第二卷史料编［M］．东京：东京外国语大学，2002：C–0003.

契约中提到以家族为单位进行山场租佃，家族共分山场，共享山场利益，说明资源的配置是在家族内部实现的。契约中还两次强调不得让生人入山，这是封闭管理的措施之一，其目的是做好山林的防火。

契8

立分合同字人姜奇、姜廷辉、姜士朝等。为因严治盗方以镇地方事。缘我等四房田塘屋宅，每被忍心害理之徒，只图利己，不顾害人，屡屡偷盗。我等触目伤心，因而齐集公议，四房定立，各自弩心用力捕拿，倘捉获者，四房协心同力送官治罪，不得闪躲……

姜士标　笔

姜士朝存一纸

嘉庆十一年五月二十一日　立[①]

在防盗的管理上，则团结家族力量，共同防范盗贼，体现出封闭性管理的一面。

（二）延展性的交往链

林木的种植与管护是在一个较为封闭的环境下实现的，但是林木的经济价值最终要经过市场的交换方能体现。市场是一个开放的体系，需要不同的人参与其中。就木材贸易而言，从木材的砍伐运输到交易，参与的主体既有山客也有水客，还有交易的中间商，既有本家族成员，也有外家族成员，既有苗族、侗族的人，也有汉族人，不同主体共同参与到木材交易市场中，这样就构成一个开放的交往链条。这个开放的交往链条从家族内部开始延伸，逐渐扩展到家族外部，最后扩展到全国各地，不同的主体都是交往链条上的一个点。

① 唐立，杨有庚，武内房司主编．贵州苗族林业契约文书汇编（1736–1950年）：第三卷下史料研究编［M］．东京：东京外国语大学，2003：F–0045.

木材作为大宗商品，在古代运输不便的条件下，从山上砍伐后运下山，通过河道运输，再辗转到京城，历经山客、水客、商人、朝廷官员等不同的人群组织。木材流动在不同的人群主体中，人们互相了解、学习对方的语言、文化，这样才能做到信息互通，顺利进行木材交易。下列一则契约体现了在木材砍伐、流通过程中客人与山主之间的关系：

契 9

立分合同契约字人姜世龙、（姜）登科叔侄、姜志明弟兄、姜恩顺、（姜）交璘叔侄、姜世清父子交明等，为卖地名冉拜木砍伐下河，客人姜交信、姜超翼，生理因股数争论，请中理楚。蒙中劝解，原照四大股均分。恐口无凭，立此合同四张……客人银木两休，与山主等自愿了局，永远无事……

光绪二十六年九月初四日　凭中笔　姜熙豪[①]

契约中提到“客人”“山主”这些群体。“客人”指汉族人，意指外来人。“木砍伐下河”指的是木材交易的运输方式。木材从山上砍伐到下河运输，关系到山主、山客、水客等不同主体。不同主体互有往来，相互沟通，在交易链条中承担各自的义务与责任。

一个民族不能总是生活在自己的圈子内，需要同其他民族进行交往交流，了解其他民族的习俗、语言等。锹里地区是苗族、侗族的聚居区，木材在区域内的交易，奠定了苗、侗、汉人群交往的基础，不同民族互相学习语言，了解习俗。锹人的“酸汤话”就是最典型的，它是一种汉语方言，讲“酸汤话”的人，不仅会讲苗语、侗语，还会讲汉语。这种典型的语言特征与木材的不断流动有着某种程度的联系。

---

① 唐立，杨有庚，武内房司主编．贵州苗族林业契约文书汇编（1736–1950 年）：第三卷上史料研究编［M］．东京：东京外国语大学，2003：E–0042.

（三）血缘与地缘的融合

木材贸易需要家族内、家族外不同主体的共同参与才能顺利完成。

在农村经常可以见到这样一种现象，同寨子的人种的菜和养的鸡、鸭若要交易，就会拿到集市上售卖。如果邻居要买，一般也会到集市上购买。如果在寨子里把菜和鸡、鸭给了邻居，这不叫卖，而是赠予；如果在集市上邻居“拿”了菜和鸡、鸭，虽然有时会留下“人情费”，但是这叫作交易。因为在寨子里，大家都是同一血缘关系下的家族成员，具有亲情关系。碍于这种关系，一般不进行交易，而是相互赠予。农村的集市通常都是在寨子外面的一块空场地上，在集市上，大家会把原来的关系暂时撇开，彼此变成“陌生人”，在这样的情况下，交易才可以进行。同样的物品，从寨子到集市，地点的变化，给予别人物品的方式截然不同，一种是赠予，一种是交易，交易衍生出一种商业关系。“商业是在血缘之外发展的。地缘是从商业里发展出来的社会关系。血缘是身份社会的基础，而地缘却是契约社会的基础。”[①] 血缘是一种亲情关系，地缘是一种契约关系。

基于此，木材的交易是建立在地缘关系之上的。但是这种地缘关系与血缘关系有时是融为一体的。苗族、侗族有“打同年”“打老庚”的说法，[②] 这是其接纳外人进入本村寨的一种做法。“清江黑苗。种树木。与汉人通商往来，称曰‘同年’。”[③] 通过“打同年”，把本没有血缘关系的外人转变为有血缘关系的同族人，便于外来人与本族人进行贸易往来。外来人与本族人本是地缘关系下的两个不同群体，通过“打同年”的方式，两个不同的群体变成具有“拟血缘关系”的同一群体，构成一个稳定的力量。“血缘是稳定的力量。在稳定的社会中，地缘不过是血缘的投影，不分离的。”[④] “打同年”这一习俗融合了血缘关系与地缘关系，地缘关系是血缘

① 费孝通．费孝通学术精华录［M］．北京：北京师范学院出版社，1988：385.

② 凡是打了“同年”“老庚”的人，都被认为是亲兄弟。

③（清）李宗昉．黔记：卷三［M］// 罗书勤等点校．黔书；续黔书；黔记；黔语．贵阳：贵州人民出版社，1992：299.

④ 费孝通．费孝通学术精华录［M］．北京：北京师范学院出版社，1988：380.

关系的延伸。

以木材贸易为载体而衍生出的社会网络关系，扩展了以血缘为基础的家族范围，涉及交易链条上的不同群体，实现了从交往“圈”到交往“链”的延伸。扩展开来，不仅仅是木材交易，任何一种交易都不是封闭的，都需要有一个开放的空间方能顺利进行。

## 第五节　饮食起居方式的调适

维系农林复合系统的良性运转，需要采取特定的生计方式，这样的生计方式可以通过饮食、居住等方面体现出来。

### 一　饮食习惯的调适

农林复合系统中的“粮”以及其他可食用动植物，为人们提供了丰富的粮食作物，从而衍生了丰富多彩的饮食文化。其中最典型的就是油茶。在锹里地区，每天都要吃油茶。做油茶的原材料有玉米、大米、黄豆、茶叶等，这些原料都取自农林复合系统。锹里地区的特色食物如油茶、糍粑、腌鱼等，与农林复合系统有着密切的关联。从饮食特色与农林复合系统的特性上加以分析，可以看出二者的密切度。

首先，特色食物食用的便捷性。油茶由少量杂粮及茶汤构成，且原材料是早已备好的，要吃油茶时，只需稍作加工即可，制作过程简易，省时省力。从功能上看，油茶可以临时充饥，在正餐没有准备好时，吃三碗油茶，[①] 基本可以达到饱腹的感觉。从某种层面上来讲，油茶也可以当作“饭”吃。糍粑是已经做熟的食品，用火稍加焙烤即可食用，上山劳作时也便于携带。鱼经过腌制后，虽然还是生的，但是在锹里地区苗族、侗族的人们看来，其已经经历了从生到熟的转化过程，可以直接食用。通过分析可知，油茶在上山劳动时或下山回家后可以临时充饥，糍粑在山上劳作

① 锹里地区有吃三碗油茶的习俗。

时可以充当干粮，腌鱼可以做菜，以上三种食物的共同特点是，不需要投入太多时间制作，食用方法便捷，可以直接食用或者稍加工后食用，在短时间内可以为人们在长时间的劳作过程中提供能量补给。这样的饮食结构与农林复合系统存在关联性。

其次，农林复合系统存在非规律性与不确定性因素。以人工营林进行分析，起码造林的头 3~5 年是需要精心管护的，且杉树后期生长过程也离不开修整间伐等管护措施，管护过程中需要投入大量的时间与精力，这与林业生产的特性有关。第一，林地距离远，行走时间长。造林地大多离村寨较远，3~10 公里为正常范围，且多为山坡地带，步行到达林地起码需要约 1 小时的时间。过去多为步行，时间较长，现在多为骑摩托车，在一定程度上节约了时间。第二，林地面积广，管护难度大。人工营林大多是连片种植，少则 3~5 亩，多则几十亩到上百亩，在对这些大面积的林地实施精细的管护时，即使在科学技术发达的今天也难以实施机械化操作，只有靠人力的付出。在管护方法上，扶正倾斜的树苗，清除攀缘在树木上的藤蔓植物，除去染病的树木等，都需要人们去判断并操作。第三，林地情况复杂，不可预测因素多。林地所处位置偏，分布范围广，且林中杂草多、动物活动频繁，鼠、蛇、野猪等较为常见，有时难免会威胁到人身安全，而且难以预料到突发状况。即使一些是可预测到的，但由于距离村寨较远，也难以及时有效处理。林地的距离远、面积广、管护难度大以及存在的不确定因素，折射出农林复合系统具有非规律性与不确定性。这样的特性就需要特定的文化去应对，饮食文化就是其中之一。

最后，农林复合系统下特色饮食文化的形成。面对这些潜在的非规律性、不确定性因素，在管护林木时，为提高劳动效率，到山上一次一般会待一天时间，那么一天的饮食只能在山上解决，糍粑、腌鱼正好满足上山劳作便于携带食物的需求。劳作一天后下山到家，饭菜尚未准备好时，油茶可以很好地充饥。这就是锹里地区至今仍保留下来的饮食特色，即一天三餐吃油茶。这样的饮食习惯延续到今天，已经成为特色饮食习俗，甚至成为待客的基本礼仪。无论哪家来了客人，到家先吃油茶，然后再吃正餐。这是农林复合系统这一特定生计方式下衍生的特色饮食习俗，这一饮食习俗与农林复合系统有机衔接，将特定的生态与文化有机融合，构建起特定的文化生态共同体。

## 二　居住方式的调适

锹里地区人们所居住的房屋多为木质结构的干栏式构造，这种结构的房屋与农林复合系统存在密切的关联。以下从房屋结构的变化加以分析。

从最初经营农林复合系统的主体来说，山主与栽手是两大主体，他们承担起种植、管护林木的责任与义务。在山场私有制的前提下，同一块山场的所有权是稳定的，一般归山主所有，而山场的使用权可以在山主与栽手之间按约定的股份进行划分。即使有林地买卖，一般也是买卖林地上的树木，保留山场的所有权，这在大量的契约文书中有所体现。如有的契约中提到："其山有老木，各归地主，不得霸占。"[①] "日后长大发卖砍尽，地归原主。"[②] 山场所有权与使用权的分离，使得经营山场的主体既有山场的主人，也有"外来人"，"外来人"也就是栽手。一般情况下，限定栽手的责任与义务是在3~5年内，管护林木成行，否则原先约定的分成无效。再者，栽手的家境往往比较贫穷，没有固定的住所。在管护林木的3~5年，就需要在山上搭棚居住，这一类人被称为"棚户"。这在契约中也有体现：

契10

立讨字人会同县山一里七甲唐如连。今因家务贫寒，盘（搬）移贵州黎坪府平鳌寨，问到惟周之山，耕种包谷，岩架斗寸，无去

① 唐立，杨有庚，武内房司主编.贵州苗族林业契约文书汇编（1736-1950年）：第二卷史料编［M］.东京：东京外国语大学，2002：C-0001.

② 唐立，杨有庚，武内房司主编.贵州苗族林业契约文书汇编（1736-1950年）：第二卷史料编［M］.东京：东京外国语大学，2002：C-0020.

（法）起朋（棚）。惟周同客相求姜兴文兄弟等之山，土名格里党，起朋（棚）住坐。日后客人多事，在与惟周客人二人一面承当，不与兴文兄弟相干。外有挖种杉木，不要挖根打挎，如有打挎，不许客人挖种。今欲有凭，立出字为据。

凭中　姜化龙　林必富　子笔

嘉庆元年四月初三日　立[①]

契约中提到的“起棚”就是指在山上搭棚暂时居住。特别是在山场私有化的背景下，木材贸易催生了佃山造林。没有山场的人为了生存，有时不得不充当栽手，这一类的栽手促进了棚户的产生。其实这样的现象在如今仍有部分遗留。

靖州的排牙山林场有大片梨园，由离排牙山林场约40公里的地笋苗寨的人承包。在管护梨树、采摘梨子的季节，承包户会到排牙山林场暂住一段时间。笔者去过承包的梨园，承包户暂住的地方就是一所简易的房子。这种暂时居住的房屋与原来的棚户有相似之处，都是移动的群体暂时居住的地方。在一些村寨里面，可看到山上零星的几户人家，其在之前很大程度上也是棚户。

佃山造林的栽手在有一定的积蓄后，会想办法买卖山场，有了自己的山场，就能在一个地方定居。定居之后，所居住的房屋也要随之固定下来，于是，从原来在山上搭棚居住过渡到在山下房屋居住。我们现在看到的木质结构房屋就是这样慢慢发展起来的。

## 第六节　农林复合系统下文化的变迁

在历史发展过程中，农林复合系统从萌芽到繁荣发展，再到逐渐衰

① 唐立，杨有庚，武内房司主编．贵州苗族林业契约文书汇编（1736–1950年）：第二卷史料编［M］．东京：东京外国语大学，2002：C–0006.

退，在外在表现形式上发生了一定的变化。农林复合系统形式上的变化，对民族传统文化也产生了一定的影响，具体表现在传统文化习俗的变迁、民间信仰理念的淡化等方面。

## 一　森林文化的变迁

农林复合系统的建构，与民族文化关系密切，农林复合系统的变化，某种程度上对民族传统文化以及一些习俗产生了影响。这样的影响表现为一些文化习俗消失或者发生变迁。

### （一）管护技术的改变

现代科学技术的引入，改变了传统的造林与管护方法。在种植方式上，原来林粮间作的种植模式已渐渐淡出人们的视野，现在大多是纯林种植。在管护措施上，例如使用除草剂或杀虫剂，虽然仍具有与传统管护方式相同的作用，但这种现代化的管护措施对生态有一定的影响。笔者在田野调查中听乡民提起，自从2000年后，在刚种植的杉林中，为抑制杂草生长，开始大量使用除草剂，主要有两方面的原因：一是打了除草剂后，土壤也变得松软，不长草了，对树苗没有影响；二是减轻劳动强度，减少造林成本费用。正因为如此，这种方法受到林农的欢迎。从科学角度分析，除草剂的使用，短期内会收到抑制杂草生长的效果，但是从长远来看，会对地下水造成污染，对土壤中的微生物造成破坏。

随着种植技术的发展，一些特色物种也渐渐消失。笔者2019年8月在岑梧村调研时，据LXZ讲，岑梧村原来有林粮间作的传统，间种一些特色物种。LXZ说：

> 造林先砍树烧山整山，然后栽种杉树，杉林中间作一些作物，第一年种小米、烟叶，第二年种稗子、玉米，第三年种黄豆、红薯等。小米只种一年，第一年就只是撒上去，用树枝或其他工具把种子扫到土里面即可；烟叶也只能种一年，烟叶是“喜新厌旧”的植

物，连续种植，对土地不好，烟叶也长势不好。䅟子适合旱地生长，有俗语叫“穷高粱富䅟子”，䅟子的产量高，但是䅟子口感不是很好。䅟子有糯䅟子和非糯䅟子之分，原来种䅟子主要是拿来做粑粑和酿酒。做粑粑时，如果是非糯䅟子则要先用水泡，待䅟子半发芽后再晒干磨成粉，这样做出来的粑粑是甜的；如果是糯䅟子就不需要泡水发芽。也可以用䅟子烤酒，酿出来的酒甚至比小米酒还要好。[①]

通过村民的讲述得知，原来林粮间作的小米、䅟子、烟叶现在已很少种甚至不种，原因是大部分劳动力外出，没人愿意再种。一些作物如䅟子已经很少了，偶尔有种植，收获的䅟子也是拿来喂鸟，用䅟子做粑粑、酿酒的文化习俗已消失。

（二）木材运输形式的变化

随着科技的发展，传统的伐木技术被先进的技术所替代，木材运输形式也发生变化，传统的架厢文化、棚规文化、放排文化等逐渐消失。原来伐木时，准备好斧头、柴刀、缆绳等工具，由工头交代伐木的注意事项，以抓阄形式将工人分成若干组，有负责拉绳的、负责施斧工的，还有负责打枝剥皮的，每组各负其责。传统运输包括陆运和水运，陆运是把木材从山上运至山下，有放洪和架厢两种方式。放洪就是将木材伐倒后，在陡峭的山坡上，清除杂草、岩石，挖修一个滑槽，将木材从山上滑送至山下，目前部分地区还有这种运输方式。不能直接从山上滑到山下的木材，则要以架厢形式运输。这种陆运木材需要多人合作，由运夫抓阄排序，依次运输木材。架厢是林区人民在长期的实践过程中探索出的有效的运木方法，形成特色的架厢文化。将木材运至山下时，则用水运的方式，将木材漂运至各汇集点。围绕木材的砍伐、运输而形成的传统文化习俗，随着科技的发展、运输条件的改变而慢慢淡化甚至消失。现在伐

① 笔者 2019 年 8 月 15 日在岑梧村的访谈资料。访谈对象 LXZ，男，苗族，1957 年生；访谈地点 LXZ 家。

木售木，大多是以山林估价的方式承包给木商，由木商负责统一砍伐运输。在砍伐技术上，多采用机械化操作；在运输形式上，已结束水运的历史。由传统向现代的转变，木材的砍伐、运输效率提高，这是社会进步的表现，然而一些传统文化却在慢慢消失，由架厢、放排形成的特色文化一去不返。

## 二　民间信仰的变迁

在“万物有灵论”观念的影响下，对自然物、鬼神的崇拜成为调解人们与鬼神之间关系的方式，这种人与鬼神的关系以特定的文化形式反映出来，这种文化形式就是民间信仰。由于民族的多样性、崇拜对象的多元化，民间信仰具有多样性与神秘性特征。民间信仰崇拜的对象都有一定的载体，一旦载体发生变化或者消失，民间信仰会随之发生变迁。

过去，进山伐木或狩猎前，都要焚烧纸钱敬山神，祈求山神的保佑、准许，否则将会招来灾难。敬山神的过程是，找一个会封山的人，带上纸、香火、白酒、刀头肉等祭祀品，敬山神，保佑砍山的人平安无事。伐木的时候要先祭拜树神，祭拜的时候选择一棵树，在树前烧纸和香，做完仪式之后再砍树。祭拜的这棵树可以砍也可以不砍，如果要砍也是最后砍。20 世纪 90 年代后，随着社会环境的变迁，木材砍伐减少，木材市场逐渐萎缩，且木材大多以承包形式卖给木商，这些与伐木相关的民间信仰逐渐淡化。笔者在田野调查过程中，曾问起伐木前的仪式、禁忌，当地乡民说现在敬山神的仪式已经很少了，有也只是烧几张纸钱，图个吉利。

在过去以排运为主要运输方式的时代，围绕放排形成诸多的民间信仰形式。开排前要焚烧纸钱，祭拜河神，请求保佑。排运途中多险滩暗礁，放排是件艰辛又危险的事情，为求得放排顺利，除了掌握熟练的技术外，心理上也会请求神灵的保佑。放排过程中，如遇到杨公庙则要停排，烧香祭祀杨公菩萨。在过去运输条件恶劣的环境下，杨公菩萨河神的诞生，迎合了人们祈求神灵庇护、消灾平安的愿望和心理需求，也体现了对神灵的崇拜。在人们的心目中，杨公菩萨有求必应，普度众生，凡祭拜了的都能平安归来。长此以往，信者众多，各地广建庙宇祭祀，特别是在码头、险要地方有建。《靖州乡土志》载："杨公祠，在江东浮桥头。"[①]20世纪80年代后，运输方式逐渐由水运改为陆运，祭祀河神的信仰逐渐消失。

由此可知，民间信仰没有无缘无故的，往往是人们在一定物质生活上的依托或精神生活上的需求，用香烛、纸钱换取可以感知到的"福利"，求得心灵上的安慰。正是出于现实生活的需求，随着环境的变迁，民间崇拜也在不断强化那些有实用价值的鬼神，同时，也不断淡化那些对自己失去实用价值的鬼神。一旦信仰所依附的载体消失，那么这种信仰就会慢慢失去原有的功能，信仰的力量就会弱化甚至消失。

### 三　民间歌舞的变迁

随着农林复合系统结构的改变，由其衍生出的民间歌舞也逐渐淡出人们的视野。

坐茶棚是锹里地区青年男女原有的一种对歌形式，早在宋代就已形成。《老学庵笔记》记载："小娘子，叶底花，无事出来吃盏茶。"[②]其中记载的是靖州一带以歌求偶的习俗，也是早期坐茶棚的雏形。明清时期，正值木材贸易兴盛时期，中原汉文化与少数民族苗、侗文化不断融合、渗透，在用汉文化记录歌词的同时，苗、侗民族根据自己的民族文化特色而形成独特的文化习俗，用对歌形式传情达意，慢慢形成坐茶棚的习俗。坐茶棚的场地是建在寨子边上，由4根木柱搭建的一个简易棚子。在"戌月"的农闲季节里，由外寨男青年和本寨姑娘对歌，通过坐茶棚结交玩伴或伴侣。

民国以前，锹里地区的婚姻一般为族内婚，各锹寨之间相互通婚，

---

① 金蓉镜．靖州乡土志［M］．光绪三十四年刊本．卷二志地理，第28页．

② （宋）陆游．老学庵笔记［M］．李剑雄，刘德权，点校．北京：中华书局，1979：45.

不同寨子的男女青年通过坐茶棚联络感情。坐茶棚是较为自由的一种婚姻文化形式，深受男女青年的喜爱。“文化大革命”期间，坐茶棚被认为是旧习而被禁止。随着社会的发展，农林复合系统慢慢衰退，越来越多的人走出封闭的文化圈，婚姻圈也逐渐扩大，坐茶棚的习俗已慢慢淡化。如今，这种文化习俗只能成为历史的记忆。

## 四　生计的转型

资源是人们赖以生存的基本保障，特定区域下人们的生计方式与资源的利用紧密相关。在林区，林业资源是维持人们生活的重要来源，一旦资源利用的方式发生变化，与之相关联的生计方式也会发生相应的变化与转型。

这样的资源既包括人工种植的杉木林，也包括自然生长的阔叶林。在人工营林的利用上，一些长到成材年限的树木没有及时砍伐，不能实现迹地更新，经济效益不能有效转化；在阔叶林的利用上，不能随意砍伐阔叶树，对林下种植也造成影响。正如前文中提到的在阔叶林中进行半野生灵芝的培育，由于没有充足的原料来源，即使有技术、有资源也不能很好地将资源进行转化，获取应有的经济效益与生态效益。

当林业资源利用的方式发生改变时，某种程度上人们的生活也会受到影响，为了生存的需要，与之相适应的生计方式也会发生相应的改变或转型。生计的转型主要受两方面因素的影响：一是内部需求，为了满足人们的基本生活需要；二是外在影响，受外在环境的影响。转型后的表现样态可以通过具体案例体现。

在调研过程中，笔者去过次数最多的寨子是地笋苗寨，该寨共 120 户 670 多人，人均林地面积约 40 亩，最多的可达 100 多亩。笔者自 2017 年 7 月开始对此寨子进行调研，截至 2021 年 1 月，已经有三年多的时间了解此寨。只是从这三年多的时间来看，人们的生活已发生一定的变化。以一个家庭为例进行分析。此家庭是笔者经常去的，每次去吃住都在这家。2017 年、2018 年，地笋苗寨的旅游业表现尚可，来旅游的人也较多，这家民宿有较强的接待能力，这两年中，靠旅游收入能维持家庭生活需要并有盈余。2019 年后，旅游业渐渐萎缩，民宿生意较差。尤其是 2020 年，受新冠疫情的影响，民宿生意更是惨淡。2020 年“五一”笔者在此待了三天，5 月 2 日，正值游客高峰期，这家民宿竟然没有一人订餐与住宿。2021 年 1 月 22 日，笔者又到此家，问起民宿生意时，说这一年都没怎么接待，一是游客较少，二是受疫情影响，不接待陌生人，也有游客打电话订餐或住宿，但都推掉了。2021 年正月初六，笔者再次到这里，听村民讲初一至初三人较多，但是没有一家民宿接待游客，来的游客都是自带食物。很大程度上受疫情影响，旅游收入大幅降低。

另外从赶场情境可以看出，2017 年赶场的人还较多，此后的三年里，笔者去同一赶场地，赶场买东西的人越来越少，本地人也讲大部分人外出打工，赶场的人很少。2021 年 1 月 22 日、23 日，笔者在寨子里转悠两天，阳光灿烂的午后，寨子里很安静，见到有几位老人在亭子里坐着晒太阳。询问得知，大部分年轻人出去打工还没回来，在家的中年男女结伴，早上出去到山上挖冬笋，直到下午 5 点多才回来。一天挖的冬笋数量少的 5~6 斤，多的 30~40 斤。时价新鲜冬笋 4~5 元一斤，即使按 5 元一斤，一天的收入最多也就 200 元。而且现在冬笋越来越难挖，原因在于笋子减少。

另一个例子是，地笋二组有一户家庭，有块田离寨子较远，种水稻不方便管理，于是种了钩藤。2021 年 1 月 22 日笔者去他家时，女主人正在剪钩藤枝。这些钩藤是从田里收回来的，将带钩的和无钩的钩藤枝条分开处理，带钩的卖价 30 元一斤，其他的则是 2 元一斤。问起有没有野生的钩藤，说已经很少了，即使有也长得不好。原因在于成片的杂木林不让砍伐，因阔叶树长得快，下面生长的钩藤得不到充足的阳光，生长不好，因而野生钩藤越来越少。在寨子里，笔者见到有人骑着摩托车从山里运钩藤回来，这些钩藤都是人工种植出来的。

通过这些现象可以看出，人们对林业资源的直接利用率下降。下降的原因如下：

一是劳动力主体减少。受外部环境影响，青年劳动力外流现象严重，留在家里的大多是老人、妇女、小孩及50岁以上的中年人。这样的人群主体在从事农林复合系统方面受到限制，不能充分利用林业资源的优势。

二是受到外来文化的影响与冲击。越来越多的外来文化对本地文化造成冲击与影响，使得人们在认识与利用林业资源方面有一定的局限性。例如前文提到放养白蜡虫的例子，这样的放养技术易学，且白蜡的效益好，但是几乎没有年轻人愿意从事。

三是林业资源价值认识错位。林木的生长有一定的周期，成材后若不及时砍伐更新造林，不仅经济效益减少，生态维护效益也会降低。正如上面提到的野生钩藤减少，原因在于不让砍伐阔叶林，影响钩藤的生长。

以上的分析也许不全面，但是从一个侧面反映出，生活在林区的人们对林业资源的利用程度下降，随之而来的生计方式也发生相应的转型。由以林业资源为主转向外出打工，或者从事其他行业以获得经济收入，由此带来的影响是，村寨的空巢化现象突出，一些传统文化渐渐消退。

资源的有效利用与特定民族文化息息相关。当文化发生变迁，人们的生计方式发生转型时，人们对资源的认知与利用程度也会发生相应的变化。由此，资源所能产生的经济效益与生态效益朝正向或负向两个相反的方向发展，这在很大程度上与人的文化有关。

## 小　结

文化是一个包括诸多要素的有机整体。以农林复合系统为载体衍生的文化系统包括种植技术、制度保障、民间信仰、交往行为、饮食起居等多方面的要素，每个要素都是文化整体系统中的一个侧面，也是经营农林复合系统所必需的文化因子。这些文化因子与农林复合系统的生产特征、技术要求等其他要素相得益彰，这些要素合力维系农林复合系统的良性运转。然而，需要注意的一点是，当农林复合系统内部的某一环节发生改变，或者某一环节缺失时，与之相适应的文化要素也会发生相应的变化。如要重新适应生态系统的变化，就需要对文化的某一方面做出相应的调整，使之与生态系统达成新的耦合。

# 第六章　农林复合系统的文化反思

农林复合系统的结构发生变化，与之相适应的文化随之发生调适与变迁。反思变迁后的一些文化事实，对于林业的可持续发展、后扶贫的发展、乡村振兴、生态文明的建设都具有重要的借鉴价值。

## 第一节　农林复合系统与当代科学技术的对接

随着社会的进步、生产力的发展，科学技术也日新月异地发展。在科技的发展过程中，现代化造林方式、转基因作物的引入对农林复合系统造成一定冲击。反思科学技术对农林复合系统的影响，探讨如何将科技创新应用到农林复合系统中，是目前值得关注的问题。

### 一　当代营林技术下的农林复合系统

现代营林技术多采用单一树种造林法，在控制病虫害方面也多采用化学物质的方法，这与传统的营林技术存在矛盾，进而影响到农林复合系统的可持续发展。

随着科学技术的发展，造林方法与技术也有所改变。单一树种造的林，从外观可直接辨别出来。根据笔者2017~2021年连续五年在锹里地区的调研，部分人工营林郁郁葱葱，单从外观上看，能分辨出人工林与次生林之别。人工林整整齐齐，远远望去犹如一道优美的风景，林地里全是杉树，没有或少有其他伴生树种；次生林树木高低参差不齐，林地里生长有不同的树种。近距离观察，在密集度高的人工杉林内，土壤肥力跟不上，树木矮小，树下面枯枝败叶多，一些树木因竞争力弱而枯萎甚至死亡。因树种单一栽植，植物群落结构简单，生物多样性减少，林木抵抗病虫害能力下降。特别是一些纯针叶林，落叶难以有效降解，土壤养分缺失，影响林木生长。

在病虫害防控上，采用化学物质如除草剂、农药等控制杂草和病虫害。由于造林面积大，树种单一，易受病虫害的影响，在防治病虫害方面，为提高灭虫害效率，人们大量使用化学物质。长此以往，会造成土壤板结、肥力下降，出现水土流失等生态问题，还会增强病虫害的抵抗能力，造成病虫害增多，从而影响整片林木的生长。再者，除草剂的使用，在控制杂草生长方面，减少了劳动投入，也在一定程度上有利于林木的生长，但是存在对地下水污染的安全隐患。在林木防病虫害方面，纯杉木林中如果有染病的林木，一般会采取打农药的方式防治，如果有大片的林木染病，在劳动力缺乏的情况下，村民一般也不会间伐处理，任其自然生长死亡。单一树种造林及现代化的管护技术对林木的生长及生态环境都不利。

## 二　农林复合系统下科学技术的反思

科学技术是先进生产力的标志，可以促进人与社会的发展。科学技术也是一把双刃剑，使用不当可能给发展带来消极后果。对于农林复合系统而言，科学技术应用的好与坏，决定着林业发展的方向与可持续性。

现在，在林木种植与管护技术上，多采用所谓先进的现代化技术进行管理。在地笋苗寨，一位何姓老人说：

> 如果是在冬天砍山的话，来年1月就可以烧山，树枝干得早的话，当年12月也可以烧，第二年2~3月造林。杉树苗一般都是买的，造林的时候挖一个坑种一棵杉树。栽树的时候在旁边挖一个约

30~40 厘米宽、20~30 厘米深的坑，坑上面垫上塑料布，为了存水，2~3 月管护杉苗打除草剂用。杉苗的头 3~5 年是要管护的，现在一般都是打除草剂，除草剂每年打一次。现在打除草剂效果好，打药比人工翻土的好一些。另外山上的树叶、草腐烂后都可以成为肥料。造林的第一年少有村民种植粮食作物，即使种也是种一年苞谷、西瓜。苞谷只种一年，第二年杉树苗长大了，苞谷长不起来的。一般的造林大户都是请人栽树，工时费 200 元一天，请不起的，如果国家出钱的话还差不多，这样才请人造林。①

问到如果是你家的林地，别人在林地里种粮食作物是否愿意？回答说只要主人家同意，当然是乐意的。因为种粮食作物要翻地，起到管护杉苗的作用。在管护杉树上，如果林地里有杂木也大多被砍伐掉了，剩下纯杉木林。杉木林有病虫害的时候，也少有村民去打理，即使成片的杉木林生病也任其自然生长。

2019 年 8 月 14~16 日笔者在岑梧村调研时，LXZ 说：

原来造林管护是“三年锄头两年刀”，造林的头三年种小米、烟叶、苞谷、黄豆等，用刀把缠在树上的藤子砍掉，保证杉木长得好。现在不进行林粮间作，但是每年进行两次锄草，因为草也是自然肥料，对树木有好处，树木也长得好。现在粮食够吃了，谁还愿意下力气种杂粮，不愿意种是人变懒了。②

根据两位村民的访谈可以得知，一方面农林复合系统的经济价值得到认可，另一方面现在的人们不愿意种植，两者之间存在矛盾。其原因不

① 笔者 2019 年 5 月 2 日在地笋苗寨的访谈材料。访谈对象 HZF，男，1939 年生，苗族，务农；访谈地点风雨桥。

② 笔者 2019 年 8 月 15 日在岑梧村的调研访谈资料。访谈对象 LXZ，男，苗族，1957 年生，做过村支书；访谈地点 LXZ 家。

仅在于受市场经济的影响，还在于社会生境的变迁对农林复合系统的冲击，所以才有了认识到发展经济价值的潜力而不愿意去种植的矛盾局面。这种矛盾对立面的存在，一是在于社会生境的建构，二是在于文化的变迁。他们道出的信息值得我们思考。

第一，对农林复合系统生态价值的认识不足。在村民的意识中，草是天然的有机肥料，有了天然肥不但可以节约买肥料的成本，而且对杉树的生长也有利。打了除草剂可以清除杂草，杂草腐烂后可以增加土壤肥力，还可以节约人工锄草的费用，所以才有了打除草剂比翻土的效果好些的论断。然而这种论断其实是对生态的误读。杉树种植后的第一年，林地是经过烧山炼山整地的，烧山后的草木灰是天然肥料，如果在林间不种粮食作物的话，杂草在相对充足肥料的“帮助”下便会疯长。如果不除草，杉树的生长就会受影响，为了保证杉树的正常生长，在现代科学技术的帮助下，除去杂草最有效的手段就是打除草剂。除草剂的使用，对消灭杂草确实有效，但是对土壤中的微生物也有影响，会使生物多样性减少，土壤成分遭到破坏，引起水土流失。其根本原因在于，在大面积造林时，化学锄草的效率要高于人工锄草。

第二，执行农林复合系统主体的缺失。经济是衡量社会进步的标准之一。对于一个家庭来说，收入的多少在一定程度上也决定着家庭成员生活质量的高低。随着社会的不断发展，农村大部分中青年劳动力在市场因素、经济因素的驱动下，越来越多地被吸引到经济繁荣的发达地区成为打工一族。与在家务农相比，打工带来的经济收益要高得多。受此影响，青壮年劳动力常年在外务工，留在村寨里的大多是老人、妇女和儿童。然而，以下三个方面的因素决定了农林复合系统需要青壮年劳动力：一是林业用地需要大面积作业，且其大部分处于山坡地带，难以实施机械化作业；二是大面积种植杉苗需要人力去完成；三是杉苗在头 3~5 年内需要管护，目前还没有机械化技术可以代替人工来进行。所以才有了村民的感慨：打除草剂的效果比人工锄草要好，人变懒了。

由于大量劳动力外出，一些地方造林需雇劳动力，无形中增加了林农的造林成本。在林地管护上，亦需投入人力、物力。为进一步节约造林成本，在没有充足劳动力的情况下，林农不愿意进行复合种植。受市场因素的制约和影响、现代文化的熏染和经济效益的刺激，越来越多的人对农林复合系统中可转化为经济效益的产业前景不看好。除了投入人力外，林粮间作的粮食作物产量较低，与当下追求高产的大众化心理相比，其受青睐的程度不高。即使有产出的粮食作物销售，市场价格与机械化种植的作物相比不占优势，经济效益不明显。

随着科学技术的发展，20 世纪 80 年代后杂交水稻开始推广，一些转基因作物开始引进，人们的温饱问题得以解决，林粮间作生计方式渐渐淡出人们的视野。即使有间作的杂粮作物，部分也是转基因作物，原因在于转基因作物产量高，抗病虫害能力强，迎合了现在人们追求高效、高产的心理需求。在价格上，传统作物与转基因作物差别不大，而且转基因作物卖相更好。在多种因素共同作用下，一些传统作物逐渐淡出人们的视野甚至消失。说到底，这是现代文化的影响、外来文化的侵蚀造成的。

## 第二节　农林复合系统下绿色减贫产业的反思

生态扶贫是生态文明时期对扶贫提出的新要求，在这样的大背景下，需考虑扶贫与生态维护的有机结合。农林复合系统既有大宗林产品的产出，又有小农产品的产出，还能实现对生态的维护。产业发展与生态维护是互利共生的关系。这样的做法可以从历史经验中得知，并对如今的生态扶贫具有借鉴意义。

### 一　农林复合系统下林产业脱贫的历史经验

清水江流域，从明末清初到民国，约三分之二的契约文书是关于“佃山造林”“林粮间作”的记载。新中国成立后一直到 80 年代，林粮间作种植模式仍然存在，这一种植模式有效解决了粮食不足问题，也实现了杉木的速生丰产。其中最典型的地区是锦屏县平秋镇的魁胆村。

魁胆村地处高寒地带，山多田少，田间所产粮食历来不能自给。20世纪60年代，开始探索向山间要粮的生计模式。“杉木王”王佑求带领村民大力发展林粮间作，打破传统“二月栽木”的造林技术，试验性栽种“九月杉”和“六月杉”均获得成功，并总结出一套经验：“要想树子大，三年不丢锄头把；栽杉不种粮，杉木难快长。”[①] 据纪念全国劳模王佑求碑文记载，“佑求以场为校，传道授业，树木树人，勇于探索，首创了一年两季育苗三季栽杉的奇迹，先后培养了241名营林技术人才……其间三次转战，四建新场，在造、抚、管上狠下功夫，杜绝山林火灾，蔚成新林6776亩，林粮间作收粮333181公斤。可谓林茂粮丰，兴旺发达……”[②] 魁胆大队因大力在林地间作粮食作物，取得林粮双丰收，有效解决了林粮争地的矛盾问题，成为贵州省林业战线的一面旗帜，其成功的经验和模式值得借鉴。80年代农田实行包干到户以后，锦屏县探索林业改革的途径，“大力造杉林，用木材与江苏兴化等地产粮区换取大批粮食，解决魁胆人的粮食问题。家家有余粮，户户有存款”。[③] 解决粮食问题后，魁胆人又探索如何增收致富。林农除继续种植小米、玉米等传统粮食作物外，还在林中间作辣椒、黄豆、花生、药材等经济作物，以增加经济收入。如今魁胆村作为锦屏县林粮间作的代表村，仍有“栽杉种粟”的传统种植方式，利用林粮间作所产的小米实现林农增收，达到脱贫致富的目的。

在历史进程中，农林复合系统从萌芽到繁荣发展，再到逐渐衰退，无论其形式发生怎样的变化，其所蕴含的生态价值、经济价值、文化价值都一直存在并发挥着作用。农林复合系统的发展过程中既有成功的经验，

---

① 贵州省锦屏县志编纂委员会编 . 锦屏县志［M］. 贵阳：贵州人民出版社，1995：494.

② 此碑位于魁胆村，笔者于2019年8月14日到魁胆村调研，获得此碑文内容。

③ 贵州省锦屏县平秋镇魁胆村志编纂委员会编 . 魁胆村志［M］. 北京：方志出版社，2017：6.

也有历史的教训。历史的经验值得借鉴，教训值得反思。

## 二　农林复合系统下文旅产业的反思

以自然资源和文化资源为依托，是旅游产业的主要发展模式，随之而兴起的文旅产业是旅游产业的重要组成部分。在发展旅游业的过程中，受市场经济和外来文化的冲击，围绕农林复合系统而形成的一些文旅产业，前景不容乐观。以下以三锹乡地笋苗寨为例进行分析。

地笋苗寨始建于清代，距今 300 多年。关于地笋苗寨名字的由来有两种说法：一种说法是地笋苗寨周围的高山，形状像笋尖，故称地笋；另一种说法是地笋山上竹子较多，故叫作地笋。地笋苗寨是花衣苗的聚居区，是苗族原生态电影《锹里奏鸣曲》的拍摄基地，也是国家级非物质文化遗产苗族歌鼟的发源地之一，民族文化积淀深厚。寨子里全为青石板路。村寨共有 3 座风雨桥，最大的一座在寨门口。村寨中苗族干栏式木质结构房屋特色鲜明，民族传统文化、饮食文化保存较好。村寨依靠传统文化资源发展旅游，目前是一个小有名气的旅游景点。笔者连续五年多在此村寨调研发现，大部分年轻人都外出打工了。2021 年以前，该村的收入以旅游业收入和打工收入为主。

地笋苗寨于 2008 年开始规划、开发旅游项目。2013 年项目成立，2014 年 8 月旅游项目进入地笋苗寨。笔者自 2017 年 7 月开始在地笋苗寨调研，根据连续三年多的调查，同时访谈地笋苗寨村委会主任 DSN，得知以下情况：

> 门票 2014 年 50 元 / 人，2015 年下半年降到 30 元 / 人，2017 年开始不收门票。门票 10% 给村里，其他归村里所谓的工作人员（表演团队、管理人员）。当时门票是政府参照凤凰的执行政策而收的。降低门票，本地村民有意见，门票收得高了，游客不愿意过来，回头客也少了，收门票对旅游业可持续发展不利。旅游收入方面，

> 2014 年 60 多万元，2015 年 50 多万元，2016 年 30 多万元，2017 年和 2018 年收入略呈下降趋势。2016 年下降原因是下半年取消门票，但是农户收益基本是平衡的。2018 年 10 月又启动旅游开发项目，项目是旅途公司承包和主导的，规划、基本设施都是公司来做，共投资约 2000 万元。同时，启动寨子里面的文化广场建设，2019 年 10 月建成对外开放。又在寨子外面修建停车场，在山上修建露宿营地等。营地修建在山上，要占到农民的田地，对占有的田地进行一次性补偿，补偿标准旱地每亩 1.8 万元，水田根据当地标准进行补助，补偿款都是从公司里面出。2020 年的旅游收入更不乐观。①

从村委会主任提供的数据可以看出，旅游收入呈递减趋势。地笋苗寨乡村旅游的发展，基本是外部人操控的，本地村民没有自主权。对占有的农民的田地、林地实行一次性补助。2014 年 7 月《爸爸去哪儿》第二季第三期在此拍摄，地笋苗寨的影响力逐渐扩大，慢慢发展成一个旅游景点。旅游收入较多的两年也是拍摄完《爸爸去哪儿》之后的两年。2017 年还保留有拍摄"小猪房"的木屋，笔者 2019 年 8 月去的时候，木屋已经垮掉被拆毁。现在以《爸爸去哪儿》为旅游要素的场景大多已消失在人们的视野当中。除了旅游，其他小产业也受到一定影响。2017 年 8 月，地笋苗寨二组一个以加工扶手为主的木匠生意尚可，2019 年 7 月笔者再次去的时候，该木匠已经外出打工。据笔者观察，现在即使在旅游旺季，到地笋苗寨旅游的人也不多。

2020 年的"五一"，笔者再次到地笋苗寨，通往寨子的马路刚铺设为柏油路。受新冠疫情影响，寨子取消了所有的文化娱乐活动。到寨子游玩的大多是自驾游，在寨门口登记入寨的车辆信息，5 月 1 日有 50 多辆，5 月 2 日有 60 多辆，5 月 3 日增加到 90 多辆。据笔者观察，多数游客游玩

---

① 笔者自 2017 年 7 月至 2020 年 5 月在地笋苗寨的调研材料。主要访谈对象是地笋苗寨村委会主任 DSN，男，1967 年生，苗族。

半天就离开，甚至一些游客问：“哪里还有玩的地方？”笔者在那里待了三天，5 月 3 日是车辆最多的一天，原来接待能力很强的一家民宿竟然没有人订餐，也没有预订住宿的客人。2021 年正月初六，笔者再次到地笋苗寨，去时游客不多。村民讲正月初一到初三那几天人多，但是每家民宿都没有接待游客吃饭与住宿，原因是受疫情的影响，游客基本是自驾游，且自带食物。总体上讲，旅游人数减少。人口的外流在赶场时表现得较为明显。2017 年 8 月，赶场地熙熙攘攘，2020 年 8 月笔者再次到同一个赶场地，人流明显减少。目前该村寨旅游吸引力不大，旅游业的前景不容乐观。

根据以上材料分析，地笋苗寨依托文化发展的旅游业，本是发展前景较好的一个产业，迎合了社会发展的需求。但是在外部人的主导下，旅游前景令人担忧，家庭的收入仍以打工收入为主。从历年的数据来看，旅游业发展的可持续性不强。分析可能的原因在于：一是由外部人主导旅游业的发展；二是传统民族文化变迁。旅游业的规划一方面由外部力量主导，另一方面是内部文化变迁。旅游项目从成立到规划发展，都是由外部人掌控，所有的资金投入、设施的建立都由国家出资，或者由旅途公司承保。在这样的发展模式下，村民没有自主权和主动性，只是在已经定好的模式下被动地享受旅游带来的收益。这样的收益有个人收入与集体收入，个人收入部分通过民宿、农家餐饮获得，部分通过贩卖小纪念品或者当地特色物品获得，但都是很有限的；集体收入靠当地村民进行民俗文化展演或文化表演，但也只是个别参加的农户有收益。在文化展演上，多数文化形式已演变为纯表演，其传统文化内涵已淡化或消失。长此以往，不仅传统文化发生变迁，旅游业的发展也会受影响。在此情况下，依靠文旅产业发展区域经济，其前景自然不容乐观。

自然资源和文化资源都是人们赖以生存与发展的基础。在以森林资源为主的山地民族地区，森林资源本身就蕴含经济价值，依托森林资源而产生的传统民族文化，进一步扩展了资源的外延。如何依托这些自然资源和文化资源发展经济，是值得深思的问题。

# 结论与讨论

在美丽乡村建设背景下，探索生态保护与减贫相结合的模式，是实施乡村振兴的前提与保障。以农林复合系统为载体，以绿色发展推进绿色减贫，则需认识到该系统所蕴含的生态价值、经济价值与文化价值。如何认识并利用这些价值，是本书探讨的核心问题。本书以农林复合系统为载体探讨相关传统产业的发展，在乡村振兴中提出一些建议，供相关部门进行参考，并对其愿景进行展望，以期引起人们的重视。

## 一　对农林复合系统的再认识

复合性是农林复合系统的首要特征，不仅体现在物种种类的多样化、空间布局的立体化，还体现在种植技术与管理水平的多样化。以农林复合系统为载体而衍生的传统产业，可以推动区域经济的发展。农林复合系统在发展传统产业过程中，也融合了经营这一传统产业的不同民族，使各民族的文化相互吸纳、交融。

### （一）产品的多样性

农林复合系统中涉及“林”“农”“禽”“畜”“昆虫”“渔”等不同的生物物种，这些物种不仅构成一个复杂稳定的生态系统，而且还产出多样化的农林产品。狭义上讲，“林”包括用材林、经济林等；“农”包括小米、玉米、红薯等农作物；“禽”“畜”指饲养的家禽、家畜；“昆虫”指林下放养的蜜蜂，或树上放养的蜡虫等；“渔”指鱼、虾、蟹等水生生物；

除了以上这些，还包括一些中药材产品，如钩藤、七叶一枝花、灵芝等，甚至还包括部分狩猎采集产品。从广义上讲，这些都可以归入农产品的范畴，都是农业生产的重要组成部分或者有益补充。多样化的农产品不仅为人们的生活提供了保障，也能增加人们的经济收益，在人们的日常生活中发挥着重要作用，而且对国民经济的发展起着促进作用。

（二）系统的复合性

农林复合系统主要由乔木、灌木、藤本植物、草本植物、低等植物及动物等构成，这些不同的动植物在生态系统中处于不同的生态位并起着不同的作用。农林复合系统呈立体的空间布局，成层现象较为明显，分为乔木层、灌木层、藤本层、草本层、地被层。乔木层可以分为 2~3 个亚层，第一亚层林冠多相连续，以壳斗科和樟科植物为主，第二亚层林冠多不连续，以山茶科和木兰科植物为主。灌木层位于乔木层下方。藤本植物基本攀缘于林下，而达不到林冠的上层。草本层按高度也可以分为 2~3 个亚层，包括一年生或多年生草本植物。附生植物如苔藓、地衣以及兰科植物，附着在乔木、灌木或藤本植物的树干和枝丫上。这种按照仿生种植模式建构起来的农业生态系统，实现了资源的高效利用与生态维护的辩证统一，系统的生态价值、经济价值与文化价值也得以体现。特别是在中国南方山多田少的民族地区，农林复合系统可以优化利用有限的土地资源，实现土地资源的最大效益。

（三）部门的合作性

在当下的大众意识中，管理农林复合系统的责任部门以林业部门为主。正是受这种意识的支配，人们认为林业生产单纯是生产林木，农业生产单纯是生产农作物，从而把林业生产与农业生产分开管理。在这样的情况下，就把林业生产排除在农业生产之外。而事实上，林产品与林副产品都是农业的产出品。林产品或林副产品经过市场的交换转化为货币收益，人们用货币再次到市场进行交换，换取家庭需要的物品，这些物品部分是农业生产的产出品。基于对此的认识，在管理上需要林业部门与农业部门之间的合作，把林业与农业融为一体。

农林复合系统不仅包括人工林的种植培育，也包括农作物、中药材植物、食用菌等的种植与培养，还包括家禽、家畜的饲养。虽然农林复合系统中的“林”占比较大，但是“林”也是农业生产的一部分。不同生物的培育需要相关学科的技术支持，同时也需要各部门之间的合作。因此，需要打破学科与部门之间的界限，实现多学科、多部门的合作互助，这样才能更好地利用农林复合系统，发挥该系统的最大优势。

（四）文化的交融性

以农林复合系统为载体而产生的木材贸易，把承载不同文化的人群联系起来，构成一个小范围内的社会整体。从经营木材贸易这一产业分析，木材从种植、管护到最后交易的完成，都需要不同的主体参与其中。不同主体间的交往从小范围区域社会的“圈”扩展到大范围交易市场的“链”，其中就关联到“栽手”“山主”“山客”“水客”等不同的主体。这些主体所承载的文化既具有相似性，也具有差异性。在相似的文化圈内，文化并行发展，在有差异的文化圈内，为了同一个目标，不同民族的文化就会交融互鉴，发展为一种新的文化样态。

农林复合系统下文化的发展历程，就是一种文化调适与变迁的过程。在社会发展的不同阶段，以农林复合系统为载体，不同民族的人联结起来，不同民族的文化交融互鉴。在未来发展过程中，文化也存在变迁的可能。

## 二　农林复合系统在乡村振兴中的价值

在乡村振兴阶段，要依托林业资源发展产业，就需要尊重林业的发展规律，从林业发展的内在要求出发，同时结合外在制度的保障，共同促进林业的可持续发展，方可在生态扶贫中充分发挥农林复合系统的价值。可以从以下几个方面思考。

（一）尊重发展规律，加强林业制度创新

林业是个长周期、全方位、多层次利用和连片经营的产业，在经营时效上，需要较长的时间，才能保障林木的成材，满足使用的需求；在经营规模上，需要大面积连片经营，方能实现有效产出；在管理模式上，需要封闭式管理，才能最大限度地降低森林火灾、偷盗等潜在风险。为确保林业经营的连片性、稳定性和连续性，在实际经营与管理上，可以将林农经营的大片林地划分成若干区域，根据不同区域进行循环砍伐和经营，在获得经济效益的同时也可实现迹地更新，维持林业的可持续发展。这样做不仅符合林木生长的自然规律，而且能获得最大的经济利益，最大限度地提升林农的造林积极性。在生态保护层面，实施复合种养，这样做既不会出现生态问题，又增加了林农经济收入，实现林木资源向资本的转化。

由于区域性差异的客观存在，各区域林业资源的配置、所承担的功能不同，这决定了不同区域下发展模式选择的路径有差异。鉴于林业的发展规律，在外在制度保障上应摒弃“一刀切”的思维模式，全盘考虑，统筹规划，因地制宜制定林业政策，选择最适宜的发展模式。

（二）延展产业发展链条，加强产业化发展

以农林复合系统为依托，建立“林－农－牧”产业发展链条，兴办深加工企业，开发高端森林生态产品。随着人们对生态产品需求量的增大，在产业发展上，恢复传统营林技术，实施复合种养，大力发展林下经济，如林－粮、林－药、林－菜、林－菌、林－草等间作；大力发展林下养殖业，如林下养蜂、养鸡，放养蜡虫等，提升特色农产品的经济附加值。拓展森林产品的外延，以森林资源为主，结合人的发展需求，发展森林康养、森林旅游等项目，确立“康养＋旅游＋养老”的综合发展模式，合理利用森林资源、开发森林资源，促进林区特色旅游业的发展。在发展产业过程中，以第一产业为主，拓展第二产业，提升第三产业，融合三次产业的发展。

（三）培育新型技术人才，建设现代经营主体

在人才培养上，从传统本土知识中汲取经验，结合现代科学技术，培训管理人员、技术人员，同高校、科研机构等部门合作，开展多方面的研究，全面提升林农的整体技术水平，培育新型技术人才。在经营主体上，充分发挥民间组织的力量，加强与林农、农业合作社的联系，提高在技术、信息等方面的服务能力，建设新型经营主体。在林农的自主权上，增强人们的增权意识，有助于巩固脱贫攻坚成效，助推乡村振兴发展。

（四）立足价值化需求，提升林业资源利用空间

自然资源与文化资源都有一定的价值，这种价值可以通过两个层面体现出来。一是凝结在商品中无差别的劳动价值，可以通过物体现出来。例如一件物品的价格，通过投入的原料成本和劳动力成本计算出来。二是人们基于自己的思维方式以及自身的内在需求、意愿等赋予对象物的一种价值判断，因个体差异而有不同的评价标准。例如对特定工艺品、文化资源的判断，一些群体认为有价值，另外一些群体则认为价值不大。由此可判断，价值化是一个价值理解和认同的过程，其对象包括有形的物，也包括主体自身。有形的物既是自然资源的载体，也是某些文化资源的载体，主体自身是价值判断的主体。因而，拥有物的价值化同时导致主体的价值化，是自我认同的开始，也是文化自觉与文化自信的基础。

（五）完善长效保障机制，促进林产业可持续发展

林木有较长的生长周期，所以需要有稳定的保障机制，以促进林业发展的可持续性，实现林业产值的有效输出。在提高林农造林积极性方面，应加大惠农政策的实施力度，根据政府扶持、企业和林农共同参与的投入机制，制定相关的激励措施，合理引进资金，建立完善资金的保障机制。在监管上，建立有效的监管机制，健全规章制度。在传承民族文化方面，在法律规定范围内尊重林区文化习俗，激发林农树立“文化自觉”与“文化自信”的理念，大力发展与森林文化相关的产业，创新林区劳动力转移，拓宽林农增收渠道。让林农足不出户就可以就业，真正实现产业兴

旺，进而从根本上推动乡村振兴。

## 三　农林复合系统在乡村振兴中的愿景

社会是一个不断发展的过程，展望未来，需要结合社会发展的脚步，从历史中吸取一定的经验与教训，为以后的发展提供方向和思路。农林复合系统有着良好的发展前景与机遇。以农林复合系统为载体，发展多功能农业的发展模式，对中国南方的山地民族地区具有重要的示范价值，具体表现在以下方面。

其一，土地价值的长效性。中国生态系统类型多样且差异性极大，农业又是国民生产的基础，要在全国推行统一的集约化农业生产模式，自然是不符合实际也行不通的。靠山吃山，吃山养山，是山地民族最好的写照。各地发展农业，需要根据地域生态系统的特异性，建构起与之匹配的生计方式，这样才能发挥不同地域下自然资源的优势。针对山多田少的地域特征，充分利用有限的土地资源是首先要考虑的问题。随着人口的增多，土地所承受的压力增加，有限的土地资源需要解决不断增长的人口的口粮问题。以杉树为目的树种的林粮间作是典型的复合种植方式，在杉树生长的头 3~5 年间作粮食作物或其他经济作物，既收获了粮食作物，又管护了杉树，缩短了杉树的成材年限，在合理利用山地的同时又实现了对生态的维护。

其二，生态维护的持久性。农林复合系统涉及农、林、牧等多领域的种植和养殖，在对土地资源高效利用的同时，也实现了对生态的维护。利用不同生物之间的属性，因地制宜间种多种植物，丰富的森林植被涵养了水源，在区域范围内形成一个天然的微型水库。林木的落叶形成厚厚的腐叶层，发挥截留水分和调节水分的功能。各种植物的根系纵横交错生长，犹如一张固土的大网，有效避免水土流失、山体滑坡等生态灾害。

其三，经济效益的持续性。无论是林业的经济价值，还是农业的经济价值，其实现都需要农林复合系统发挥重要作用。林业生长周期长的特征，决定了要大面积经营才能获得切实的经济效益。以杉木 18~25 年为一个生长周期为例，若要每年都有经济效益，需要把一块林地至少划分为 18 个片区，每年砍伐一个片区，伐木造林，这样才能确保林业经营产权的稳定性与经济效益的持续性。以 1000 亩林地计算，分为 20 个片区，每个片区 50 亩林地，砍伐一个片区获得的经济收入可达 40 万 ~50 万元。每年砍伐一片，栽种一片，如此循环进行。木材贸易兴盛时期，在经济效益的驱动下，林农会自觉建构起一套经营林木的生产方式和技术体系，以保证木材效益的持续性。

其四，民族文化的传承性。农林复合系统的建构与民族文化关系密切。锦屏的魁胆村至今仍保留着林粮间作的传统，在这种传统种植模式下，衍生出一套文化规则尤其是与农林复合系统相关的民间信仰，如祭树、祭井、祭桥梁等，至今仍存在。该村自 1959 年以来，连续 60 多年无一例刑事案件发生。2019 年，"贵州锦屏杉木传统种植与管理系统"被列入第五批中国重要农业文化遗产名单，为林粮间作的复合系统得以再次展现提供了良好的发展机遇，有利于更好地传承民族优秀传统文化。

2019 年 12 月 28 日，十三届全国人大常委会第十五次会议表决通过了新修订的《中华人民共和国森林法》，调整了部分林业政策，加强了对森林资源的有效利用与保护。该法自 2020 年 7 月 1 日起施行，为林业的可持续发展提供了契机。《中华人民共和国森林法》是保障林业发展的根本法则，其中有这样的规定："在符合公益林生态区位保护要求和不影响公益林生态功能的前提下，经科学论证，可以合理利用公益林林地资源和森林景观资源，适度开展林下经济、森林旅游等。""在保障生态安全的前提下，国家鼓励建设速生丰产、珍贵树种和大径级用材林，增加林木储备，保障木材供给安全。""商品林由林业经营者依法自主经营。在不破坏生态的前提下，可以采取集约化经营措施，合理利用森林、林木、林地，提高商品林经济效益。”[①] 从这些规定可以看出，在不破坏生态的前提下国家支持林业的发展，鼓励建设速生用材林、发展林下经济，结合森林景观开展森林旅游等，合理利用森林资源发展经济，农林复合系统发展前景良好。农林复合系统蕴含重要的生态价值、经济价值与文化价值，有着良好的发展机遇。

农林复合系统作为一种传统的土地利用方式，在我国历史悠久，并有许多成功的经验和模式可以借鉴。随着物质生活的改善，人们对美好生活的向往与追求已经不仅仅是满足于果腹之物的物质需求，还包括更高层次的精神需求。在人们的需求不断提升的过程中，以农林复合系统为载体所产出的森林生态产品可以满足人们高层次生活的需求。在这样的背景下，探索农业的可持续发展，农林复合系统这一传统的农耕模式将被重新认识和利用，实现林业与农业的可持续发展。

在生态文明建设、乡村振兴战略背景下，以在地资源推动产业的发展，林区产业的兴旺就在于探索如何科学、合理地利用森林资源。在山多田少的民族地区，林业资源是支柱产业之一，随着社会生境的变化、国家政策的支持，林产业将迎来发展的曙光，不仅能促进区域经济的发展，也为民族地区走向富裕提供了良好出路。更重要的是，农林复合系统衍生出的民族传统文化也得以传承与发展。

---

① 中华人民共和国森林法．人民网．http：//legal.people.com.cn/n1/2019/1229/c42510-31527237.html. 最后检索时间：2021 年 3 月 20 日．

# 参考文献

## 一 古籍类

[1]（清）爱必达.黔南识略：三十二卷[M].道光二十七年罗氏刊本.

[2]（宋）范成大.桂海虞衡志[M].钦定四库全书.史部.

[3]范晔.后汉书[M].（唐）李贤等，注.北京：中华书局，卷八十六南蛮西南夷列传1965.

[4]（宋）洪迈.容斋随笔[M].上海：上海古籍出版社，1978.

[5]（清）黄本骥.湖南方物志[M].长沙：岳麓书社，1985.

[6]靖州苗族侗族自治县史志研究室整理.（清）乾隆直隶靖州志[M].影印版，2019.

[7]靖州苗族侗族自治县史志研究室整理.（清）道光直隶靖州志[M].影印版，2018.

[8]靖州苗族侗族自治县史志研究室整理.（清）光绪靖州直隶州志[M].影印版，2016.

[9]金蓉镜.靖州乡土志[M].光绪三十四年刊本.

[10]黎平县县志编纂委员会办公室校注.黎平府志点校本（下）[M].北京：方志出版社，2014.

[11]刘灏.广群芳谱[M].卷七十二木谱五.

[12]（清）李宗昉.黔记：卷三[M]//罗书勤等点校.黔书；续黔书；黔

记；黔语．贵阳：贵州人民出版社，1992.
[13]（清）陆次云．峒溪纤志[M]．北京：商务印书馆，1939.
[14]（清）罗饶典．黔南职方纪略[M]．道光二十七年刊本．
[15]（唐）刘恂．岭表录异[M]．钦定四库全书．卷中．
[16]钦定大清会典事例卷．汉籍全文检索系统“史部”．
[17]（清）屈大均．广东新语[M]．北京：中华书局，1985.
[18]（吴）沈莹编．临海水土志[M]．北京：中央民族大学出版社，1998.
[19]（清）吴振棫．黔语[M]//罗书勤等点校．黔书；续黔书；黔记；黔语．贵阳：贵州人民出版社，1992.
[20]（宋）朱辅．溪蛮丛笑[M]．钦定四库全书．史部十一·地理类．
[21]（宋）周去非．岭外代答[M]．钦定四库全书．史部十一·地理类．
[22]（晋）张华．博物志校证[M]．范宁，校证．北京：中华书局，1980.
[23]中国地方志集成·湖南府州县志64·（清）康熙靖州志[M]．南京：江苏古籍出版社，2013.
[24]中国地方志集成·贵州府县志辑22·（清）康熙天柱县志[M]．江苏古籍出版社·上海书店·巴蜀书社，2006.
[25]中国地方志集成·贵州府县志辑22·（清）光绪天柱县志[M]．江苏古籍出版社·上海书店·巴蜀书社，2006.
[26]中国地方志集成·贵州府县志辑22·（民国）天柱县五区团防志[M]．江苏古籍出版社·上海书店·巴蜀书社，2006.

## 二 文书类

[1]高聪，谭洪沛主编．贵州清水江流域明清土司契约文书：九南篇[M]．北京：民族出版社，2013.
[2]唐立，杨有庚，武内房司主编．贵州苗族林业契约文书汇编（1736–1950年）：第二卷史料篇[M]．东京：东京外国语大学，2002.
[3]唐立，杨有庚，武内房司主编．贵州苗族林业契约文书汇编（1736–

1950 年）：第三卷史料研究篇［M］. 东京：东京外国语大学，2003.
［4］张应强，王宗勋主编. 清水江文书：第二辑第二册［M］. 桂林：广西师范大学出版社，2009.
［5］张应强，王宗勋主编. 清水江文书：第二辑第五册［M］. 桂林：广西师范大学出版社，2009.
［6］张应强，王宗勋主编. 清水江文书：第三辑第一册［M］. 桂林：广西师范大学出版社，2011.

## 三　著作类

［1］〔印度〕阿马蒂亚·森. 以自由看待发展［M］. 任赜，于真，译. 北京：中国人民大学出版社，2013.
［2］〔印度〕阿玛蒂亚·森. 贫困与饥荒［M］. 王宇，王文玉，译. 北京：商务印书馆，2001.
［3］〔美〕奥尔多·利奥波德. 沙乡年鉴［M］. 侯文蕙，译. 北京：商务印书馆，2016.
［4］〔美〕艾尔弗雷德·W. 克罗斯比. 生态扩张主义［M］. 许友民，许学征，译. 沈阳：辽宁教育出版社，2011.
［5］（宋）陈旉著，刘铭校释. 陈旉农书校释［M］. 北京：中国农业出版社，2015.
［6］〔英〕查尔斯·沃特金斯. 人与树：一部社会文化史［M］. 王扬，译. 北京：中国友谊出版公司，2018.
［7］陈庆德. 资源配置与制度变迁：人类学视野中的多民族经济共生［M］. 昆明：云南大学出版社，2007.
［8］陈嵘. 中国森林史料［M］. 北京：中国林业出版社，1983.
［9］陈楚莹. 杉木人工林生态学［M］. 北京：科学出版社，2000.
［10］陈幸良，邓敏文. 中国侗族生态文化研究［M］. 北京：中国林业出版社，2013.

[11] 蔡登谷主编. 森林文化与生态文明 [M]. 北京：中国林业出版社，2011.

[12] 迟健编. 杉木速生丰产优质造林技术 [M]. 北京：金盾出版社，1996.

[13]〔美〕杜赞奇. 文化、权力与国家：1900–1942 年的华北农村 [M]. 王福明，译. 南京：江苏人民出版社，2010.

[14] 邓刚. 从“锹里”到“锹家”：清水江下游三锹人的移民历史与认同建构 [M]. 北京：社会科学文献出版社，2019.

[15]〔德〕恩斯特·卡西尔. 人论 [M]. 甘阳，译. 上海：上海译文出版社，1985.

[16] 怀化市民族宗教事务委员会编. 怀化市民族志 [M]. 北京：线装书局，2014.

[17] 符太浩. 溪蛮丛笑研究 [M]. 贵阳：贵州民族出版社，2003.

[18]（宋）范成大撰，严沛校注. 桂海虞衡志校注 [M]. 南宁：广西人民出版社，1986.

[19] 黄淑娉，龚佩华. 文化人类学理论方法研究 [M]. 广州：广东高等教育出版社，2013.

[20] 贵州省锦屏县平秋镇魁胆村志编纂委员会编. 魁胆村志 [M]. 北京：方志出版社，2017.

[21] 贵州省锦屏县志编纂委员会编. 锦屏县志 [M]. 贵阳：贵州人民出版社，1995.

[22] 湖南省靖州苗族侗族自治县林业局编. 靖州林业志 [M]. 北京：中国文史出版社，1993.

[23] 湖南省少数民族古籍办公室主编. 侗款 [M]. 长沙：岳麓书社，1988.

[24] 湖南省靖州苗族侗族自治县民族事务委员会编. 靖州苗族侗族自治县民族志 [M]. 长沙：湖南人民出版社，1997.

[25] 胡宏林主编. 千里古锹寨 [M]. 长沙：湖南人民出版社，2017.
[26] 胡宏林主编. 侗人话侗寨 [M]. 长沙：湖南人民出版社，2017.
[27]〔美〕黄宗智. 长江三角洲小农家庭与乡村发展 [M]. 北京：中华书局，2000.
[28] 锦屏县地方志编纂委员会编. 锦屏县志 1991–2009 [M]. 北京：方志出版社，2011.
[29]〔英〕J.G. 弗雷泽. 金枝：上册 [M]. 汪培基等，译. 北京：商务印书馆，2017.
[30]（后魏）贾思勰原著，缪启愉校释. 齐民要术校释 [M]. 北京：农业出版社，1982.
[31] 靖州苗族侗族自治县编纂委员会编. 靖州县志（1978–2005）[M]. 北京：方志出版社，2010.
[32] 靖州苗族侗族自治县藕团乡人民政府编. 藕团乡志 [M]. 郑州：中州古籍出版社，2018.
[33] 靖州苗族侗族自治县三锹乡政府编. 三锹乡志（初稿）[M]. 内部资料，1999.
[34] 靖州苗族侗族自治县史志办公室编.《直隶靖州志》选粹 [M]. 北京：中国文化出版社，2013.
[35] 靖州苗族侗族自治县编纂委员会编. 靖州县志 [M]. 北京：生活·读书·新知三联书店，1994.
[36]〔美〕克莱德·M. 伍兹. 文化变迁 [M]. 何瑞福，译. 石家庄：河北人民出版社，1989.
[37] 科大卫. 皇帝和祖宗：华南的国家与宗族 [M]. 卜永坚，译. 南京：江苏人民出版社，2010.
[38]〔美〕克利福德·格尔兹. 文化的解释 [M]. 纳日碧力戈等，译. 上海：上海人民出版社，1999.
[39]〔美〕克利福德·格尔兹. 地方性知识：阐释人类学论文集 [M].

王海龙，张家瑄，译．北京：中央编译出版社，2000.

[40] 李文华，赖世登主编．中国农林复合经营［M］．北京：科学出版社，1994.

[41] 罗康隆．文化人类学论纲［M］．昆明：云南大学出版社，2005.

[42] 罗康隆．文化适应与文化制衡［M］．北京：民族出版社，2007.

[43] 罗康隆．生态人类学理论探索［M］．长沙：湖南人民出版社，2017.

[44] 陆湘之．锹里文化探幽［M］．地笋苗寨旅游开发投资有限责任公司，2016.

[45] 刘燕华，李秀彬主编．脆弱生态环境与可持续发展［M］．北京：商务印书馆，2001.

[46] 刘介．苗荒小纪［M］．北京：商务印书馆，1928.

[47]（宋）陆游．老学庵笔记［M］．李剑雄，刘德权，点校．北京：中华书局，1979.

[48]〔法〕劳格文，科大卫．中国乡村与墟镇神圣空间的建构［M］．北京：社会科学文献出版社，2014.

[49]〔美〕罗伊·A. 拉帕波特．献给祖先的猪——新几内亚人生态中的仪式［M］．赵玉燕，译．北京：商务印书馆，2016.

[50]〔美〕罗伯特·芮德菲尔德．农民社会与文化——人类学对文明的一种诠释［M］．王莹，译．北京：中国社会科学出版社，2013.

[51]〔美〕路易斯·亨利·摩尔根．古代社会［M］．杨东莼等，译．北京：商务印书馆，1995.

[52]〔英〕马林诺夫斯基．西太平洋上的航海者［M］．弓秀英，译．北京：商务印书馆，2017.

[53]〔英〕莫里斯·弗里德曼．中国东南的宗族组织［M］．刘晓春，译．上海：上海人民出版社，2000.

[54]〔美〕迈克尔·波伦．植物的欲望［M］．王毅，译．上海：上海人民出版社，2003.

[55] 明敬群.锹里花苗风情[M].广州：南方出版社，2009.
[56] 黔东南苗族侗族自治州地方志编纂委员会编.黔东南州志·林业志[M].北京：中国林业出版社，1990.
[57]〔韩〕全京秀.环境 人类 亲和[M].崔海洋，译.贵阳：贵州人民出版社，2007.
[58]〔日〕秋道智弥，市川光雄，大塚柳太郎.生态人类学[M].范广融，尹绍亭，译.昆明：云南大学出版社，2005.
[59] 瞿同祖.清代地方政府[M].范忠信，晏锋，译，何鹏，校.北京：法律出版社，2003.
[60]〔法〕让·鲍德里亚.物体系[M].林志明，译.上海：上海人民出版社，2018.
[61] 石林.湘黔桂边区的三个族群方言岛：草苗－那溪人－本地人语言文化调查研究[M].北京：中国社会科学出版社，2015.
[62] 世界环境与发展委员会.我们共同的未来[M].王之佳，柯金良，译.长春：吉林人民出版社，1997.
[63]〔美〕托马斯·哈定等.文化与进化[M].韩建军，商戈令，译.杭州：浙江人民出版社，1987.
[64] 天柱县林业志编纂领导小组编.天柱县林业志[M].天柱县包装印刷厂印制，1995.
[65]〔英〕维克多·特纳.象征之林：恩登布人仪式散论[M].赵玉燕等，译.北京：商务印书馆，2006.
[66] 王小强，白南风.富饶的贫困[M].成都：四川人民出版社，1986.
[67] 王宗勋主编.乡土锦屏[M].贵阳：贵州大学出版社，2008.
[68] 王宗勋.清水江木商古城茅坪[M].贵阳：贵州大学出版社，2017.
[69] 王宗勋.文斗：看得见历史的村寨[M].贵阳：贵州人民出版社，2009.
[70] 王明珂.羌在汉藏之间[M].北京：中华书局，2008.

[71] 王筑生主编．人类学与西南民族［M］．昆明：云南大学出版社，1998.
[72] 吴中伦主编．杉木［M］．北京：中国林业出版社，1984.
[73] 吴恒冰主编．靖州苗族歌鼟选［M］．长沙：岳麓书社，2013.
[74] 乌丙安．中国民间信仰［M］．长春：长春出版社，2014.
[75]（明）徐光启．农政全书：下册［M］．北京：中华书局，1956.
[76] 徐杰舜主编．族群与族群文化［M］．哈尔滨：黑龙江人民出版社，2006.
[77]〔美〕西敏司．甜与权力：糖在近代历史上的地位［M］．王超，朱健刚，译．北京：商务印书馆，2010.
[78] 夏建中．文化人类学理论学派：文化研究的历史［M］．北京：中国人民大学出版社，1997.
[79] 银龙整理译注．城步苗款［M］．长沙：岳麓书社，2004.
[80] 杨庭硕，罗康隆等．美丽生存——贵州［M］．贵阳：贵州人民出版社，2019.
[81] 杨庭硕，罗康隆，潘盛之．民族文化与生境［M］．贵阳：贵州人民出版社，1992.
[82] 杨庭硕等．生态人类学导论［M］．北京：民族出版社，2007.
[83] 杨庭硕．相际经营原理——跨民族经济活动的理论与实践［M］．贵阳：贵州民族出版社，1995.
[84] 杨庭硕，田红．本土生态知识引论［M］．北京：民族出版社，2010.
[85] 杨庭硕．人群代码的历时过程——以苗族族名为例［M］．贵阳：贵州人民出版社，1998.
[86] 杨庭硕．生态扶贫导论［M］．长沙：湖南人民出版社，2017.
[87] 杨尚荣，黄洁．封闭与敞开——城镇化与村落文化的建设与保护［M］．南宁：广西人民出版社，2015.
[88] 尹绍亭著．人与森林——生态人类学视野中的刀耕火种［M］．昆明：云南教育出版社，2000.

[89] 张肖梅编著．贵州经济［M］．中国国民经济研究所，1939.
[90] 张应强．木材之流动——清代清水江下游地区的市场、权力与社会［M］．北京：生活·读书·新知三联书店，2006.
[91] 张五常．中国的经济制度［M］．北京：中信出版社，2009.
[92]〔美〕詹姆斯·斯科特．国家的视角：那些试图改善人类状况的项目是如何失败的［M］．王晓毅，译．北京：社会科学文献出版社，2004.
[93]〔美〕朱利安·斯图尔德．文化变迁论［M］．谭卫华，罗康隆，译，杨庭硕，校译．贵阳：贵州人民出版社，2013.
[94]〔日〕佐佐木高明．何谓照叶树林文化——发端于东亚森林的文明［M］．汪洋，何薇，译．贵阳：贵州大学出版社，2017.
[95] 朱金甫，张书才主编．清代典章制度辞典［M］．北京：中国人民大学出版社，2011.
[96]（宋）周去非著，杨武泉校注．岭外代答校注［M］．北京：中华书局，1999.

## 四　学位论文类

[1] 卞莹莹．荒漠草原区农林牧复合系统结构与模式优化研究［D］．宁夏大学博士学位论文，2015.
[2] 冯运文．历史记忆与族群互动——以三省坡草苗为中心的考察［D］．湖南师范大学硕士学位论文，2018.
[3] 耿中耀．文化的演替与作物的盛衰——桄榔类物种式微的文化生态史研究［D］．吉首大学博士学位论文，2019.
[4] 黄建明．广西葛根产业现状及发展对策研究［D］．广西大学硕士学位论文，2019.
[5] 鲁明新．当代武陵山区油茶产业衰落的社会成因探析［D］．吉首大学硕士学位论文，2018.
[6] 刘宗艳．酸汤话研究［D］．湖南师范大学博士学位论文，2014.

[7] 刘荣昆.林人共生：彝族森林文化及变迁探究[D].云南大学博士学位论文，2016.

[8] 吕启博.森林政策变化对基诺族与其生存环境之间关系的影响[D].云南民族大学硕士学位论文，2009.

[9] 马利强.乌兰布和沙漠东北部农林复合系统持续经营研究[D].内蒙古农业大学博士学位论文，2009.

[10] 谭薇.湖南靖州多声部苗族“歌鼟”研究[D].中央民族大学硕士学位论文，2010.

[11] 王晓洁.湖南省靖州县地名研究[D].湘潭大学硕士学位论文，2007.

[12] 王艳晖.湖南靖州花苗服饰研究[D].苏州大学博士学位论文，2011.

[13] 武玉婷.苗族歌鼟——靖州锹里地区多声部民歌调查研究[D].陕西师范大学硕士学位论文，2010.

[14] 向涓涓.地方性生态知识的共享[D].吉首大学硕士学位论文，2019.

[15] 杨欣.锹里地区“酸汤话”语音研究[D].中南大学硕士学位论文，2012.

[16] 张强.清代民国时期黔东南“林农间作”研究——以“清水江文书”为中心[D].河北大学博士学位论文，2016.

## 五　期刊论文类

[1] 崔明昆，崔海洋.近三年来中国生态人类学研究综述[J].中央民族大学学报（哲学社会科学版），2013, 40（04）：42-49.

[2] 陈春峰等.西双版纳橡胶农林复合系统土壤团聚稳定性研究[J].西南林业大学学报，2016, 36（01）：49-56.

[3] 陈春声.中国社会史研究必须重视田野调查[J].历史研究，1993（02）：11-12.

[4] 蔡元培.说民族学[J].原载“一般”杂志第1卷12月号，1926年12月.

［5］淳于步．民族文化与自然生态系统的耦合——贵州少数民族植物染色与生态环境关系的研究［J］．贵州民族研究，2014, 35（12）：61–64.

［6］曹端波．侗族传统婚姻选择与社会控制［J］．贵州大学学报（社会科学版），2008（02）：60–65.

［7］丁建民．前捷克斯洛伐克的文明狩猎［J］．云南林业，1993（03）：29.

［8］邓刚．“三锹人”与清水江中下游的山地开发——以黔东南锦屏县岑梧村为中心的考察［J］．原生态民族文化学刊，2010, 2（01）：44–48.

［9］邓刚．移民传说中所见之地域社会的开发与秩序——以黔东南清水江中下游部分村寨为中心的考察［J］．原生态民族文化学刊，2011, 3（02）：28–32.

［10］冯国建，朱维伟．草本植物根系对边坡浅层稳定性影响研究［J］．草原与草坪，2015, 35（04）：23–26.

［11］郭家骥．生态环境与云南藏族的文化适应［J］．民族研究，2003（01）：48–57+107–108.

［12］葛威．桄榔在华南民族中的利用考略［J］．农业考古，2015（06）：253–259.

［13］胡彬彬．靖州“群村永赖”碑考［J］．民族研究，2009（06）：80–87+110.

［14］韩玉斌．藏族牧民定居后的文化调适［J］．西北民族大学学报（哲学社会科学版），2012（06）：126–130.

［15］洪名勇，梅志敏．苗族文化与森林资源保护——以贵州省为例［J］．林业经济问题，2009, 29（04）：287–291.

［16］胡萍．方言与湖南森林文化研究［J］．中南林业科技大学学报（社会科学版），2016, 10（04）：9–12.

［17］黄淑娉，龚佩华．试以黔东南民族文化变迁论民族文化交融的过程和条件［J］．广西民族研究，1992（04）：58–63.

[18] 科大卫．告别华南研究［C］．学步与超越：华南研究会论文集，香港文化创造出版社，2004.

[19] 罗康隆．文化调适的个案分析——明代黔中苗族因军事冲突诱发的社会生活重构［J］．贵州民族研究，1999（04）：75–83.

[20] 罗康隆．生态人类学述略［J］．吉首大学学报（社会科学版），2004（03）：36–40.

[21] 罗康隆．既是稻田，又是水库［J］．人与生物圈，2008（05）：40–43.

[22] 罗康隆．侗族传统人工营林的生态智慧与技能［J］．怀化学院学报，2008（09）：1–4.

[23] 罗康隆．喀斯特石漠化灾变区生态恢复与水资源维护研究［J］．贵州大学学报（社会科学版），2013, 31（01）：70–77.

[24] 罗康隆．五十年来土地制度的变迁与人工营林业的兴替——以贵州锦屏林区为例［J］．贵州民族研究，2008（01）：99–106.

[25] 罗康隆．论民族文化与生态系统的耦合运行［J］．青海民族研究，2010, 21（02）：64–71.

[26] 罗康隆，何治民．论民族生境与民族文化建构［J］．民族学刊，2019, 10（05）：14–23+99–100.

[27] 罗康智．对清水江流域“林粮间作”文化生态的解读［J］．贵州社会科学，2019（02）：104–109.

[28] 罗柳宁．生态环境变迁与文化调适：以广西矮山村壮族为例［J］．广西民族学院学报（哲学社会科学版），2004（S1）：8–12.

[29] 廖君湘．侗族文化生态的局部失衡及其调适性重构——基于湖南通道阳烂村个案的分析［J］．吉首大学学报（社会科学版），2017, 38（04）：125–133.

[30] 李斌．失序与再造：咸同兵燹与清水江流域地方社会秩序的重建［J］．贵州大学学报（社会科学版），2018, 36（04）：53–59.

[31] 李纯，谭卫华. 民间土地神信仰的特点与意义表征——以靖州三锹地区为中心的考察[J]. 广西科技师范学院学报，2018, 33(06)：19-24+18.

[32] 李庆云等. 豫东平原农区杨树－农作物复合生态系统的碳贮量[J]. 应用生态学报，2010, 21(03)：613-618.

[33] 李辉等. 遗传和体质分析草苗的起源[J]. 复旦学报(自然科学版)，2003(04)：621-629.

[34] 罗彩娟. 从家族、地域认同到"命运共同体"：传统村落互嵌式民族关系的构建[J]. 广西民族研究，2020(01)：32-40.

[35] 陆燕. 平等与尊重：言语交际中的社会规则——一座多族群村寨的言语交际[J]. 内蒙古农业大学学报(社会科学版)，2016, 18(06)：140-144.

[36] 刘荣昆. 彝族丧葬中的森林文化及生态观[J]. 北京林业大学学报(社会科学版)，2017, 16(03)：9-13.

[37] 刘宗艳，罗昕如. 酸汤话记录的锹歌及其修辞[J]. 云梦学刊，2013, 34(05)：133-137.

[38] 刘宗艳. 酸汤话的混杂性观察[J]. 南华大学学报(社会科学版)，2013, 14(06)：102-106.

[39] 刘洋等. 农林复合系统结构设计探讨[J]. 林业经济，2010(10)：79-84.

[40] 娄安如. 农林复合生态系统简介[J]. 生物学通报，1995, 30(05)：9-10.

[41] 龙宇晓. 少数民族林业经济市场化的桎梏何在——湘黔桂边区林业生产传统与现状的剖析[J]. 贵州民族研究，1993(03)：37-45.

[42] 陆湘之. 试析"锹人"族群的形成和分化[J]. 山客文集[C].(内部资料)

[43] 马国君，吴合显，代少强. 论贵州植葛产业兴衰的历史经验与教

训——兼及《相际经营原理》民族文化整体观的价值［J］．原生态民族文化学刊，2016, 8（01）：9–18.

［44］缪成长．生态人类学视域下技术的文化属性［J］．自然辩证法研究，2018, 34（03）：21–26.

［45］秦其明，魏道南，王贵宸．“大农业”、“大粮食”辨［J］．农业经济问题，1982（04）：61–63.

［46］石林，罗康隆．草苗的通婚圈和阶层婚［J］．广西民族大学学报（哲学社会科学版），2006（06）：43–47.

［47］石山．林业在大农业中的地位、作用及大林业的战略思想［J］．林业经济，1983（04）：5–11.

［48］石山．大农业思想与大林业思路［J］．林业科技通讯，1994（02）：3–4.

［49］宋兆民，孟平．中国农林业的结构与模式［J］．世界林业研究，1993（05）：77–82.

［50］〔日〕田中二郎，宋建华．生态人类学［J］．民族译丛，1987（03）：25–30.

［51］王文明等．靖州四十八寨赶歌场习俗调查——以岩湾歌场为样本［J］．怀化学院学报，2016（02）：1–7.

［52］王宗勋．从清水江文书看清代清水江中下游外来移民“入住权”的取得——岑梧“镇寨”文书解读［J］．贵州大学学报（社会科学版），2016, 34（02）：121–126.

［53］王安明，梅道亮，郑朝东．旱稻的水土保持作用及应用前景研究［J］．中国水土保持，2003（10）：19–21+46.

［54］吴三麟，吴世雄．靖州侗族风俗谈片［J］．怀化师专学报，1993, 12（03）：30–32.

［55］吴三麟．古代靖州侗“款”组织［J］．贵州民族研究，1993（01）：93–95.

[56] 吴声军．南岭走廊平桂瑶族的婚姻形态与文化调适——基于婚姻文书为中心的考察［J］．河池学院学报，2020，40（03）：22–28.

[57] 韦仁忠．草原生态移民的文化变迁和文化调适研究——以三江源生态移民为例［J］．西南民族大学学报（人文社会科学版），2013，34（04）：50–54.

[58] 徐晓光．清水江杉木“实生苗”技术的历史与传统农林知识［J］．贵州大学学报（社会科学版），2014, 32（04）：97–104.

[59] 徐艳波．苗族民间信仰视野下的生态环境保护研究——以湖南省靖州县三锹乡地笋苗寨为例［J］．保山学院学报，2019, 38（01）：18–25.

[60] 辛学兵，陈建业，孟平．农林复合系统结构优化的研究［J］．林业科学研究，1997（05）：33–40.

[61] 尹绍亭．中国大陆的民族生态研究（1950–2010）［J］．思想战线，2012, 38（02）：55–59.

[62] 杨庭硕．中国养蜂业的生态人类学预警［J］．贵州大学学报（社会科学版），2012, 30（02）：1–8.

[63] 杨庭硕．植物与文化：人类历史的又一种解读［J］．吉首大学学报（社会科学版），2012，33（01）：1–7.

[64] 杨庭硕，杨曾辉．清水江流域杉木育林技术探微［J］．原生态民族文化学刊，2013, 5（04）：2–10.

[65] 杨庭硕．本土知识的发掘在农业文化遗产认证中的参考价值［J］．中国农业大学学报（社会科学版），2016, 33（03）：50–55.

[66] 杨庭硕．释“沤榔”——对古苗瑶民族生态智慧的再认识［J］．吉首大学学报（社会科学版），2003（01）：70–75.

[67] 杨庭硕．论外来物种引入之生态后果与初衷的背离——以“改土归流”后贵州麻山地区生态退变史为例［J］．云南师范大学学报（哲学社会科学版），2010, 42（01）：37–42.

[68] 杨秋萍，耿中耀 . 当代植葛用葛的缺失与补救［J］. 原生态民族文化学刊，2018, 10（02）：34-40.

[69] 杨成，孙秋 . 苗族传统生态知识保护与产业扶贫——以宗地乡中蜂传统饲养的田野调查为依据［J］. 广西民族研究，2014（03）：147-152.

[70] 颜宁 . 茶叶经济的兴衰与传统文化的调适——西双版纳南糯山僾尼人的个案［J］. 民族研究，2009（02）：31-37+108-109.

[71] 余达忠 . 边缘族群三撬人婚姻生态的社会人类学分析［J］. 吉首大学学报（社会科学版），2015（06）：101-108.

[72] 余达忠 . 近拒远交与远近无交：边缘族群三撬人婚姻圈的解体与困境［J］. 贵州民族大学学报（哲学社会科学版），2015（03）：36-43.

[73] 余达忠，陆燕 . 族群认同的建构与消解：一座三撬人村落的当代裂变［J］. 西南民族大学学报（人文社会科学版），2015, 36（01）：38-43.

[74] 余达忠 . 族际居住隔离：边缘族群三撬人的迁徙落寨与族群认同的建构［J］. 北京林业大学学报（社会科学版），2015, 14（04）：65-72.

[75] 余达忠 . 近代湘黔桂边区的族群互动和“三锹人”的形成［J］. 贵州师范学院学报，2017（01）：2-9.

[76] 余达忠 . 清水江流域的森林开发与多族群社会的建构——以边缘族群三锹人的迁徙落寨和生计方式为中心的考察［J］. 北京林业大学学报（社会科学版），2018, 17（01）：23-31.

[77] 余贵忠 . 少数民族习惯法在森林环境保护中的作用——以贵州苗族侗族风俗习惯为例［J］. 贵州大学学报（社会科学版），2006（05）：35-41.

[78] 于海滨 . 农林复合经营系统结构的研究［J］. 林业勘查设计，2014（01）：18-19.

[79] 曾少聪 . 生态人类学视野中的西南干旱——以云南旱灾为例 [J]. 贵州社会科学，2010（11）：24–28.

[80] 周大鸣，田絮崖 .“台干”的文化调适与群体认同研究——以珠三角地区的“台干”为例 [J]. 南方人口，2013, 28（04）：8–16.

[81] 周大鸣 . 论族群与族群关系 [J]. 广西民族学院学报（哲学社会科学版），2001（02）：13–25.

[82] 周红果 . 大地伦理的内涵及其当代意义 [J]. 许昌学院学报，2011（01）：119–122.

[83] 周红果 . 论民族文化对生态系统脆弱性的规避 [J]. 贵州民族研究，2020（02）：126–132.

[84] 周家维，安和平 . 贵州喀斯特地区农林复合系统的分类 [J]. 贵州林业科技，2002（02）：31–34+51.

[85] 张萌 . 甘肃迭部扎尕那农林牧复合系统保护现状分析 [J]. 古今农业，2016（04）：90–96.

[86] 张民，向零，吴永清 . 关于辰、沅、靖州仡伶杨和仡伶吴二姓族属问题的浅见 [J]. 贵州民族研究，1985（01）：19–21.

[87] 朱慧珍 . 草苗历史与风俗考析 [J]. 广西民族学院学报（哲学社会科学版），1998（01）：3–5.

[88] 朱剑农 .“大农业”的提法值得商榷 [J]. 农业经济问题，1982（02）：62.

## 六　外文类

[1] Morel, Alexandra C. et al.The Ecological Limits of Poverty Alleviation in an African Forest–Agriculture Landscape [J].Frontiers in Sustainable Food Systems, 2019（3）：1–14.

[2] Kang, B.T., Akinnifesi, F.K. Agroforestry as alternative land–use production systems for the tropics [J].Natural Resources Forum, 2000（24）：

137–151.

［3］H.Tynsong, B.K. Tiwari. Diversity of plant species in arecanut agroforests of south Meghalaya, north–east India［J］.Journal of Forestry Research, 2010, 21（3）：281–286.

［4］Smith, J.Russell.Tree Crops：A Permanent Agriculture［M］.New York：Devin–Adair Company, 1950.

［5］Li, T., Long, H., Tu, S., Wang, Y.Analysis of Income Inequality Based on Income Mobility for Poverty Alleviation in Rural China［J］.Sustainability, 2015, 7（12）：16362–16378.

［6］Wilson, Matthew Heron, Lovell, Sarah Taylor. Agroforestry—The Next Step in Sustainable and Resilient Agriculture［J］. Sustainability, 2016, 8（6）, 574：1–15.

［7］Leakey, Roger R.B.The Role of Trees in Agroecology and Sustainable Agriculture in the Tropics［J］.Annual Review of Phytopathology, 2014, 52（1）：113–133.

［8］Kumar, Raj, Bhatnagar, P.R., Kakade, Vijay, Dobhal, Sneha.Tree plantation and soil water conservation enhances climate resilience and carbon sequestration of agro ecosystem in semi–arid degraded ravine lands［J］. Agricultural and Forest Meteorology, 2020, 282–283.

［9］Molnar, Thomas J. et al. Tree Crops, a Permanent Agriculture：Concepts from the Past for a Sustainable Future［J］. Resources, 2013（2）：457–488.

## 七　其他类

［1］http：//www.gov.cn/gongbao/content/2016/content_5139491.htm.

［2］https：//www.jingzhouxw.com/whys/20978.html.

［3］https：//www.yigecun.com/cityfild/showcun.aspx?id=856D4CBF88EAA600.

［4］http：//legal.people.com.cn/n1/2019/1229/c42510–31527237.html.

# 附录A　碑刻及其他图片

牛筋岭款场《万世永赖》

地背《群村永赖》

元贞半田坳《祖德流芳》碑文拓片

地笋苗寨《寨规民约》

靖州藕团乡三桥村神鱼井

三桥村神鱼井《禁革》

三桥村神鱼井记载

黎平岑趸村给菜地村万财寨捐款碑

锦屏岔路封山育林碑

万财寨古树祭拜

黄柏寨万年碑祭拜

森林防火宣传牌

森林防火标语

采过松脂后的松树

取火种被损害后的松树

# 附录 B　碑文材料

## 万古流芳

［将民族特色永放光彩　让三鳌文化渊〔源〕远流长］

三鳌族群碑序：喜逢盛世，民富国强，我国已进入中国特色社会主义新时代，在十九大精神鼓舞下，为挖掘三鳌文化，各界人士贤达集思广益，形成共识，特立此碑，以传承历史。

盖闻吾三鳌族群，历史悠久，与五千多年前“九黎”、尧舜禹时期之“三苗”及周时期之“荆楚”有一脉相承之关系，清代《黎平府志》《靖州乡土志》等文献亦有“三鳌”记载，靖州三鳌乡地背发现之清道光二十一年“群村永赖”碑刻及黎平大稼乡俾磋村“翁九老”塘中挖掘出之清乾隆己巳年款约碑刻中，亦有大量关于“三鳌”记述。吾三鳌族群繁衍分布于靖州、锦屏、黎平等县共约六万余人。

明清时期，社会秩序混乱，吾三鳌族群遭受汉族统治阶级欺压歧视，生存空间受到挤压，不得已走联盟之路，盟以牛筋岭为总款场之“三十三鳌”“湘黔四十八寨”。“三十三鳌”即是三十三个小款组织。“湘黔四十八寨”即是靖州二十四寨、锦屏六寨、天柱一十八寨。款即以一大寨为中心包括相邻几个村寨组成，合款时，每小款必须锹一撮本地土，以布包之，带到合款之地，聚土成堆，焚香盟誓，订规立约。“务须击鼓同响，吹笙共鸣，同舟共济，痛痒相关，一家有事，合里齐援。”款约规范古时大鳌里社会生活、化解矛盾纠纷、维护社会秩序。款约对湘黔边界社会发展、和谐稳定起积极作用。早期款约以口头方式约定俗成，从明代始，现汉字“款碑”。款首者，推选德高望重、办事公道之长者任之，其不脱生产、不计报酬。昔吾鳌人与汉人少往来，与苗侗杂居，互相交流，言鳌语，不会汉话，兼苗侗语。解放以后，随汉语普及和社会交往需要，也言汉语。一日两顿油茶，每逢节日或婚嫁，更是吃油茶。客人到来先以油茶款待，吃油茶不用筷或放一只筷，意为尚有饭餐在后。鳌歌有茶歌、酒歌、大歌、细歌、也得歌、担水歌等，唱腔有老平腔、高腔等。《酸汤话记录的鳌〔锹〕歌（及）其修辞》（湖南师范大学刘宗艳、罗昕如）云，鳌歌淳朴、浪漫、奔放、温婉、细腻，凝聚三鳌人之勤劳智慧，“巧妙利用押韵、起兴、比喻、反复、夸张、用典等多种修辞手法，创造语言的形式美、意境美”。喝茶饮酒时唱茶歌酒歌，在喜事宴席上以歌助兴。后生姑娘结婚次日，新娘要到井边担水且要唱“担水歌”，担水时男方后生陪同新娘伴娘前去，新娘在伴娘后生陪同下，挑着水桶，缓缓而行，几步一停，男女对唱一曲。姑娘出嫁至新郎家，由两位未婚姑娘陪嫁，不许与新郎同房，新娘转回娘家住满一至三年，男方家才接去过正式夫妻生活。

一九八四年，靖州、黎平、锦屏等县数十个鳌寨联合向上级民族部门和人民政府呈文，要求将其民族成分甄别为“鳌族”。因吾鳌人人口少，族源未详尽等原因，列入“未识别族称”，贵州省民委下文将“三鳌人”划归苗族或侗族。在上级党委政府高度重视下，三鳌文化渐渐掘出，鳌歌已唱响清水江畔，靖州鳌歌已收入国家非物质文化遗产名录，岑梧“三鳌”民歌已审定为黔东南州非物质文化遗产代表性项目名录。

三鳌习俗源远流长，三鳌文化古朴典雅，虽国家纳入苗族或侗族，但族人仍坚称自己为“三鳌人”，讲三鳌话，唱三鳌歌，守三鳌礼俗，自明末清初沿袭至今，乡音未改，民俗依然，追慕先骥，弘扬善德，饮水思源，特立碑记载芳名。

在锦屏、黎平、靖州三县交界地区的一些山寨中，有一个族群叫“三鍫人”，以前人们习惯称他们为“鍫里”或“鍫家”，现在知道“三鍫人”的人已经不多了。二〇一四年八月五日至六日，福建三明学院余达忠教授到锦屏对“三鍫人”进行调研，余教授到岑梧、美蒙等鍫家村寨去采风，了解到“三鍫人”的一些情况。“三鍫人”有别于当地苗族、侗族等少数民族的历史渊源、风俗习惯、生活方式，有自己独特的语言、服饰、歌舞、节庆等文化特征，是二十世纪八十年代贵州省二十三个“未识别族称”之一。

一、“三鍫人”的历史渊源：“三鍫人”又叫“三撬”“三十三鍫”“三是三鍫”（三鍫语译音），当地苗族叫“鍫里”或“鍫上”，侗族叫“三消”（侗语译音）。锦屏县雄黄界一带的苗族、侗族人称“三鍫人”叫“鍫佬”，黎平县孟彦、罗里一带的汉族称“三鍫人”叫“鍫上人”，尚重一带苗族、侗族称“三鍫人”叫“三消”。“三鍫人”有文字记载的历史有三百多年。为了记录“三鍫人”的历史渊源，“三鍫人”的祖先把自己族群的情况刻在一块石碑上，为防外民族人知晓，把此碑隐藏起来，埋葬在黎平县大稼乡俾磋寨的一深水塘中。一九八四年黎平县在调查“三鍫人”族称时，调查工作组征得当地“三鍫人”同意后，从大塘中挖出这块石碑。此碑文刊刻于清乾隆己巳年即一七四九年，碑上载云：“兹余三鍫，自先族颠沛流离于斯，迄今已近百年，为铭志先祖之习俗，故吾三鍫各寨里长约集，宰生鸡而誓志，饮血酒以盟心。”从此碑推算，“三鍫人”祖先到俾磋寨居住有三百余年。湖南地背田桥头碑立于道光二十一年即一八四一年，刻字载云：“据鍫里生员吴光祥、潘正生、吴通林、吴士龙等禀称……”鍫里即“三鍫”，由此可见，清道光年间，靖州地背一带居住有“三鍫人”。湖南靖州县牛筋岭石碑立于民国二十五年即一九三六年，碑上刻曰：“我三鍫地处边隅，文化闭塞……是以三鍫并成一气，与九寨合为一家。”据三鍫寨老们相传，“三鍫人”的先辈到靖州最先居住在牛筋岭，牛筋岭是“三鍫人”的发祥地。《黎平府志》载云：“咸丰二年，黎兆勋……策略东路，为潭溪铁炉、苗坡、平黎至马路……靖州界，此路苗匪与系草坪一带硐苗纠合三十三鍪、苗匪等作乱为害。”《靖州志》记载：“咸丰五年春，苗匪载老寅窜四乡。六月通道大高山苗叛，靖人黄炳变率团平之，团兵败贼于平茶、藕团。十二月鬼金山贼勾结靖属锹里，苗焚劫。咸丰七年正月，获鍪里生员吴大培，尽得三鍪虚实，黄炳变单身往渝洋锹黄炳变用新生吴某招抚三鍪，又单身入硐招抚苗酋……焚童一队、吹龙竹。洞主三锹，骖豹文山顶，蹋歌风，四合鸾皇飞人遏行云。”据这些史书所载，说明“三鍪人”于清咸丰年间居住在靖州、锦屏、黎平一带。据岑梧陆姓族谱记载，岑梧陆姓于康熙五十四年即一七一五年从靖州县三锹乡地妙村的鍪家迁到岑梧。锦屏县美蒙村鍪歌唱道：“三俏合款牛筋岭，九皮合款俾磋塘；万般都是前人治，都是前人留尘凡。”其大意是三鍪人的发祥地在湖南省靖州县的牛筋岭，记录“三鍪人”的历史文字在俾磋水塘那块石碑上，这些都是前人流传下来的。在黎平县大稼乡俾磋寨挖出来的石碑中有这样一段文字：“尤对客家与苗人，更应合力以抗之。”“三鍪人”在跳芦笙舞踩堂时的誓词中这样唱道：“吹笙同响，打锣同声，唱歌同音，踩堂同步，吹到哪里，好到那里，唱到哪山，好到那山，胜过客家，强过苗人，只许鍪人踩堂，不许外人强占，苗来苗死，客来客亡。”（这里的“客”是指汉人，“三鍪人”称汉人叫客家）。三鍪老人逝世，在为亡者交纳（吩咐的意思）时，用一把尖刀放在死者手中，并吩咐说：“苗人哄你不相信，汉人哄你不跟行，一把尖刀交给你，交你拿去护自身。若是汉人抢你物，你就用刀砍汉人，若是苗人抢你财，你就用刀砍苗人。”由此可见，“三鍪人”对汉人和苗人有切齿之恨。根据黎平县大稼乡岑趸寨吴发生家一墓碑记载以及“一鍪人”家谱记载，“三鍪人”祖籍在江西省吉安府太和县诸史巷风波塘，因不堪忍受异族的欺凌，其先祖于南宋至元期间由江西向西南高原地区迁徙，经湖广到达天柱远口，移居湖南靖州县，此地“多汉少苗，苗疆地方，生苗在南，汉人在北，熟苗居其中间，与内地犬牙交错，彼此相安，由来已久”。“三鍪人”居住在牛筋岭这一深山密林中，与土著苗族、侗族形成大杂居、小聚居状态。乾隆、嘉庆以后，汉族移民大量涌入，汉人不断占领平坝良田，少数民族被迫退居深山地区，民族矛盾激化，苗族、侗族起义多发，但均以失败告终，苗族义军为了扩军，到三鍫村寨索钱要粮和五户抽一丁。“三鍫人”人少势弱，惧怕打仗，又出不起钱，苗族首领就说：“山是我们的山，水是我们的水，我们的山水养活你们锹〔鍫〕里几代人，现抽不出人者全家杀绝，抽不出钱粮者赶走他乡。”结果不愿意打仗的人被杀害了，出不起钱的人只有往山更高林更深的锦屏、黎平等高山地区逃荒度日。从此“三鍫人”与汉族、苗族结下了深仇大恨，一代代相传直到解放前夕。

二、“三鍫人”的民间流传：在三鍫村寨中有这样一个故事流传，从前有三个人，一个是撬猪佬吴刚，一个是卖柴汉潘富元，一个是卖油郎龙彪。一天晚上，吴刚和潘富元正在家里吃饭，龙彪一身血迹闯进屋来。原来龙彪在卖油途中遭到强盗抢劫，不但挨刀子，油担和银钱也被抢了。三个人为了今后外出时有个照应，义结金兰，结为有福同享有难同患的异性兄弟，吴刚还把自己的撬猪手艺教给二位兄弟，从此三个人以撬猪为业。一天，他们给一个财主撬一头母猪，结果把猪撬死了，财主要他们赔银五十两，他们无钱赔偿，至深夜时偷偷潜逃到一个深山老林的边远山寨里，在那里安家立业，繁衍子孙。当地人知道他们的来历后，戏称他们为“三个撬猪佬”，简称“三撬”，从此他们的后代也被叫为“三撬”，其后辈觉得“三撬”不雅，遂改为“三鍫”，“三鍫”一名由此而来。

三、“三鍫人”的分布：“三鍫人”分布在锦屏县、黎平县、靖州县交界深山区的一些村寨中。锦屏县分布在岑梧、中仰、九佑、高表、流洞、美蒙、九桃、瑶里等十三个自然村寨；黎平县分布在岑趸、乌山、乌勒、俾磋、眼批、董翁、归斗、归雅、平底、乌碰、塘途、高练、俾雅、岑努等十四个自然村寨；靖州县分布在平茶、新厂、藕团、大堡子、三鍫等五个乡镇有大小近百个村寨。据一九八一年至一九八四年黎平县对“三鍫人”族称进行调查的资料：现在黎、锦两县居住的“三鍫人”

分布在三个区，十个乡，二十七个自然村寨，共有一千二百四十三户，六千三百八十六人，分布为吴、潘、龙、杨、张、陆、林、向、蒋、刘、赵、石等十二个姓氏，其中黎平县的“三鳌人”分布在尚重区平底乡和大稼乡的十四个自然村寨，五百二十一户，二千四百八十八人。锦屏县“三鳌人”居住在平略、启蒙两个区的寨早、文斗、胜利、固本、新民、地茶、启蒙、裕和八个乡十三个自然村寨，七百三十八户，三千八百九十八人。从“三鳌人”的分布看，在空间上连成一片，由南往北分布为上鳌、中鳌、下鳌三个部分，合称“三鳌”。

四、“三鳌人”的语言：“三鳌人”有自己独立的语言。例如，父亲叫“戈”，母亲叫“喂”，哥哥叫“胞”，大哥叫“胞溜”，二哥叫“胞姜”，姐姐叫“咱”，大姐叫“咱溜”，二姐叫“咱姜”，弟弟叫“拿”，妹妹叫“迷”，独生男孩叫“打鬼”，独生女孩叫“迷鬼”，伯伯叫“雅”，叔叔叫“蛮”，伯母叫“仰”或“喂”，叔母叫“努”或“喂浓”。女孩长到十岁后，用三鳌语取名字称呼，如“戈仰”“应两”“号仰”“贵由”等，其意思是：和气的姑娘、聪明的姑娘、漂亮的姑娘、宝贵的姑娘。从前，汉人居住在条件好的地方，“三鳌人”居住在深山老林中，“三鳌人”与汉人很少往来，与苗族、侗族等少数民族杂居在一起，互相交流，所以“三鳌人”不会说汉话，会讲苗话和侗话。解放以后，随着汉语的普及和社会交往的需要，“三鳌人”不仅讲“鳌话”，同时还讲苗语、侗语和汉语。

五、“三鳌人”的服饰：“三鳌人”的服饰独具特色。男子蓄发挽鬏，头上包着两端绣花的兰〔蓝〕黑色家织布帕，身穿自织自染的家织布大襟衣，裤子宽大而短，脚穿草鞋。妇女的服饰非常漂亮，衣服是彩色栏干长袖大襟，配有锦织花边绣，系铜银扣，戴银项圈，配银手镯，裤子宽松拖脚，头包自制家织布帕，鞋子是两帮绣花翘头的勾〔钩〕鞋。未婚女子打一根独辫子，已婚女子盘着长方形的发髻。

六、“三鳌人”歌舞特色：“鳌歌”是流行在锹里地区的一种民歌，“三鳌人”崇尚“饭养身，歌养心”，所以日常娱乐、节日及重要集体活动主要以唱歌的形式来庆祝。在鍪里村寨中，有浓厚的地域文化底蕴，不论是面朝黄土背朝天的鍪家汉，还是目不识丁的鍪老妇，几乎都会唱歌，以山里人生活为素材，把苦难、故事、经历等编成歌，以歌声倾诉情感，既动情又好听。鍪歌在家里唱的有大歌、茶歌、酒歌、细歌、也得歌，唱腔有老平腔、高腔等，每种歌有不同的腔调。鍪歌句数不限，短的两句，长的达三百多句，一般为四句一段，每句七言，三言、五言较少见，酒歌、茶歌多七言四句，感情丰富。鍪歌用韵灵活，没有固定格式，一般是一段一韵，隔句相押，多为二、四句入韵，如“细茶好吃叶连连，只等日头照面前，等得太阳当面晒，才有茶叶拌油盐（茶歌）”。鍪歌往往借助身边事物起兴，如“高坡高界栽棉花，棉花树脚秧丝瓜，丝瓜要缠棉花树，姣要缠朗成一家”。鍪歌多用自然贴切的比喻手法，如“云会雨，雨会风，河岩会江东，蒜苔会萝卜，韭菜会青葱；溪会河，马会鞍，盘路会青山，蜜蜂会芍药，蝴蝶会牡丹”。歌词大意：我和你相会呀，就像云遇到了雨，雨遇到了风，就像河里的石子冲到了江东岸，就像蒜苔遇见萝卜，韭菜遇见青葱……机缘如此巧合，是多么般配啊！鍪歌由于腔调圆润，韵律特殊，修辞巧妙，来源大自然，极具原生态，这种无人指挥的多声部演唱形式，引起民族界、文化界、音乐界专家关注，被列入第一批国家级非物质文化遗产名录。“三鍪人”有一种重要的集体活动是跳“芦笙舞”，以芦笙吹出的曲调作伴奏，锹里人翩翩起舞，所跳的舞姿是踩八卦，每年在农历七月十五这一天表演，并伴随着隆重的祭祀活动，以祈求秋天丰收。芦笙舞是“三鍪人”原始却又充满文化气息的集体活动，传承的是“击鼓同响、打锣同声，吹笙同鸣、唱歌同音，跳舞同步，风雨同舟、痛痒相关、一家有事、合家齐援”的民族文化，是三鍪内部教育后代，团结族人的文化形态。

七、“三鍪人”恋爱婚姻：“三鍪人”恋爱与其他民族截然不同。本族群男女青年不与外民族男女青年恋爱，同姓氏之间青年男女不谈恋爱。“三鍪人”青年男女的恋爱方式很自由，三鍪族群内部不同姓青年白天可以公开玩山，晚上不允许，男女青年恋爱不受家族中任何人干涉。更为特殊的是男青年可以到姑娘的家里去谈情和赛歌，一住就是好几天，吃住由姑娘家负担，如果姑娘唱不赢男方，姑娘的兄弟还得帮忙唱。但有一个规定，男青年到姑娘家谈恋爱必须由大门进去，否则就要挨打，这叫“上花楼”。经过多次的谈情和赛歌，双方相互之间了解之后，如果感情相投，就请媒人说合订婚。“三鳌人”婚姻，过去只在鳌家本族中结亲，既不允许本族群女子嫁与其他民族，也不允许本族男子娶外民族女子为妻。如岑趸鳌家与苗丢、岑舍苗寨近在咫尺，过去从来不相往来，更不用说谈恋爱结亲了；归雅鳌家与圈寨侗家田地相交，但两寨青年之间不谈恋爱不结亲；岑梧鳌家与邻近的平敖、寨早等苗寨过去没有亲戚往来，却与远在百里之外的黎平乌勒、岑趸等鳌家亲戚甚密；美蒙鳌家与岑梧、乌山、乌勒、岑趸等鳌家虽然相距五六十里，但亲戚甚密；高表鳌家历史上与岑梧、留洞等“鳌家”村寨关系密切，互相联姻；锦屏九佑鳌家与黎平的乌勒鳌家，虽然相隔较远，但来往频繁，关系密切。至二十世纪七十年代改革开放后，鳌家人才开始与邻村寨的其他民族和外地民族人恋爱结婚。“三鳌人”的婚嫁习俗别具一格，姑娘出嫁时，男方去接亲只去六个人，叫“六亲客”或“迎亲客”，礼品是一包茶叶，一竹筒米酒，六斤盐，不带肉和其他礼品，不放鞭炮，但必须唱鳌歌。新娘家待客的酒肉自备，娘家也不备嫁妆，没有陪嫁的物品。从娘家接回来时，由两个未婚的姑娘陪嫁，新娘到新郎家后，不允许与新郎同房，陪嫁的两位姑娘时时不离新娘身边，在新郎家住三天三晚后，新娘又转回娘家住多至三年少至一年，男方家才择吉日接到娘（婆）家，这叫“转脚”。所以三鳌女子一般十五六岁就出阁了，实际到十八九岁才享受正式夫妻待遇。

八、“三鳌人”的丧葬习俗：三鳌老人去世，要先给死者剃头，剃头时只剃三刀，以示三鳌的标志。为死者吩咐时，先把一把尖刀放在死者右手中，再用一根长绳，一端绕住死者左手，另一端则系住所要宰杀的牲畜，另摆一副担子，箩筐中放一把米，一壶酒，请一位德高望重的老人去吩咐死者安息，嘱咐死者到阴间不与汉人和苗人来往，恳祈死者保佑一家人平安，五谷丰登，六畜兴旺，并在死者灵前问卦，直到问得“保卦”为止，将死者安葬后，孝子还要带〔戴〕着白孝帕，披着白孝衣引领死者的魂魄翻坡越岭、爬山涉水去走亲戚，过桥越坳时若遇土地祠，还要烧香化纸才能过去。转回时，亦如此。回来后方退下孝衣。双亲中先逝者，孝子要戴孝帕一年半，后逝者要戴孝帕三年，服孝期满时，还要通知主要亲戚共同到死者坟前，剪下孝帕一节与纸钱一起焚化，方算丧事结束。

九、“三鳌人”饮食习惯：“三鳌人”嗜吃糊米茶，不管农闲农忙，每天必炒油茶，一日三餐先吃油茶，再吃饭。每逢节日或婚嫁，更是要唱（吃）油茶。据传说，“三鳌人”的祖先由异地逃荒来时，居住在高坡上，由于没有先进的生产工具，只能种植旱土作物苞谷、小米、䅟子、饭豆等杂粮为生，平时都吃不上白米饭。逢年过节时，才将为汉人和苗人做长短工得来的少量大米〔拌〕苞谷、饭豆一起炒成糊米，放很多的水才够全家人过节分吃，从此代代相传，形成一种饮食习惯。糊米茶的制作，是将大米放入锅内炒片刻后，再将苞谷、饭豆一起伴〔拌〕炒成黑状，然后放老茶叶加大量的水煮沸即成。鳌歌中的茶歌唱道：“酒说酒浓酒在后，茶讲茶淡茶当先，未曾吃饭三碗茶，油茶落肚人新鲜。”其他民族的人也常说：“落脚三鳌寨，便闻糊茶香，天天茶中过，快活如神仙。”吃糊米茶是鳌家人最典型的饮食习俗。

十、“三鳌人”的生产生活方式：“三鳌人”是一个迁徙的族群，也是一个苦难深重的族群，居住在深山老林中，受强势民族的歧视、欺凌、压迫。起初没有自己的山林田土，大多给别人当佃户种荒山，以种植小米、䅟子、饭豆、苞谷等土头作物为生。当有一点积蓄后，就拼命买山买田向土里刨食，每一寸土地都是用血汗换来的，世世代代的鳌家人对土地倍加珍惜，从不让它荒芜〈过〉，否则就对不起祖宗。所以走进鳌家山寨，没有看见荒山荒土，树木砍下后，马上种上树苗，田头水稻收割了，马上种上蔬菜，也许是历史形成的原因。鳌家人特别善良耿直，特别好客讲义气，特别吃苦耐劳，不参与闹事，不欺诈拐骗，没有懒汉闲夫。解放后，鍪家人分到了土地，有了生产资料，生活上得到了保障。改革开放后，特别是近几年来，鍪家人读书的人多了，出去打工挣钱的人多了，公路也通到了鍪家寨，新房建起来了，电器设施配齐了，各个鍪家村寨面貌焕然一新，政治上没有民族歧视，经济上生产条件得到改善，"三鍪人"过上了幸福生活，与其他民族没有什么区别，真正实现了民族平等。

十一、"三鍪人"的民族识别：解放以来，锦屏、黎平、靖州三县的"三鍪人"多次联合向上级民族部门和人民政府要求明确为"三鍪族"。一九八二年第三次人口普查时，因"三鍪人"人口少，族源未详尽等原因，列入"未识别族称"，贵州省民委下文把"三鍪人"划归苗族或侗族，根据"三鍪人"自愿，可以登记为苗族或侗族。黎平县鍪家居住地区周边多为侗族村寨，黎平鍪家登记为侗族较多，少部分登记为苗族；锦屏县鍪家一部分登记为苗族，一部分登记为侗族，如岑梧寨全部登记为苗族，高表寨全部登记为侗族；湖南省靖州县五个乡近百个鍪家寨的"三鍪人"全部登记为苗族。"三鍪人"划归苗族或侗族三十多年了，鍪家年轻一代以苗族、侗族自居，大部分已经不知道自己是"三鍪人"了，鍪家与当地苗、侗民族融合于一起，没有明显区别，其独特的语言、服饰、歌舞、节庆、风俗逐渐淡化和消失，"三鍪人"这一独立的特殊族群从历史的岁月中渐渐远去了。现在，只有鍪家的老人们还从骨子里对自己的族群怀有深深的情怀。

立三鍪碑捐款人名单如下：

陆大稳 100 元　陆大敏 150 元　陆大梅 100 元　陆大桓 150 元

陆大才 100 元　陆大维 75 元　陆大均 75 元　陆吉跃 50 元

陆　鉴 150 元　陆吉槐 125 元　陆大凡 100 元　潘世林 175 元

陆大深 75 元　陆秀江 75 元　陆秀堂 75 元　陆秀雄 200 元

陆吉厚 50 元　陆大根 50 元　陆大权 75 元　陆大跃 100 元

龙定发 75 元　龙定树 125 元　龙定超 75 元　陆大谦 125 元

| | | | |
|---|---|---|---|
| 龙定清 125 元 | 龙定钊 100 元 | 陆大枝 200 元 | 陆大标 125 元 |
| 潘启锦 125 元 | 潘启海 150 元 | 潘世贵 75 元 | 陆大光 125 元 |
| 黄长文 125 元 | 黄长炳 175 元 | 黄德财 150 元 | 陆大安 125 元 |
| 黄德胜 100 元 | 黄泽相 50 元 | 陆大培 150 元 | 陆大汉 125 元 |
| 陆大涛 125 元 | 陆大沛 100 元 | 陆大木 125 元 | 陆吉运 125 元 |
| 陆大全 100 元 | 陆大方 100 元 | 陆大英 75 元 | 陆大润 50 元 |
| 陆大焕 175 元 | 陆秀奎 100 元 | 陆大国 175 元 | 陆祥熠 75 元 |
| 陆大柱 100 元 | 陆大槐 125 元 | 陆大峰 125 元 | 陆吉标 100 元 |
| 陆吉寿 100 元 | 陆大玥 125 元 | 陆秀佳 150 元 | 陆大松 185 元 |
| 潘世毫 75 元 | 陆吉钦 50 元 | 陆吉鸣 100 元 | 吴传文 200 元 |
| 陆吉樑 75 元 | 陆秀宽 100 元 | 黄德灿 190 元 | 黄长洪 70 元 |
| 吴礼才 75 元 | 吴美坤 75 元 | 吴传银 125 元 | 黄德钊 60 元 |
| 吴传根 100 元 | 吴传江 75 元 | 吴传福 150 元 | 陆大旺 125 元 |
| 吴传先 125 元 | 吴礼德 175 元 | 黄大熠 100 元 | 潘启茂 100 元 |
| 吴谋炎 50 元 | 吴礼青 50 元 | 陆吉海 125 元 | 黄长富 100 元 |
| 黄德昌 100 元 | 陆吉权 100 元 | 陆吉忠 75 元 | 陆大发 75 元 |
| 陆吉彬 100 元 | 陆吉泽 75 元 | 陆吉锦 175 元 | 陆大焰 50 元 |
| 陆大德 125 元 | 陆大友 100 元 | 陆吉勇 100 元 | 黄德茂 100 元 |
| 陆吉年 50 元 | 陆秀茂 75 元 | 陆大镜 200 元 | 陆吉长 125 元 |
| 陆吉财 75 元 | 陆大湘 100 元 | 陆祥安 100 元 | 陆大明 50 元 |
| 陆祥铭 100 元 | 陆吉旺 150 元 | 陆吉辉 125 元 | 陆大庆 150 元 |
| 陆吉庆 100 元 | 陆吉应 100 元 | 陆吉熙 75 元 | 陆大锦 150 元 |
| 陆大源 125 元 | 陆大良 125 元 | 陆吉富 100 元 | 潘世清 200 元 |
| 陆吉孝 50 元 | 陆吉信 50 元 | 陆吉发 150 元 | 黄费海 50 元 |
| 陆大林 180 元 | 陆吉林 100 元 | 黄德癸 125 元 | 潘启校 50 元 |
| 陆大启 250 元 | 陆大长 125 元 | 陆大皎 125 元 | 陆秀柏 250 元 |
| 陆大雲 100 元 | 吴传贵 200 元 | 吴传洲 50 元 | 陆大富 165 元 |

| | | | |
|---|---|---|---|
| 吴传凤 100 元 | 吴礼辉 50 元 | 吴礼权 75 元 | 陆大炎 100 元 |
| 吴礼茂 225 元 | 吴传生 75 元 | 陆大坤 100 元 | 黄长清 50 元 |
| 黄德秀 75 元 | 吴礼兴 75 元 | 陆大洲 175 元 | 潘启松 100 元 |
| 陆大理 175 元 | 陆吉泮 125 元 | 陆大宏 125 元 | 陆大清 125 元 |
| 陆大茂 200 元 | 陆吉浩 100 元 | 陆大锴 150 元 | 陆秀辉 300 元 |
| 陆大玖 150 元 | 陆大洋 150 元 | 陆大桥 100 元 | 陆大贵 150 元 |
| 陆大记 125 元 | 陆大勋 150 元 | 陆吉根 75 元 | 陆大政 150 元 |
| 陆吉燕 125 元 | 陆大恒 150 元 | 陆大玉 150 元 | 陆大屏 100 元 |
| 陆大钟 100 元 | 陆大映 125 元 | 陆大彬 75 元 | 陆吉来 200 元 |
| 陆秀槐 125 元 | 陆秀举 100 元 | 陆大伟 100 元 | 陆　东 125 元 |
| 黄长茂 50 元 | 眼批寨 800 元 | 陆大银 150 元 | 陆吉龙 150 元 |
| 陆大炳 200 元 | 吴礼坤 50 元 | 陆吉桢 50 元 | 龙严明 50 元 |
| 陆吉焕 100 元 | | | |

岑梧移迁新化：陆秀贵 175 元　陆大祥 50 元　陆大兴 50 元　陆大望 50 元　陆大将 50 元

岑梧移迁乌勒寨：陆吉富 75 元　陆吉高 100 元　陆祥发 50 元　陆吉兴 150 元　陆吉长 100 元

岑梧移迁洋五坪寨：陆吉柱 125 元　陆大恩 100 元

岑梧移迁八开寨：陆大林 175 元　陆秀思 125 元　陆秀高 125 元　陆秀品 50 元　陆秀平 125 元　陆秀兴 125 元　陆秀田 150 元　陆秀国 100 元

甘塘寨：潘世湘 50 元　潘启隆 100 元　潘启高 100 元　潘启树 100 元　潘世清 100 元　潘启辉 100 元　潘启军 100 元　潘启炎 100 元　潘启忠 100 元　潘庆榜 100 元　潘庆华 50 元　潘昌铭 50 元　潘庆锋 50 元　潘起福 50 元　潘起光 50 元　潘启跃 50 元

乌山寨：杨通贵 50 元　吴运朝 50 元

高表寨：吴礼通 100 元　龙建樟 100 元　龙求财 100 元　龙安忠 100

元　刘永烈 100 元　龙家伟 100 元

组织立三鳌碑成员名单：

组长：陆秀茂

副组长：黄大煜

文书：陆大梅

会计：潘世贵

出纳：吴传生、陆吉富

成员：

岑趸：潘健康、吴汉生、潘贵隆、潘远清

九佑：林顺忠、龙定炎

俾磋：潘家美、吴展模

乌山：吴运辉、吴开科

甘塘：潘世林、潘起光

中仰：龙立源、陆世刚

乌勒：吴才志

当加：潘文富

俾党：石开亮、石开勇

岑努：潘完培

高表：龙家伟、吴礼通

美蒙：张继源

小摇光：吴柳凤

八龙：吴传远

岑果：吴礼顺

培伟：杨国银

归斗：潘志忠

九朝：吴建忠

归雅：潘世勤

眼批：吴宗元

岑梧：陆大深、陆大谦、陆吉锦、陆吉寿、陆大镜、潘世清、陆吉钦、陆大全、龙定发、陆大发、吴美坤、陆大稳、陆大富、吴礼才、陆吉海、陆大理、龙定树、黄德灿、陆大庆、陆大皎、陆秀明、陆大炎、龙林姣、吴传文

碑文整理：

岑趸：潘健康、潘义道

俾磋：吴展杰、吴恒生

岑梧：龙定华、黄大煜、吴传文、陆秀茂

对联：陆秀钦

公元二〇一七年农历十二月三十日　立

（此碑位于岑梧村寨风雨桥边，笔者于2019年8月15日抄录）

# 后 记

此稿付梓，于我是一件幸事。自2017年9月始，我攻读民族学博士，在吉首大学民族学学科的熏陶下，我从懵懂状态转变为喜欢甚至爱上民族学。六年来，不论严寒酷暑，我几十次独自往返三锹地区考察，其间既有夜来望门投止的尴尬，又有与老乡围炉夜话的欢畅；既有野外毒蛇横路带来的恐惧，又有清晨鸟语花香给予的慰藉。每次驾车在崎岖的山路上缓缓前行，山间的美景“屏蔽”了手机信号，一次次走到路的尽头，试错折返，最终找到正确的归途，正如对学术的追求一样，在无数困难中更坚定了自己前进的方向。

2017年7月，我第一次到三锹的地笋苗寨调研，主题围绕林业生产活动展开，完成了题为《林业产权的变动对经济发展的影响——以三锹乡地笋村为例》的调研报告。正是这次调研，奠定了我博士学位论文与书稿选题的基础，也确定了以三锹为中心的田野点范围。在之后的六年里，我行走的足迹遍布三锹20多个苗、侗村寨——地笋、地背、元贞、凤冲、水冲、杨家湾、皂隶、大堡子、地妙、菜地、黄柏、万财、老里、新街、三江溪、康头、高营、高坡、金山、岑梧、黄柏屯等，同三锹的地方学者和淳朴的乡民结下了深厚的友谊，得益于他们的支持，我获得了直观的感受和认识，书稿内容增添了更多真情实感，更具可读性。

书稿中碑刻的内容，一些为本人对照原碑抄录，一些因原碑无存由地方学者提供，所有的呈现都力求准确无误。为了掌握碑刻背后的故事，更好地解读这些碑文，我不懈奔走于田野，注重搜集翔实的第一手资料。

如在了解《祖德流芳》碑的背景时，我曾五次到竖碑所在的周边村寨走访，寻着草蛇灰线去伪存真，终于在2020年8月13日找到立碑家族的后代，并连续一周不厌其烦地到其家里叨扰，最后得以厘清其碑的来龙去脉。我庆幸自己养成了这种执着的精神。也正是这种精神，一直支撑我在找碑解碑的路上乃至整个学术道路上继续前行。

书稿的完成，首先要感谢吾师罗康隆教授，其广博深邃的学识素养，惟精惟一的专业精神，对我的学术道路影响深远。他诲人不倦，循循善诱，耳提面命，于我不啻再造。同时，要感谢杨庭硕杨老，他桃李满天下，对我们后生晚辈谆谆教诲，倾其所有，在近距离领略老先生严谨治学精神的同时，我深深体会到“春蚕到死丝方尽”的师者风范。感谢暨爱民老师、瞿州莲老师、龙先琼老师、游俊老师、刘世彪老师等前辈在书稿写作过程中提出的宝贵意见，这些意见无疑具有“点石成金”的作用。

在田野调查中，感谢靖州学人陆湘之老师一次次的精心指导，在他的帮助下，我得以搜集大量的调查资料。同时，感谢靖州史志办刘念海主任，他毫无保留地提供地方史志材料，带我到档案馆查资料、做到村寨走访的向导。还有吴谋文一家，给我无微不至的关照，使我每一次的田野调查吃住无忧。另外，感谢王宗勋主任为我的书稿提供图片，朱合伟师弟帮我完成百余张碑刻拓片。对于那些在调研过程中帮助我的乡亲，收获的友谊与建立其上的喜悦，唯鱼知之乐而难于言表。

书稿还得到各位师兄师姐、师弟师妹的鼓励与帮助，在此一并表示谢忱。也离不开家人的帮助，其中儿子的默默支持尤为难得。

最后，我也希望该书的出版让更多的人了解三锹、关注三锹，期待更多有关三锹的研究成果。

鉴于本人学识能力有限，书中难免出现一些疏漏或不妥之处，恳请读者批评指正。

周红果

2023年12月22日

**图书在版编目(CIP)数据**

三锹人的文化调适：农林复合系统的生态人类学考察 / 周红果著．-- 北京：社会科学文献出版社，2025．2．-- ISBN 978-7-5228-4078-9

Ⅰ．F327．645

中国国家版本馆 CIP 数据核字第 2024BS2135 号

三锹人的文化调适：农林复合系统的生态人类学考察

---

著　　者 / 周红果

出 版 人 / 冀祥德
责任编辑 / 易　卉
文稿编辑 / 郭锡超
责任印制 / 王京美

出　　版 / 社会科学文献出版社（010）59367161
　　　　　地址：北京市北三环中路甲 29 号院华龙大厦　邮编：100029
　　　　　网址：www．ssap．com．cn
发　　行 / 社会科学文献出版社（010）59367028
印　　装 / 三河市龙林印务有限公司

规　　格 / 开 本：787mm × 1092mm　1/16
　　　　　印 张：20　字 数：287 千字
版　　次 / 2025 年 2 月第 1 版　2025 年 2 月第 1 次印刷
书　　号 / ISBN 978-7-5228-4078-9
定　　价 / 128．00 元

---

读者服务电话：4008918866